D1785666

Reinhold Grünendahl

Viṣṇudharmāḥ, Part 1

VIṢṆUDHARMĀḤ, Precepts for the Worship of Viṣṇu,
Part 1, Adhyāyas 1-43

# E R R A T A

p.47, line 19: for 'desease' read 'disease'
p.78, line 13 (1.13a): for 'mantrānāṃ' read 'mantrāṇāṃ'
p.81, line 9 (1.52c): for 'aparichedya-' read 'aparicchedya-'
p.82, line 1 (1.62a): for 'uttiṣṭhan' read 'uttiṣṭhaṃś'
p.84, line 9 (2.16d): for 'tan' read 'taṃ'
p.89, line 13 (2.77a): for 'rāgenâ-' read 'rāgeṇâ-'
p.97, line 7 (4.15a): for 'puṣpāni' read 'puṣpāṇi'
p.119, line 6 (14.3b): for 'jyeṣṭâ-' read 'jyeṣṭhâ-'
p.122, line 23 (16.10d): for 'achidraṃ' read 'acchidraṃ'
p.129, line 1 (19.14b): for '-bhṛṅgārakena' read '-bhṛṅgārakeṇa'
p.146, line 23 (25.22c): for 'kṣīna' read 'kṣīṇa-'
line 27 (25.24c): for 'varyamānās' read 'varyamāṇās'
p.179, line 24 (35.10a): for 'sa-chattro' read 'sa-cchattro'
p.204, line 23 (39.22c): for 'cicheda' read 'ciccheda'
p.210, lines 5 & 8 (40.14b,15b): for 'adho'kṣaja' read 'adhokṣaja'
p.213, line 19 (40.60c): for 'tiryag-' read 'tiryaṅ-'
p.218, line 29 (43.13a): for 'arīn' read 'arīñ'
p.219, line 10 (43.19b): for 'dharmān' read 'dharmāñ'

Reinhold Grünendahl

# Viṣṇudharmāḥ

Precepts
for the Worship of Viṣṇu, Part 1
Adhyāyas 1–43

1983
Otto Harrassowitz · Wiesbaden

**CIP-Kurztitelaufnahme der Deutschen Bibliothek**

**Viṣṇudharmāḥ**: precepts for the worship of Viṣṇu / ed. by Reinhold Grünendahl. -
Wiesbaden: Harrassowitz
NE: Grünendahl, Reinhold [Hrsg.]
Pt. 1. Adhyāyas 1-43. - 1983.
ISBN 3-447-02364-3

D 188

 Druck: KN Digital Printforce GmbH, Stuttgart. - Printed in Germany.

# C O N T E N T S

## A B B R E V I A T I O N S

| | |
|---|---|
| BhavP | Bhaviṣya-Purāṇa |
| HDh | Kane, History of Dharmaśāstra |
| Hemādri | Hemādri's Caturvargacintāmaṇi |
| MBh | Mahābhārata |
| NGMPP | Nepal German Manuscript Preservation Project |
| VāmP | Vāmana-Purāṇa |
| Vdha | Viṣṇudharma |
| Vdho | Viṣṇudharmottara [-Purāṇa] |
| Yājñ. | Yājñavalkyasmṛti |

# PREFACE

The Viṣṇudharma, as we shall call it for convenience, is a hitherto unpublished Sanskrit text of approximately 4.200 verses divided into 105 chapters, of which the present edition comprises roughly one third, i.e., Adhyāyas 1-43, or 1.415 verses. As its title suggests, the text is entirely devoted to the promotion of Viṣṇu faith and worship. One reflex of the prominent position it had in this field of religious literature may be seen in the great number and remarkable antiquity of manuscripts preserved in Nepal. The three dated Viṣṇudharma-mss. of the 11th century, two of which could be utilized for this edition, are the oldest dated testimony of non-Buddhist literature in Nepal. The following centuries present a similar picture; the great number of (often dated) manuscripts, certainly comparable to that of the most prominent among Buddhist texts, points to the importance the Viṣṇudharma must have had not only in Nepal, but also in India, from where it was brought to the Himalaya region, most probably during the darkest period of Nepalese history. In India, circumstances were less favourable to the preservation of manuscripts, so that we find only scattered remains of what must once have been a flourishing tradition superseded, moreover, by its prominent successor, the Viṣṇudharmottara.

However imperfect, this edition may help to reinstate the Viṣṇudharma in the place it once held in the liturgical literature of early Viṣṇuism. In the apparent absence of a living tradition connected with the text, its significance has to be reconstructed from its close relations with numerous other texts held in high esteem among the followers of that creed. In view of the present state of the art, with the uncertainties of many, albeit very useful editions of related texts on the one hand, and the vast amount of practically untouched material on the other, conditions for a competent evaluation of the Viṣṇudharma are not very encouraging. In general, this burden of interminable spadework tends to be handled strictly from the theoretical angle, and sometimes with rather astonishing consequences, in the light of which editing a text almost amounts to a venture in need of some justification. Other schools of thought have preferred to ignore all such irksome complications and proceed to the various modifications of the 'history of ideas' approach, and other theories that cater for the needs of the creative mind.

Leaving aside these considerations as questions not so much of plausibility, but rather of personal taste and interest, I submit the edition of Adhyāyas 1-43 of the Viṣṇudharma in the hope that R.C. Hazra, who first drew attention to the text, will not remain the only scholar to regard its publication as desirable. For the moment, a good deal of work has to be left undone. However, I am determined to complete the edition in due course. In respect to the feasibility of this plan all accessories had to be confined to an absolute minimum. Indices of names, pādas, etc., as well as a detailed concordance will be included into the last part of the edition. If the occasion arises, the palaeography of the Newari scripts, in which the majority of manuscripts is written, will be treated separately on a broader basis at a later date.

I should like to thank all persons and institutions who have rendered this work possible by making available the necessary manuscripts: the Asiatic Society, Calcutta, and Prof. Wilhelm Rau of Marburg for his kind mediation; the India Office Library, London; the National Archives, Kathmandu; the Nepal-German Manuscript Preservation Project, and Mr. Günther Meier; the Staatsbibliothek Preußischer Kulturbesitz, Berlin, and Dr. Dieter George, director of the oriental department.

I want to express my deep-felt gratitude to Prof. Chandrabhal Tripathi for his generous assistance and constant encouragement.

With regard to my own negligible share in the work I should like to quote Friedrich Rückert's "Weisheit des Brahmanen:

Ich glaube nicht, daß ich viel eignes Neues lehre,
Noch durch mein Scherflein Witz den Schatz der Weisheit mehre.

Doch denk' ich von der Müh mir zweierlei Gewinn;
Einmal, daß ich nun selbst an Einsicht weiter bin;

Sodann, daß doch dadurch an manchen Mann wird kommen
Manches, wovon er sonst gar hätte nichts vernommen.

Und auch der dritte Grund scheint wert nicht des Gelächters:
Daß, wer dies Büchlein liest, derweil doch liest kein schlechters.

Berlin,
Freie Universität Reinhold Grünendahl

# PART ONE

# INTRODUCTION

# CHAPTER ONE

# THE TEXTUAL TRADITION

## 1. The Manuscripts

When setting out to prepare this edition, I had knowledge of the eight manuscripts of the Viṣṇudharma mentioned by R.C. Hazra [1], four of which, together with two unsuspected Nepalese manuscripts, were made available to me on microfilm in the course of the following year. I had already laid out the technicalities of my work with regard to these manuscripts (DB,DL,DC,B, and N1,DN), when a steady flow of microfilms from the resources of the Nepal-German Manuscript Preservation Project (NGMPP) helped to put this edition on much firmer ground. The work already being in progress, this gradual increase of material could unfortunately no longer have impact on technical details. This is all the more to be regretted with regard to the sigla, since the limitations resulting from my original choice made it impossible for me to take into account the age, importance, or interrellations of the additional manuscripts. However, as shown below, the material does not lend itself to the clear-cut determination of a stemma, and therefore this shortcoming will hopefully not cause too much inconvenience.

The following description is confined to the characteristics discernible on the microfilms at my disposal. For some data such as those concerning size and material, I had to rely on the respective manuscript-catalogues and related sources.

---

1) Hazra, Studies in the Upapurāṇas, I, pp.118-119.

Ms. DB

Berlin. Staatsbibliothek, Stiftung Preußischer Kulturbesitz, Ms. or. fol. 921

Indian paper. Originally 160 foll. 27,2 x 13 cm. 10 lines. Devanāgarī. Dated : 23rd April, 1761 (see below).

Fol. 158 (containing ~ Vdha 105.58-89) missing, fol. 157 torn. Otherwise complete (cf. note below). Text on foll. 7-10 in wrong succession, correct order: foll. 7a,7b,10a,8b,9b,9a,10b, indicated by occasional interlinear verse-numbering (of a later hand). Foll. numbered in left and right hand margin of verso, both paginations probably added later and without regard to the above-mentioned confusion, both corrected from fol. 120 onwards. No daṇḍas. Occasional deletions. Corrected throughout by a later hand.

Distinctive features of contents : 3.31 om. (inserted in margin). 23.1 "tāsām" - 2c om. (inserted in margin). 30.3b - 4b "sarvaduḥkha-" om. 37.32d-33 om.

Ends [fol. "159"b]:

(Colophon of Adhyāya 105)

viṣṇudharmeṣv amī vṛttāntāḥ

(Anukramaṇī)

[160a]
na hi tat sarvatīrtheṣu saritsu ca nimajjanāt
phalaṃ bhavaty anantasya ... (deleted) yādṛg pādāmbudhāraṇāt //
iti śrīviṣṇudharmottare śuci . samā[pt]aḥ (obliterated)
idaṃ pustakaṃ vaṃśīdharabhaṭṭasya // saṃvat 1818 samai nāma
vaiśa vadi caturthī vāra vṛhaspatī ke pustaka saṃpūrṇam //
// śrī //

Catalogue: A. Weber, Verzeichniss der Sanskṛit- und Prākṛit-Handschriften, II,1, pp.338-341, no. 1758 (cf. note).

Note: The manuscript comprises all 105 Adhyāyas. Weber's calculation of 102 follows the numbering of the Anukramaṇī. As Weber noted, the colophons of Adhyāyas 54,55, and 65 give 'Viṣṇudharmottara' as the title of the text.

Ms. DL

London. India Office Library, ms. no. 2168

Indian paper. 237 foll. 31 x 11 cm. 8 lines. Devanāgarī.
Dated Saṃvat 1871.

Foll. 74a and 75a must be interchanged with 94a and 95a. Foll. numbered throughout in left hand margin of verso. Foll. 1-10 also in right hand margin. Occasionally small damage due to sticking together of foll. No daṇḍas. Few omission-marks. Otherwise accurately written. No corrections.

Distinctive features of contents : 28.56 repeated.

Ends [fol. 236a]:

(Colophon of Adhyāya 105)

viṣṇudharmeṣv amī vṛ [fol. 236b] ttāntāḥ

(Anukramaṇī)

[237b]
na hi tat sarvatīrtheṣu saritsu ca nimajjanāt
phalaṃ bhavaty anantasya yādṛg pādāṃbudhāraṇāt
saṃvat 1871 miti jyeṣṭavadi (!) 10

Catalogue: J. Eggeling, Catalogue of the Sanskrit Manuscripts in the Library of the India Office, I,6, p.1308f, no. 3604.

Ms. DN

Kathmandu. National Archives, ms. no. II-62.
NGMPP, reel-no. B 265/18.

Paper. 192 foll. (s. below). 34 x 15,7 cm. 10 lines. Devanāgarī. Dated Saṃvat 1894.

Foll. numbered identically in left and right hand margin of verso, numbers 73,123, and 166 are left out, therefore pagination runs to 195. Colophons written in red and black ink, and numbers of adhyāyas added throughout. No daṇḍas. Few blanks and corrections in margin by later hand.

Distinctive features of contents : 17.4ab - 7ab and 19.6cd - 7cd om.

Ends [fol. "195"b]:

(Colophon of Adhyāya 105)

saṃvat 1894 sālamiti bhādravadi 12 roja 2
śrīrāmaḥ rāmaḥ // granthasaṃkhyā 4714
śrīkṛṣṇāya namo namaḥ śrīrāmacandrāya namo namaḥ //
[in another hand:] idaṃ pustakaṃ likhitaṃ bhāṭagāu-ko
dhirya nārāyaṇa vatās taucapāla-ṭola-ko ho // // śubham
astu sadā sarvadā

Catalogues: Purātattvaprakāśanamālā, 18, p.139 ("dvitīyaṃ s., 62"). (Bṛhatsūcīpatram, 8, no. 597).

Ms. DC

Calcutta. Asiatic Society, ms. no. 1670.

Paper. 263 foll. (s. below). 30 x 14,3 cm. 8 lines. Devanāgarī. No date.

Fol.-no. "66" on two consecutive foll., therefore pagination: 1-66, "66"-"262". Foll. numbered identically in left and right hand margin of verso. Interlinear adhyāya-numbers above colophons. Marginal corrections, and several marginal glosses referring to colophons, all by later hand.

Distinctive features of contents : 3.3c "saṃtoṣa-" - 4c "-n te katha-" om. 4.21c "kṛd" - 22b inserted after 4.20a. Defective insertion after 6.23b. 7.7 - 8ab repeated after 7.8ab. 28.17 - 18 repeated after 28.18. 36.29b - 32a om. 38.16ab - 17c "prat-" om. 39.34 & 40 om. 39.36 instantly repeated. 39.44 "deśeṣv-" - 45a "samasta-" om.

Ends [fol. "261"a]:

(Colophon of Adhyāya 105)

viṣṇudharmeṣv amī vṛttāntāḥ

(Anukramaṇī)

["262"a]
na hi tat sarvatīrtheṣu saritsu ca nimajjanān /
phalaṃ bhavaṃty anaṃtasya yādṛk pādāṃbudhāraṇān (!)
iti viṣṇudharmeṣu pra (deleted) praśaṃsā samāptam iti
śrīkṛṣṇa jāyatī śrīkṛṣṇaḥ

Catalogue: H.P. Shastri, A Descriptive Catalogue of Sanskrit Manuscripts in the Govt. Coll., 5, pp.764f, no. 4099.

Reference: H.P. Shastri, Notices of Sanskrit Manuscripts, 11, p.16; and op. cit., An Alphabetical Index of Manuscripts Purchased upto 1891, p.(107).

Ms. B

Calcutta. Asiatic Society, ms. no. 3506.

Indian paper. 181 foll. 35 x 8,1 cm. 7-9 lines. Bengali (of the 16th century?). No date.

Fol.-no. "131" left out, therefore pagination: 1-130, "132"-"182". 7 lines: foll. 1-70a, 8 lines: foll. 70b-88a, 9 lines: foll. 88b-"182". Fol. "182"b and three additional foll.(two of which are numbered "183" and "184") of unidentified contents written by another hand (fol. "184" and the unnumbered fol. are presently placed between foll. 121 and 122). Fol. "151"a blank . One unidentified fragment. Few marginal corrections. Various foll. faded.

Distinctive features of contents : Colophons of various Adhyāyas omitted. Insertions *(1) - *(6), *(10), *(14), *(15), and numerous other unique interpolations and omissions throughout the text: 25.27e repeated after 25.28cd, 29.13d - 14a om. 39.40b "yaḥ" - 41c "kaumoda" om. etc.,etc.

Ends [fol. "182"a]:

(No colophon for Adhyāya 105)

iti viṣṇudharmaḥ samāptaḥ
śrīkṛṣṇa caraṇa prasīda // śrījanārdana-śarmaṇaḥ svākṣaram
idam // śrīkṛṣṇāya namaḥ //

(Foll. "182"b - "184" of unidentified contents, s. above. Fragment of Anukramaṇī)

Catalogue: H.P. Shastri, A Descriptive Catalogue of Sanskrit Manuscripts in the Govt.Coll., 5, p.765, no. 4100.

Ms. N1

Kathmandu. National Archives, ms. no. V-5382.
NGMPP, reel-no. B 218/2.

Paper. 139 foll. 40 x 8,5 cm. 8 lines. Newārī. Dated Nepal Saṃvat 833.

Foll. numbered in right hand margin of verso. 2 foll. numbered "122", therefore pagination: 1-122, "122"-"138". Fol. "129"a blank. Extensively corrected by at least two later hands, one in Nāgarī. Folio-order of original possibly incorrect in various places (cf. foll. 6b-7b, foll. "135"b - "137"a). Adhyāya-numbers added to colophons.

Distinctive features of contents : 28.*(18),*(19),*(21),*(23)-*(25),*(29), and numerous other unique interpolations throughout the text; 28.45-46 repeated, 30.24cd-26ab om., etc.,etc.

Ends [fol."138"a]:

(Colophon of Adhyāya 105)

araṇyaṣaṣṭī divase daivajña vidyādharena likhili (!)
saṃpūrṇṇam iti // saṃvat 833 śubhaṃ bhavatu // //

Catalogue: (Bṛhatsūcīpatram, 8, no. 597)

Ms. N2

Kathmandu. National Archives, ms. no. IV-180.
NGMPP, reel-no. B 6/5.

Palm-leaf. Originally 148 foll. 55 x 4,5 cm. 5 lines in three columns, 2 string-holes. Newārī. No date.

Fol. 88 (~Vdha 74.12-75.6a) missing. Letter-numerals in left hand margin of verso, Nāgarī-numbers of a later hand in right hand margin. Very distinctly written, but full of serious blunders. Covers illustrated with Śaiva motifs.

Distinctive features of contents : 23.12cd-24 inserted after 24.3, probably due to confusion of foll. of original. 30.14ab repeated after 30.14cd. 37.31-33 inserted after 37.37ab. 39.30 om.

Ends [fol. 148a]:

(Colophon of Adhyāya 105)

samāptāś ca viṣṇudharmā prādurbhāvasahitāḥ //

Catalogue: Purātattvaprakāśanamālā, 18, p.139 ("caturthaṃ s., 180").

Ms. N3

Kathmandu. National Archives, ms. no. I-1002 kha.
NGMPP, reel-no. B 5/7 (s. note below).

Palm-leaf. 143 foll. 54 x 4,5 cm. 5 lines in 3 columns, 2 string-holes. Newārī. Dated: Friday 10th May 1090 A.D. (s. below).

Several foll. blurred and mutilated at edges. Few marginal corrections. Generally very reliable. Covers illustrated with Vaiṣṇava motifs.

Distinctive features of contents : 12.3cd repeated, 16.17ab om.

Ends [fol. 142b]:

(Colophon of Adhyāya 105)

[143a]
viṣṇudharmeṣv amī vṛttāntāḥ

(Anukramaṇī)

[143b]
na hi tat sarvatīrtheṣu saritsu ca nimarjjanā /
phalam bhavaty anantasya yādṛk pādāmbudhāraṇāt //
varṣāṇān daśa saṃyute śatayuge jyeṣṭhasya māsaḥ site pakṣe śukradine tithau ca navame śrīharṣadeve nṛpe / etat pustakam ātmanaḥ sa jagataḥ saukhyāya mokṣāya ca śrīvinnūlakṣmyākhyayā kulajayā samyak pratiṣṭhāpitam //

Catalogues: H.P. Shastri, Notes on Palm-leaf Manuscripts in the Library of His Excellency the Mahārāja of Nepal, p.312. H.P. Shastri, A Catalogue of Palm-leaf and Selected Paper Manuscripts, 1, p.(30), no. 1002 kha. Purātattvaprakāśanamālā, 18, p.139.

References: C. Bendall, The History of Nepal and Surrounding Kingdoms, p.22. L. Petech, Mediaeval History of Nepal, vol.1, p.49f (as no. I-1002,1, "1" erroneously for "kha"). D.R. Regmi, Medieval Nepal, pt.1, p. 141f.

The cover-illustrations have been treated by P. Pal, Vaiṣṇava Iconology in Nepal, p.12 passim. Like Petech, Pal seems to confuse this manuscript with ms. N6 (s. below), which bears a similar library-number, viz., I-1002 ka.

Note: The similarity between library-numbers of this manuscript and N6 caused a great deal of confusion. Judging from my material, the respective NGMPP index-cards have also been confused. Therefore I have coordinated them each with the manuscript that has the number of folios indicated on the card.

Ms. N4

Kathmandu. National Archives, ms. no. V-343.
NGMPP, reel-no. B 6/6.

Palm-leaf. Originally c.130 foll. 57 x 5 cm. 6 lines in 3 columns, 2 string-holes. Newārī. End missing.

Letter-numerals in left hand margin of verso, nos. 7 and 8 left out, therefore pagination: 1-6,"9"-"132" (s. below). Foll. missing: 1 (-Vdha 1.12), 5 (2.48b-4.5b), "69" (67.65-68.14), "80"-"82" (73.31-75.35), "100"-"111" (84.5d-94.31), "113" (94.66d-94.96), "115"-"125" (96.3-103.2ab), and "132" (105.87b-end). Right columns of foll. 6,"67", and "68" broken off. Original fol."26" (28.46c-57ab,[lacuna], 59-66c; verso originally blank, later inscribed with part of Anukramaṇī) replaced by a fol. of four lines on each side, written in a later hand (also containing 28.57cd-58, which were missing on original fol.). Fol. "59" slightly damaged. The ms. concludes with one fragment (two thirds of a fol.) of unidentified contents.

Distinctive features of contents : 24.16d-19c "puṇyaṃ" om.

Ends [fol. "131"b]:

(last pāda is Vdha 105.87b, rest missing)

Catalogue: -

Ms. N5

Kathmandu. National Archives, ms. no. IV-1389.
NGMPP, reel-no. A 10/3

Palm-leaf. Originally 138 foll. 55,5 x 5 cm. 5-6 lines. 3 columns, 2 string-holes. Newārī. Dated: Wednesday, 1st Feb. , 1161 A.D. (s. note below).

Letter-numerals in left hand margin of verso, often broken off. Foll. 1-105a: 5 lines, foll. 105b-113: 6 lines, foll. 114+115: 5 lines. By a second hand: foll. 116-118: 6 lines, foll. 119-"126": 5 lines. Again by first hand: original fol. 126, presently located at the end of the ms. (6 lines). Fol.-nos. 127 and 137 left out, therefore pagination: "128"-"136", "138"-"140" (all except "140"b: 6 lines).
Present order of last foll.: "136", then one fol. of unidentified Vdha-ms., then "138", "140", "139", then original fol. 126, then fol. fully identical with fol. 64 (also by first hand), then another fol. of the same unidentified Vdha-ms.
Colophons ornamented. Much mutilated at edges. Many marginal corrections, but nevertheless full of blunders.

Distinctive features of contents : part of 22.16cd inserted after 22.14c "tasyaiva", 25.8c om., 26.11b-13b "sa" om.

Ends [fol. "140"b]:

(Colophon of Adhyāya 105)

dasyubhir analaiḥ kīṭaiḥ mūṣikaiḥr (!) anilais tathā / rakṣitavyaṃ prayatnena sadārādhanatatparaḥ // pṛthivyāpannaga-pakṣa...(broken off)..nā.te / phālgune sitapakṣe ca riktāyā tithayaḥ subhe // nakṣatre raivatokte yā vāsare samanandane / nepālamaṇḍale kāntā śrīmad ānandabhūpate // śrīsāndhānu-(?) pure ramye viśālāñjalabhūṣaṇe / nāgajaharṣapālasya pitā bhrātā sivakātmajāḥ // viṣṇuḥ purā...(broken off)... putrapautrādi-bāndhavāḥ / āyur ārogyam aiśvaryalakṣmīsaubhāgyasampadāḥ // pārthiva dharmabuddhy astu subhikṣā sarvamedinīḥ / viṣṇu-dharmam idam puṇyam akhilaṃ sāstrasaṃgrahaṃ / puruṣottama-vatsena likhitaṃ yatnataḥ subham (!) //

Catalogue: -

Note: The scribal remark does not mention a year. However, in the reign of Ānandadeva (c.267-287 N.S.) the calculated date is the only one on which all other informations correspond.

Ms. N6

Kathmandu. National Archives, ms. no. I-1002 ka.
NGMPP, reel-no. B 5/8 (s. note under ms. N3).

Palm-leaf. 155 foll. 58 x 5 cm. 5 lines in 3 columns, 2 string-holes. Newārī. Dated: Wednesday, 24th Sept., 1046 A.D. (s. below).

Letter-numerals in left hand margin of verso. Last fol. not numbered. According to the microfilm at my disposal, the present order of foll. is as follows: 1ab-84ab, 102ba-85ba (order reversed), 103ab-155. Several foll. blurred. Few marginal corrections. Carefully written and very reliable.

Distinctive features of contents : 30.49ab om. (inserted in margin).

Ends [fol. 154b]:

(Colophon of Adhyāya 105)

viṣṇudharmeṣv amī vṛttāntāḥ

(Anukramaṇī)

na hi tat sarvatīrtheṣu saritsu ca nimajjanāt /
phalam bhavaty anantasya yādṛt pādāmbudhāraṇāt //
samvat 167 (in letter-numerals) aśvani kṛṣṇaṣaṣṭhamyāṃ buddha-(!) dine / paramabhaṭṭārakamahārājādhirājaparameśvara śrīmadbhāskaradevasya rājye [155b] śrīdakṣiṇapaddimake vāstavye bhaṭṭa śrīlakṣmīdharadarśanasya devadharmo 'yan tasya bhāryā tilakala.nā... (blurred) likhitaṃ viṣṇudharmapustakam iti //

Catalogues: H.P. Shastri, Notes on Palm-leaf Mss. in the Library of His Excellency the Mahārāja of Nepal, p.312.
H.P. Shastri, A Catalogue of Palm-leaf and Selected Paper Mss., vol. 1, p.(29)f, no. 1002 ka. Purātattvaprakāśanamālā, vol. 18, p.139.

References: C. Bendall, History of Nepal and Surrounding Kingdoms, p.22. L. Petech, Mediaeval History of Nepal, p.41, doc. no. 2 (as no. I-1002,2; "2" erroneously for "ka").

D.R. Regmi, Medieval Nepal, pt. 1, p.123f. H.C. Ray, The Dynastic History of Northern India, vol. 1, p.200f.

Note: The year of the date is the current one (cf. Kielhorn, Nêwâr Era, p.252f, and his calculation in Bendall's History, p.22, where other examples can be found). Petech, who seems to be unaware of Kielhorn's article, suggested Wednesday, 10th Oct., 1047 A.D., which was, however, the 7th day of the dark half of Āśvina, not the 6th. (Cf. also note on ms. N3.)

Ms. N7

Kathmandu. National Archives, ms. no. IV-766.
NGMPP, reel-no. A 10/1

Palm-leaf. Originally 127 foll. 55,5 x 5 cm. 5-6 lines in 3 columns, 2 string-holes. Newārī. No date.

Letter-numerals in left hand margin of verso, occasionally damaged. Fol. 88 (Vdha 82.10a-44a) missing. Foll. 1-105, 107b, 108b: 6 lines, foll. 106-107a, 108a, 109: 5 lines, all by first scribe. Second scribe: 110-126 (5 lines), 127. The second hand first tries to imitate the style of the preceding foll., but elements of an ornamental script gradually creep in, and the stroke becomes broader. Some foll. blurred and mutilated at edges. Many blunders, occasional corrections in margin. One fol. not belonging to this ms. has been added at the end. It contains part of a list of full colophons of the Viṣṇudharma.

Distinctive features of contents : Adhyāya 9 omitted. No colophon for Adhyāya 22. Many colophons without "iti" and adhyāya-names (not so in the colophon-list added to the ms.). 31.29cd-34 om., 38.1cd-2ab om.

Ends [fol.126b]:

(Colophon of Adhyāya 105)

mahādhammaśāstre śatataśābhasryā sahitāyāṃ (!) dānadharmme

japaniyamasvādhyāyādiṣu viṣṇudhammānukīrttanaṃ nāma namo namaḥ // viṣṇudharmmeṣv amī vṛttāḥ (!)

(Anukramaṇī)

viṣṇudhammam iti // oṃ namo bhagavate vāsudevāya //

Catalogue: -

Ms. N8

Kathmandu. National Archives, ms. no. V-344.
NGMPP, reel-no. A 10/6.

Palm-leaf. 160 foll. 57,5 x 5 cm. 4-5 lines in 3 columns, 2 string-holes. Newārī. End missing.

Letter-numerals in left hand margin of verso, numbers in right hand margin, probably both added at a later date. Varying style of writing and layout. Foll. of original confused. Ornaments used to indicate colophons and fill upper and lower lines at edges. Some foll. bent, some obliterated, blurred, or faded. Written without care and understanding. Covers illustrated showing Viṣṇu's various Avatāras (s. note).

Distinctive features of contents : 3.46ab repeated after 3.47, 5.2ab om., after 24.9a "ekadā" follows 25.7a "padam-" [fol. 26a], missing parts (1 fol.) inserted in 31.14a between "sad-" and "-vastra".

Ends [fol. 160a]:

(Colophon of Adhyāya 105)

oṃ namo ṇārāyaṇāya namaḥ / viṣṇudharmeṣv amī vṛttāntāḥ //

(Beginning of Anukramaṇī, rest missing)

Catalogue: -

Note: The cover illustrations are comparable to those of a Pañcarakṣā-ms. dated 1138 A.D.; for the calculation of the date cf. D.R. Regmi, Medieval Nepal, pt.1, pp.169f, for the illustrations of the latter ms. see P. Pal, Nepal - Where the Gods are Young, pl. 44.

[Two fragments]

Kathmandu. National Archives, ms. no. I-1033.
NGMPP, reel-no. A 275/1.

Paper. 30 foll.

Foll. 1 - 17: 31 x 11 cm. These are foll. 1-10, 12-14 of ms. N9 (s. below)

Foll. 18 - 30: 28 x 11 cm. These are foll. 65, 67-72, 79-80, 118-121 of ms. N10 (s. below).

Ms. N9

Kathmandu. National Archives, ms. no. I-1223.
NGMPP, reel-no. A 277/4.

Paper. 124 foll. 31 x 11 cm. 11 lines. Newārī. End missing.

Several foll. missing. Foll. 1-10, 12-14 are presently part of ms. I-1033 (cf. above). The order of foll. is disturbed at various places.

Catalogue: (Bṛhatsūcīpatram, vol.8, no. 607)

Note: The ms. has been consulted for relevant passages only.

Ms. N10

Kathmandu. National Archives, ms. no. I-899.
NGMPP, reel-no. A 276/2.

Paper. 115 foll. 28 x 11 cm. 12 lines. Newārī (labelled as Maithilī).

Incomplete and in a desolate state. Hardly two foll. are in correct succession. Foll. 65, 67-72, 79-80, 118-121 are presently part of ms. I-1033 (s. above).

Catalogue: (Bṛhatsūcīpatram, vol.8, no. 597ff)

Note: The ms. has been consulted for relevant passages only.

---

Apart from the above manuscripts employed to prepare this edition I have come across references to several others. The most noteworthy among these, and probably representing a separate South Indian tradition of the text, is a palm-leaf Grantha-ms. described by

Kuppuswami Sastri, A Triennial Catalogue of Manuscripts Collected during the Triennium 1922-23 to 1924-25 for the Government Oriental Manuscript Library, Madras, vol. V, pt.1, Sanskrit A, Madras 1931. p. 6737, no.4748.
I have hitherto been unable to secure a copy of this apparently unique manuscript (and would gladly welcome any help in the matter).

References to other manuscripts of the Viṣṇudharma :

G. Oppert, Lists of Sanskrit Manuscripts in Private Libraries of South India, vol.1, Madras 1880, nos. 2437,6212.

Pandit Deviprasad, List of Sanskrit Manuscripts Discovered in Oudh during the Year 1877. Allahabad 1878, p.32, no.[12].

R.L. Mitra, Notices of Sanskrit Manuscripts, vol. 7, Calcutta 1884, pp.65ff, no.2293 (also mentions other mss.).

L. Petech, Mediaeval History of Nepal, Roma 1958, p.86 (a ms. dated 1220 A.D.).

Finally, not more than passing reference can be made to several other manuscripts listed in the files of the NGMPP that have not been consulted, mostly on account of their bad state of preservation. In one case, however, the ms. in question was unfortunately not available (a ms. dated 1076 A.D.: Kaisher Lib., no.2, NGMPP, reel-no. C 1/2).

## 2. The Interrelations of the Manuscripts

In the case at hand, the interrelations of the manuscripts can best be determined on the basis of variants comprising more than one pāda. With few exceptions that give convincing proof of a (more or less) direct dependence of individual manuscripts, smaller units hardly ever afford assistance in forming a picture as clear as circumstances would allow.

The following table records the major variants of Adhyāyas 1-43. The conclusions drawn from it have been verified by also checking Adhyāyas 67 and 102-105 (some 420 verses altogether).

[The terms "omission" and "insertion" are defined with regard to the constituted text.]

MAJOR VARIANTS

| | palm-leaf mss. | | | | | | | paper-mss. | | | | | | |
|---|---|---|---|---|---|---|---|---|---|---|---|---|---|---|
| | N6 (1046) | N3 (1090) | N5 (1161) | N2 | N7 | N8 | N4 | B | N1 | N9 | DB (1761) | DL (1813) | DN (1837) | DC |
| 2nd intr. vs. | | | | – | – | | | ≠ | | | | | | |
| 1.15–16 | | | o | o | o | | | | | | | | | |
| 61cd | | | – | – | – | – | | – | – | | | | | |
| 2.78–79 | | | | | | | | | | | – | – | – | – |
| 82cd–84ab | | | m | m | | | | | | | | | | |
| 4.49cd–51ab | | | – | – | | | | | m | | | | | |
| 52ab | | | – | | | | | | m | | | | | |
| 5.27bc | | | | | | | | | | | – | – | – | – |
| 7.29ef | | | – | – | – | – | | | m | | | | | |
| 9.*(7) | | | | | | | | ≠ | m | | + | + | + | + |
| 13.*(9) | + | + | m | | | | + | | + | + | | | | |
| 16.3c | | | d | d | | | | | | | | | | |
| 8ab | | | – | – | – | – | | – | m | | | | | |
| 19.23 | | | – | | | | | | m | | | | | |
| *(11) | r | r | | r | | r | r | | m | r | | | | |
| *(12) | | + | | | | | | | m | | | | | |
| 20.*(13) | + | + | | | | + | + | + | m | + | | | | |
| 23.7 | | | – | – | | | | | m | | | | | |

| | | | | | | | | | | | | | |
|---|---|---|---|---|---|---|---|---|---|---|---|---|---|
| 25.2ab | | | m | – | | | | – | | | | | |
| 5cd | | | | | | | | | | | – | – | – |
| 31ef | | | – | – | – | | | – | m | | | | |
| 27.*(16) | + | + | | | | + | + | | | + | | | |
| *(17) | + | + | m | | | + | + | | | + | | | |
| 28.17b | | | d | d | | | | | | | | | |
| *(20) | + | + | m | | | + | + | + | + | + | | | |
| 17cd-19ab | | | m | – | | | | | | | | | |
| 56d-57c | – | | | | | | | | | | | | – |
| *(28) | | | m | | | | | | + | | | | |
| 31.*(33) | + | + | | | | + | + | | m | + | | | |
| 32.*(34) | + | + | | | | + | + | | | | | | |
| 34.*(36) | + | + | | | | + | + | | | | | | |
| 35.10-19 | | | – | | | | | | m | | | | |
| 37.30cd | | | | ≠ | | | | | ≠ | | | | |
| 31 | | | | m | | | | | m | | | | |
| 32 | | | | m | | | | | m | | | | |
| 38.2ab | | | | – | – | | | | | | | | |
| 3d-5a | | | – | m | | | | | | | | | |
| *(42) | + | + | | | | + | + | | + | + | | | |
| 39.10 | | | | – | | | | | | – | | | |
| 26 | | | | | | | | | | | – | – | |
| 40.30bc | | | – | – | | | | – | m | | | | |
| *(45) | + | + | + | + | | | | | | | | | |

– omission | + insertion | m marginal insertion | ≠ divergence

r repetition | o order changed | d common defect

As can be inferred from the above table (and is to be expected of manuscripts the majority of which originates from one region with a tradition spanning over c. 800 years) the degree of contamination is considerable. In the case of N1 it was carried to an extreme. Therefore, this manuscript and ms.B will be treated separately, the latter for different reasons.

In spite of all contraindications, three groups of manuscripts clearly emerge :

Group I

This group with N6 and N3 at its centre and N4 and N9 as gradually absenting associates, has the following characteristic insertions :

20.*(13), 24.*(15), 27.*(16),*(17), 28.*(20), 31.*(33), 32.*(34), 34.*(36), 38.*(42).

Further evidence:
3.56c, 4.3ab,49b, 5.4cd,22b, 7.Col., 8.9cd, 9.Col., 13.10ab, 15.9a, 18.16a,19c, 23.20d,23c,23f, 28.8a, 9ab,32d,34b,35b,50a,53b,Col., etc. etc.

N8, which also has a good number of these variants, clearly stands between Group I and Group II (s. below).

Group II

This group clusters around N5 and N2, which are very intimately linked :

2.82cd-84ab, 16.3c, 28.17b,17cd-19ab, 38.3d-5a.

Further evidence shows that N1 basically belongs to this kernel as well:

4.49cd-51ab, 23.7

Further evidence:
3.26a,38b,43b, 4.11c,53cd, 6.17ab, 8.24b, Col. of Adhy. 9-12,16, 18.13ab, 19.1d,7b, 20.14d,17d,Col., etc. etc.
(For the position of N1 and further evidence s. below.)

Other members are N7 and, in all probability, N8, as the characteristics it has in common with this group outweigh the numerous insertions it shares with Group I:

1.15-16(order reversed), lacunae: 1.61cd, 7.29ef, 16.8ab, 25.31ef.

Further evidence:
1.10d,13b, 3.3a,41b, 4.4a,44c,55, 5.Col., etc. etc.

To a less degree than N8, N7 also has occasional variant readings of other groups:

2.24a,25c,41b,42a,48c,71c,73b, 3.53d,Col., 5.18b, etc.

Group III

consists of the Devanāgarī-manuscripts. The major variants of this group are:

2.78-79, 5.27bc om., 9.*(7).

Further evidence:
1.22d,63d,Col., 3.28a,43c,56c, 4.27c,45b,55c,Col., 6.21ab, 7.17a, 8.10ab, 14.4c, 15.5ab, 18.13ab,22c, etc.

Two manuscripts of this group, DB and DL, are in direct succession, as can be seen from the following variants and blunders common to both:

39.26 om.

Further evidence:
1.64b, 2.49a,51c,72b, 3.45c, 4.22a,45d, 5.Col., 6.13c, 12.3a, 15.10b, 18.16a, 19.14c,27d, 21.8d, etc. etc.

Ms. DN is also closely linked to this subdivision:

25.25cd.

Further evidence:
2.31d,54c, 3.34a,Col., 4.45c, 6.Col., 7.20b,Col., Col. of Adhyāyas 8 and 9, 14.4c, etc. etc.

The last member of this group, ms. DC, often shows some some affinity with Groups I and II.

Generally, Group III as a whole has some relation to Group I, as can be inferred from their accord against the lacunae of Group II, the endings inclusive of an Anukramaṇī found in all principal manuscripts of both groups (cf. description of mss.), as well as from the following evidence:

1.32b, 2.13a, 5.15c, 16.3b, 17.1b, 18.Col., 22.31c, etc.

## Individual manuscripts

### Ms. N1

As indicated above, this manuscript bears strong signs of contamination. In all probability, it belongs basically to Group II, as a number of original lacunae demonstrate. However, the 'missing' lines were inserted in margin by at least two later hands:

4.49cd-51ab, 7.29ef, 16.8ab, 23.7, 25.31ef.

(For further evidence of the relation of N1 with N2 and N5 s. above.)

Of the two manuscripts in the centre of Group II, N1 shows particular affinity with N5:

4.52ab, 19.23, 23.26ab, 28.*(28), 35.10-19

Further evidence:
1.32b,42d, 2.34b, 3.28c, 4.3ab,32d, 5.17b, 6.4b,11d, 7.3cd,Col., 8.1d, 12.2ab,3c, etc. etc.

Apart from the above-mentioned 'corrections', many insertions of Group I, and even long passages of independent character, or traditionally associated with texts other than the Viṣṇudharma, found their way into this manuscript:

19.*(11), 20.*(13), 24.*(15), 28.*(20), 31*(33),

and

28.*(18), the passage named Apāmārjanastotra, traditionally ascribed to the Viṣṇudharmottara (but not found in the printed edition, cf. New Catalogus Catalogorum, vol. 1, p.254).

Ms. B

Of all the manuscripts made use of in this edition, ms. B is the only one of which a certain individuality can be claimed. Many of its variant readings, sometimes alluring because of the thoughtfulness displayed in the endeavour to elucidate difficult passages, must be regarded as the result of scholastic revision. As they sometimes reappear in citations and parallel versions of other texts, we cannot reduce them to emendations of an individual learned scribe (who was by no means above mistakes of the lowest category).

On account of their large number there is no need to give examples of the variants of this manuscript (cf. the description above). The few quite insignificant lacunae B has in common with Group II do not present a unified picture :

1.61cd, 16.8ab, 25.2ab,31ef.

However, the evidence of subsequent adhyāyas will convincingly testify to a rather close relation between B and N2, which certainly outweighs the insertions the former has in common with Group I:

20.*(13), 24.*(15), 28.*(20).

## 3. Principles and Conventions

No single manuscript, and none of the established groups, taken by itself, offers a satisfactory text. Given the choice between following in effect one manuscript singled out on account of its reliability, age, or other criteria, or selecting the 'best' readings of all available manuscripts, a modification of the former approach seemed most suitable to the material.

Of the three groups distinguished above, the two consisting mainly of palm-leaf mss. deserve preference over the paper mss. of Group III. Of the former, Group I clearly stands out for its reliability. Its numerous insertions (always defined with regard to the constituted text) do not justify the assumption that its general 'correctness' is merely the result of thorough revision. On the other hand, none of the lacunae and hardly any of the variant readings of Group II show signs of greater antiquity, or any other assets that would make them preferable to Group I. On the contrary, a good number of them can only be understood as defects of varying degree. Furthermore, the bulk of the readings of Group I, as well as its predominance over the lacunae of Group II, is supported by another branch of tradition, i.e. Group III (cf. above). Therefore I have considered their far-reaching agreement as offering the firmest basis for the present edition. In case of divergency between the two, I have generally preferred the readings of Group I. However, concerning its insertions, the evidence of Group III, corroborated by Group II and independent sources (citations, parallel versions), proves to be superior to that of Group I. As against that the variants of other manuscripts had to be regarded as the last resort in those few cases, when the two constitutive groups offered no acceptable alternative. If a contrary decision should be regarded as necessary, the respective notes will supply the reader with all other variants (unless they were hopelessly corrupted).

The critical apparatus of Adhyāyas 1-28 documents the variants of all manuscripts in order to allow for a detailed examination both of the conclusions drawn in regard to the distinction of Groups I-III, and of the value of individual manuscripts. Thereafter, the notes will be confined to the truly relevant variants of the principal representatives, viz.,

N3 and N6 of Group I,
N2 and N5 of Group II,
DB and DC of Group III,

and N1 and B as manuscripts of independent character. This principle was also followed in the documentation of the major variants listed in the above table, although here (and in a number of other instances) all the manuscripts have been checked.

All the manuscripts are notoriously unreliable in the notation of avagrahas, anusvāras, visargas, 'v' and 'b' (the latter practically not being met with at all); 'ś', 'ṣ' and 's'; 'p' and 'y'; 'e'/'ai' and 'o'/'au'. These as well as other peculiarities such as the gemination of consonants after 'r' have been changed according to the standard orthography. Other anomalies, especially the occasional hypermetric pādas, could not be explained away with thc usual arguments [1], and therefore I have decided in favour of them. The inter-pāda hiatus occurs all too often to be reduced to a mere scribal blunder. In the case of the double or secondary sandhis occuring in the text the material simply fell short of plausible alternatives, and therefore they had to be accepted as well.

The manuscripts that supply daṇḍas do this mechanically, and in some cases without regard for the resulting absurdities. On that account I have felt free to arrange daṇḍas and verse-numbers according to my interpretation of the text

Text portions which were not available in individual mss. due to loss of foll., damage, etc., have not been indicated in the critical notes, as they are listed in the respective descriptions above.

---

1) See, e.g., A. Esteller, The Mahābhārata Text-Criticism

# CHAPTER TWO

## THE TEXT AND ITS POSITION IN LITERATURE

### 1. Summary of the Viṣṇudharma (Adhyāyas 1 - 43) *

The Viṣṇudharma begins with the creed formula of the Bhāgavatas, 'oṃ namo bhagavate vāsudevāya', followed by the well-known benedictory stanza also opening the Mahābhārata and many Purāṇas. The verse then following in most manuscripts (also found in the Mahābhārata, 1.2.242) praises the (Mahā)bhārata and the auspicious effect of its recitation.

Adhyāya 1

Saunaka and other sages visit Satānīka, son of Janamejaya
(here called Pārīkṣita after his father), after his royal
consecration. Having shown hospitality to them, Satānīka
respectfully asks for instruction in the worship of Nārā-
yaṇa. His ancestors, who had taken resort to him, had con-
quently regained their kingdom, and also saved the life of
4- his stillborn grandfather, Parīkṣit (cf. MBh 14.65-70).

Satānīka leads in with some references to the primeval
nature of Nārāyaṇa, whose qualities of Wrath and Kindness
7- produced Rudra and Pitāmaha (Brahmā) respectively, and
then specifies his inquiry by sketching the various devo-
tional practices of particular interest to him: secret
10 mantras, attendance (upacaryā), gifts (dāna), vows (vra-
ta), fasts (upavāsa), prayers (japya), oblations (homa).
This list actually gives a representative survey of the

* Other valuable details may be drawn from R.C. Hazra's summary, Studies in the Upapurāṇas, I, p.120ff.

1. Kriyāyogapravṛttiḥ

contents of the whole text. Śatānīka indulges in praise
of homage to Viṣṇu (called by various names), which is
not only the remedy for all worldly affliction, but the
11- destination of every part of the human body.

26- The delighted sages refer Śatānīka to Śaunaka, the
Bhṛgu-son ('bhṛgunandana', an epithet also used for him
in the MBh), the "light removing the darkness of all
32- doubt". Śaunaka gives a short report on the creation of
the world (with occasional references to Śatānīka's
38- speech), and goes on to explain how his knowledge of
the worship of Hari was handed down to him through
Brahmā, Bhṛgu, Uśanas, his grandfather, and finally
his father. The first step of tradition is then told
41- at some length : Brahmā, on request of the sages, exposed an easy form of Yoga, appropriate to the abilities
of people in the present Kali-age, i.e., Kriyāyoga,
consisting of offerings (ijyā), worship (pūjā), adoration (namaskāra), service (śuśrūṣā), vows (vrata), observances (upavāsa), and various gratifications to
Brāhmaṇas. For the benefit of all men, these teachings
58- of Brahmā were written down by the sages in the form
of Yogaśāstras, the secret and redeeming contents of
which Śaunaka promises to relate to Śatānīka.

Adhyāya 2

Śaunaka relates the story of king Ambarīṣa who, wishing to overcome all pairs of opposites (Thieme: "paarweise
Dinge"; for 'dvandva' cf. BhG 5.3, etc.), practises severe austerity in order to win Govinda's favour for his
4- undertaking. The god is pleased, and, in order to test
Ambarīṣa's devotion, appears before him in the form of
8- Indra, urging him to choose a boon, whereupon Ambarīṣa
politely explains that it is Viṣṇu whom he meant to worship. As neither Indra's repeated invitations, increas-

2. Acyutāmbarīṣasaṃvādaḥ

ingly boastful and intimidating, nor even the threat of
death can dissuade Ambarīṣa from the worship of Viṣṇu,
31- the god finally appears in his true form and receives
36- the praise of his delighted devotee. The god is very
pleased, and now himself calls upon Ambarīṣa to choose
a boon, but the latter declares that by the sight of his
50- lord all his wishes are fulfilled, and that all there may
be left to ask for is knowledge of the ways how to overcome
hardships. Thereupon Govinda instructs him in the 'seed-
60- less' Yoga. When Ambarīṣa points out that this method is
impracticable for him, the god introduces the easier way
of Kriyāyoga, the chief characteristic of which is con-
66- stant and firm devotion (bhakti). He outlines the meth-
od and refers him to his Purohita, Vasiṣṭha, for further
details.

Adhyāya 3

Following Viṣṇu's advice, Ambarīṣa turns to his Puro-
hita for detailed information on Kriyāyoga. In response,
Vasiṣṭha relates the dialogue between Prahlāda and his
6- Purohita, Śukra. Prahlāda first discourses on the all-
embracing nature of Viṣṇu, and then asks for instruc-
tion in the god's proper worship. Śukra praises Prahlāda
13- for his piety and declares that the only way to wor-
ship Viṣṇu is to become a Bhāgavata. On Prahlāda's de-
25- mand, Śukra gives a lengthy definition of a true Bhāga-
vata, his conduct and mental disposition, together with
an enumeration of his many benefits. He urgently
37- requests Prahlāda to become a Bhāgavata and practise any
one of the numerous, highly effective methods of Viṣṇu-
44- worship, such as offerings of flowers, incense, perfume,
54- ointment, etc., hymns, songs, gifts to Brāhmaṇas, and
fasts.

---

3. Śukraprahlādasaṃvādaḥ

Adhyāya 4

On Prahlāda's request to be thoroughly informed about
the worship of Keśava by means of fasts, Śukra briefly
3- describes the necessary mental disposition, and outlines
various practices connected with fasts suitable to gain
the supreme brahman or any other desired object. For de-
tailed instruction, he introduces the dialogue between
Pulastya and Dālbhya (which comprises Adhyāyas 4-43).

Dālbhya asks Pulastya how welfare can be secured by
9 Brāhmaṇas, Kṣatriyas, Vaiśyas, Śūdras, and women, who all
'stand in the mud of the saṃsāra-pit' . Pulastya points
out that welfare can only be obtained through worship of
10- Acyuta. For its performance a devotional frame of mind
is more important than costly offerings that may be re-
placed by simplest substitutes without diminishing the
17 god's satisfaction. Effective ways to remove all evil
are the cleaning of Viṣṇu's temple, and attendance with
18- various gifts and performances. All devotees of Vāsudeva,
regardless of stage of life or caste, are rewarded with
29- divine honours and worldly welfare.

37- After these general remarks, Pulastya abruptly begins
to lay down the regulations for the practice of the ob-
servance that gave this Adhyāya its name, i.e., Sugati-
dvādaśī. It starts on the preceding day, the 11th of the
bright half of Phālguna: The name 'Kṛṣṇa' should be re-
peated 108 times on various occasions, one should observe
a fast, take a bath, avoid communication with Pāṣaṇḍas,
43- etc. Three streams of water should, along with further
recitation of names and a varying diet, be poured on
the feet (of the image) of the god. During the first four
months from Phālguna to Jyaiṣṭha, the name to be recited
is 'Kṛṣṇa', 'Keśava' from Āṣāḍha to Āśvayuja, and from
Kārttika onwards it should be 'Viṣṇu'. The performance
of this rite over a whole year secures, among other

4. Sugatidvādaśī

things, worldly welfare, a recollection of the god in the hour of death, and divine pleasures.

Adhyāya 5

In the first part of this chapter, Pulastya gives the
precept for an unnamed vrata, elsewhere known as Lakṣmī-
nārāyaṇavrata (Hemādri) or Sugatipaurṇamāsī (Vdho): On
the 15th day of the bright half of Phālguna, and of the
following three months as well, the performer should avoid
communication with Pāṣaṇḍas and other villains and her-
etics, direct his mind to Nārāyaṇa, and worship Janārdana
accompanied by Lakṣmī. He should reflect on lord Hari (in
4- the form of the moon) after dusk, and on Lakṣmī at night,
serve the moon with pañcagavya, and consume it afterwards.
From Āṣāḍha to Āśvayuja, he should worship Śrīdhara and
Śrī, and offer kuśa-water accordingly. From Kārttika on,
Keśava and Bhūti should be honoured, and the moon present-
ed with water warmed by the sun. Having, furthermore,
given a donation to the Brāhmaṇas and caused the story of
Kṛṣṇa to be recited, the performer will be freed from all
pain resulting from separation.
19- Without further notice, Dālbhya turns to another
subject and asks how men can comfortably travel on Yama's
road (i.e., die), whereupon Pulastya instructs him in the
practice of an equally unnamed vrata, otherwise known as
Narakapūrṇimā (Hemādri): Accompanied by the usual para-
phernalia, such as ritual purification, donations to Brāh-
maṇas, etc., the worship of the god centres on the reci-
tation of his twelve well-known names during each month of
23- the year, beginning with 'Keśava' in Mārgaśīrṣa. The per-
formance of this rite releases men from the pains inflict-
ed on the deceased by Yama (cf. the title of the Adhyāya).

5. Yāmyakleśamuktiḥ

## Adhyāya 6

This chapter does not introduce a new vrata and may
consequently be understood as a more detailed illustra-
tion of the benefits of the preceding one: For those
who fix their minds on Keśava alone, no wish remains un-
fulfilled. In addition to the above-mentioned redemption
from the pains of hell, the devotee secures various
worldly goods to be enjoyed in his future existence :
4- Those who perform the rite in Mārgaśīrṣa will be born
in a decent country, the performance in Pauṣa guarantees
good health, in Māgha birth in a good family, in Phāl-
guna the welfare of all his future relatives, etc. Addi-
16- tional requirements, such as respect for every form of
life (ahiṃsā) and daily recitation of a creed formula
for 108 times, have to be fulfilled in order to gain the
desired objects.

## Adhyāya 7

Without delay, Pulastya outlines the practice of the
next vrata, named after the day of its performance, i.e.,
kṛṣṇāṣṭamī (largely identical with Santānāṣṭamī, s. Hemā-
2- dri, vol. II,1,pp.846f, quoted from Vdho 3.217): From the
eighth day of the dark half of Caitra, Vaiśākha, and
Jyaiṣṭha onwards, Kṛṣṇa and Devakī should be worshiped
with prayers for seven days. As usual, a fast, bath, and
avoidance of communication with Pāṣaṇḍas and the like are
also prescribed. The fast ends on the next morning, when
a fee should be given to a Brāhmaṇa. The breakfast at the
end of the quarter is marked by a ceremonial bathing of
the god's image with clarified butter. This pattern is to
10- be followed for a whole year. Men and women alike can se-
cure uninterrupted succession, and bliss for themselves
and their offspring.

---

6. Ekabhaktavidhiḥ 7. Varṣāmāsavratam

13- The following section, obviously unconnected with the
preceding topic, treats of the Varṣāmāsavrata - hence the
title of the adhyāya (cf. Asidhārāvrata, Vdho 3.218, quoted
by Hemādri, vol. II,2, pp.825ff): During the four months
of the rainy season (varṣā), when Vāsudeva lies asleep
17 on his serpent-bed on the ocean of milk, one should sleep
on bare ground, observe chastity, recite an invocation to
Kṛṣṇa, Keśava, Narasiṃha, and Viṣṇu every morning and eve-
18- ning, abstain from alcoholic drinks and meat, and take
one's only daily meal at night. The performer of this rite
20- will enjoy numerous rewards, such as ascent to heaven,
good health, wealth, uninterrupted succession, redemption
27- from all evil, etc. The fast should be ended with gifts
to Brāhmaṇas and a prayer to Govinda.

Adhyāya 8

Of the two vratas inseparately expounded in this Adhyā-
ya, only the second one bears upon its name whereas the
first one, for which no name is given, seems to be intro-
duced on account of some points of contact with the pre-
ceding chapter: It begins on the 12th day of the bright
half of Prauṣṭhapada, the second month of the rainy sea-
son, and is likewise directed to the god - here called
Ananta - reclining on the waters. He is to be venerated
with flowers and incense, songs, recitations of his name,
etc., under avoidance of contact with Pāṣaṇḍas. This wor-
6 ship of Ananta, repeated on the same day in every month
of the year, secures boundless (ananta) benefits for men
and women alike (and is therefore called Anantadvādaśī
in Vdho 3.219).

7- Next, Pulastya points out that the devotee's mental
disposition takes priority over the means of worship,
9- which can be of utmost simplicity if only his heart is
free from passion, his speech without falsehood, and his
body unvitiated by violence (hiṃsā).

---

8. Kulāvāptidvādaśī

16- The rest of the chapter is taken up by the description
of a second vrata that secures favourable circumstances
for the next existence, viz., birth in a decent family,
20- good helath, and increasing wealth: From Pauṣa onwards,
Viṣṇu should be worshiped on the 12th of the bright half of
every month when the sun is in conjunction with the Ple-
iades. Garlands, perfumes, incense, etc., are to be offered.
Furthermore, one particular, and, in contradiction to
Pulastya's preceding remarks, not altogether inexpensive
24- gift to Brāhmaṇas, along with a purifying diet for the
performer, is prescribed for each month.

Adhyāya 9

The 12th day of the bright half of a month, joined with Śravaṇa, is a particularly auspicious tithi called Vijayadvādaśī, on which ritual acts yield multiplied benefit.

Adhyāya 10

When the 8th day of the dark half of a month is joined with Rohiṇī, it bears the famous name of Jayantyaṣṭamī. Govinda, when worshiped on this tithi, removes all evil resulting from each stage of life of seven existences, and grants every wish. A fast on this day is called Mahāpātakanāśana.

Adhyāya 11

When the 11th day of the bright half of a month is joined with Punarvasu, it is called Ativijayaikādaśī. The gift of sesamum in the morning, at noon, and in the evening is prescribed, along with a fast. When carried out for a year, this practice is rewarded with the personal

---

9. Vijayadvādaśī 10. Jayantyaṣṭamī 11. Ativijayaikādaśī

appearance of Hari, and boundless benefits (anantaphala). Sagara and others are known to have gained the whole world in this manner.

Adhyāya 12

The bathing of Keśava with clarified butter, and the gift of a brown cow on the beginning of Uttarāyaṇa is rewarded with redemption from all evil and residence in Viṣṇu's heaven (cf. MBh 6.30.24, BhG).

Adhyāya 13

After these remarks on the special benefits of indivi-
dual tithis (Adhy.9-12), Pulastya returns to the descrip-
tion of vratas, and, quite abruptly, introduces the dia-
logue between Yājñavalkya and his wife, Maitreyī, which
2- occupies Adhy. 13-16: On Maitreyī's request for detailed
information about a vrata suitable to remove evil, pro-
mote virtue, and fulfil all wishes, Yājñavalkya takes up
4- her question and recommends the practice of the best of
11- vratas, the Viṣṇuvrata: From the 2nd day of the bright
half of Pauṣa onwards, Keśava should be worshiped for
four days. A daily bath in water containing mustard,
black sesamum, vacā-roots, and herbs respectively, is ac-
companied by the recitation of the names Kṛṣṇa, Acyuta,
14- Ananta, and Hṛṣīkeśa each. Simultaneously, the waxing
moon is to be worshiped with one particular gift and the
recitation of one of its names each. This practice must
be continued for a year divided into two periods of six
months. After enumerating the names of some distinguished
beneficiaries of this rite, Yājñavalkya adds that on each
of these four days homage to Hari should be concentrated
on one part of his body, viz., his feet, navel, breast,

---

12. Uttarāyaṇavratam 13. Viṣṇuvratavidhiḥ

26- and head. He concludes with a repetition of the merits to
be expected.

Adhyāya 14

The next vrata expounded by Yājñavalkya also lasts for
two periods of six months the first of which begins on
the 12th day of the bright half of Pauṣa. On this day the
god is to be invoked as Puṇḍarīkākṣa at bath and dinner.
4- During the following months he should be worshiped with
varying names, such as Mādhava, Viśvarūpa, Puruṣottama,
Acyuta, and, finally, with his occult name, Jaya. Sesamum
should be employed for bath and meal, and the single-
minded devotee must avoid all communication with Pāṣaṇḍas,
give a dakṣiṇā according to his means, etc.

From Āṣāḍha onwards, he should proceed accordingly, but
10- use pañcagavya instead of sesamum. The performance of this
vrata also secures fulfilment of all wishes and redemption
from evil.

Adhyāya 15

On that same day, the 12th of the bright half of Pauṣa,
another vrata may be performed which is entirely devoted
to Govinda, and appropriately is concerned with cows in
2- various ways: The god should be saluted and presented
with flowers, incense, etc., and a dakṣiṇā given to a Brāh-
maṇa. Following the well-known pattern of the rites de-
scribed above, Yājñavalkya recommends constant repetition
of Govinda's name and avoidance of all communication with
Pāṣaṇḍas and the like. A special diet based on four cow-
products is to be observed. On the following day, the
whole ceremony must be repeated. The monthly donations
7- consist of a day's ration of cow-fodder which, when con-
tinued for a year, bear the same fruit as the gift of five

14. Saṃprāptidvādaśī 15. Govindadvādaśī

cows with golden horns and a bull. The performance of this highly auspicious vrata is rewarded with permanent residence in Govinda's world, which was likewise gained by the stars above.

Adhyāya 16

Maitreyī inquires how insufficiencies in the performance
3- of vows and observances can be atoned for, whereupon Yājña-
valkya illustrates their devastating effect, and, being re-
called to the subject, recommends a vrata adequately named
12- Akhaṇḍadvādaśī: On the 12th day of the bright half of Mār-
gaśīrṣa, the performer should fast, praise Janārdana, em-
ploy pañcagavya for his bath and concluding breakfast, and
14- express his desire in a prayer.

The vrata lasts for one year divided into three periods of four months, and includes donations to Brāhmaṇas consisting of a vessel filled with barley and rice, grit, and clarified butter respectively. It removes the defects of all vratas undertaken in seven lives.

Adhyāya 17

After Pulastya has concluded his report of the dialogue
between Yājñavalkya and Maitreyī, he suddenly turns back
4- to his own teachings, and sums up the names of tithis dealt
with in Adhyāyas 9-12. Dālbhya follows this drift, and de-
mands information on other tithis appropriate for the wor-
ship of Kṛṣṇa.

Pulastya, in response, takes up the old subject with
the description of a tithi proclaimed as purifying by Viṣṇu
8- himself: The worship of Govinda on the 11th day of the
bright half of a month, joined with Puṣya, frees one from
all evil done in seven lives. A fast observed on this day

---

16. Akhaṇḍadvādaśī 17. Puṣyarkṣaikādaśī

is rewarded with the pleasures of Viṣṇu's world, etc. The recitation of Vedas bears multiplied fruit. The stars are said to have gained their position by worshiping Janārdana on this tithi known as the 'destroyer of evil' (pāpanāśinī, cf. Vdha 17.8).

Adhyāya 18

This chapter gives a rough description of a vrata per-
1- formed in honour of Vāsudeva's feet. In a preliminary
- and possibly interpolated - remark, Pulastya associates
the god's right and left foot with the sun's progress to
the north (summer half year) and south (winter half year)
respectively. However, this distinction does not seem to
bear upon the vrata under discussion.

6- The worship of Viṣṇu's feet is confined to the summer
half year, and involves bathing of the god's image with
clarified butter and other substances, donations to Brāh-
maṇas, constant repetition of the name Nārāyaṇa, etc.
8- The performer addresses the god with a lengthy prayer, and
enumerates his possible wrong-doings from the consequences
18- of which he seeks redemption. After six months, he gains
deliverance.

Adhyāya 19 *

This adhyāya and the next one treat vratas lasting for three periods of four months beginning with Phālguna: Having observed a fast and worshiped Hari on the 11th day of the bright half of Phālguna, one should serve him with various offerings, and give a donation to a Brāhmaṇa on the

---

18. Padadvayavratam 19. Manorathadvādaśī

* In Adhyāyas 19 and 20, Pulastya addresses Dālbhya as 'king' (cf.19.2,8,9,12,etc.), whereas he calls him 'dvija', 'muni' and the like in all the other chapters of their dialogue. This seems to indicate that Adhy. 19&20 may have been taken over from another source without adaptation (cf. Hazra, Studies in the Upapurāṇas, vol.I, p.147).

5- 12th day. The god should be addressed with a prayer, and
requested to fulfil all wishes. For each period of four
8- months, different gifts of flowers, incense and food, and
15- varying diets are prescribed. A dakṣiṇā is to be given
after every fast, and cheating in money matters avoided,
both to the best of the performer's abilities. At the end
of a year's practice, Hari, being again worshiped on that
18- occasion, will certainly fulfil all wishes. Finally, Pu-
lastya explains the name of the vrata, and illustrates the
benefits resulting from it by mentioning that numerous
celebrated performers, among them Indra, Aditi, Uśanas
and Dhaumya, were rewarded with the objects of their de-
sire, such as offspring, good health, wealth, rebirth in
heaven, etc.

Adhyāya 20 *

On the day of full moon in Phālguna, one should employ
clay at bath and meal, put it on one's head, and sleep on
bare ground. The god should be worshiped in his function
as Supporter of the Earth (bhūdhara), and the Earth medi-
4- tated upon as Aśokā. In a prayer directed to Janārdana and
the Earth, one should express the desire to be redeemed
from evil and grief as the Earth was restored to her po-
7- sition by the god. The moon is to be presented with an
11- offering of water, and a fast to be held. During the first
period of four months, the Earth should be worshiped as
Dharaṇī, in the second one as Medinī, and as Vasuṃdharā in
the third. At the end of each period, the performer should
worship the Earth with a garment, and Keśava with an ab-
lution in clarified butter, which may be substituted by a
thread and milk respectively.

14- Having practised this vrata, the Earth was lifted from

20. Aśokapūrṇamāsīvratam

* cf. note on Adhyāya 19.

the lower regions by the god who appeared before her in
16- the form of a boar, and announced that those who performed
this rite would be freed from evil and sorrow.

Adhyāya 21

On Dālbhya's request to be informed about the Dharma
of women in various stages of life, Pulastya refers to the
5- dialogue between Devī (Pārvatī) and Īśvara. Devī's initial
question how Keśava should be worshiped by girls, housewives and widows brings about a deviation from the original subject. Īśvara welcomes her interest, and then con-
8- cerns himself with quite a different question, i.e., how
a young girl can make sure that she will get a good husband. As the safest way to achieve this he recommends a vrata which will, moreover, be rewarded with divine pleasures: Having obtained permission from her parents she
12- should worship Jagannātha. During the three 'uttara'-nakṣatras, i.e., Uttaraphālgunī, Uttarabhādrapadā, and Uttarāṣāḍhā, she should untiringly invoke Mādhava, and honour him with priyaṅgu, various flowers, and an unction.
14- A bath with herbs, constant repetition of a prayer, and
offerings of honey and clarified butter are also prescribed . Finally, Īśvara repeats the benefits to be expected from this rite.

Adhyāya 22

In his discussion of the Dharma of women, Īśvara confines himself to some general remarks on the duties of a housewife. Her first and foremost duty is to serve her husband whom she should regard as her deity. If he is satisfied, Janārdana will also be pleased. For all kinds
3- of devotional practice, her husband's permission is in-
dispensable. Authorized performance of vratas and gifts

21. Sukalatraprāptivratam 22. Strīdharmaḥ

in honour of Govinda secures the fulfilment of her wishes
8- through her husband. Unauthorized worship, however, will
remain fruitless in every respect.

11- Devī raises the obvious question how devotion becomes
practicable for women whose husbands have deserted them,
died, become Pāṣaṇḍas, or simply refuse to give the ne-
cessary permission. Śaṅkara points out that an abandoned
woman should not blame her husband but always wish him
15- well. If she venerates Janārdana in this turn of mind,
she will accomplish all desired objects. Of all the mer-
18- itorious acts her husband may perform while being away,
she is sure to enjoy half the profit, whereas he in turn
will not partake of her benefits.

22- A widow should live in chastity, bathe, present a li-
bation to the deceased husband, and pay homage to the
gods daily. She should also serve food to guests and
Agnihotras, praise Viṣṇu, give donations to Brāhmaṇas,
26- and practise observances in the prescribed form. In this
way she secures future well-being for herself as well as
for her husband and children, removes all evil, etc.

31- The same directions hold good for practically every-
body else, be it widowers, fathers under the sway of their
sons, or, in more general terms, twice-born, women, and
Śūdras. Śaṅkara concludes his discourse with an enumera-
tion of the rewards of homage to Viṣṇu. These are again
35- summarized by Pulastya who adds that devotees are re-
deemed from the pains of Raurava and other hells.

## Adhyāya 23

Pulastya's 'casual' remark incites Dālbhya's desire
to hear more about these hells. Thereupon the former be-
3- gins his account without hesitation: Raurava is 1000 yo-
janas wide, filled with charcoal and surrounded by a

23. Narakādhyāyaḥ

garland of flames. Deceivers and people finding pleasure
in wrong-doings must walk through this hell 1000 times.
5- Mahāraurava has twice the size of Raurava, and is filled
with red-hot copper and blazing charcoal fires. Tormentors
must stay in this hell for one hundred thousand years.
7- Those who have made a living by fraud and corruption will
find themselves on a potter's wheel in Kālasūtra where
they will be cut into pieces with threads attached to the
9- black fingers (of Yama's servants). In Taptakumbha de-
spisers of gods, Vedas, and Brāhmaṇas are boiled in ves-
11- sels filled with hot oil. The pains of Karambhavālukā-
kumbha are designed for seducers, water-thieves, and de-
stroyers of cow-ponds. The name of the hell seems to im-
ply that they are thrown into vessels filled with hot
13- sand. Tamas is wrapped in darkness, and inhabited by
those who inflicted injuries upon cows or women, or prac-
tised fraud in connection with a cow. Shivering from the
cold and with shattered bones they roam about without
orientation (cf. Vdha 32.41ff).

15- Hereinafter, human offences and infernal pains resulting from them are briefly sketched without explicit denomination of individual hells. The instruments of torture are well-known from other texts, and sometimes suggest identifications as in the case of saṃdaṃśa, karapatra, āyasī śilā, vṛka, asipatravana, etc. But they do not amount to anything comparable to other, more systematic descriptions of hells (preferably seven or a multiple of it).

29- In conclusion, Pulastya depicts two hells, named Kūṭaśālmali and Andhatāmisra, as representatives of countless others, and concludes with the statement that the mind of a person changes according to his actions.

Adhyāya 24

Deeply affected by Pulastya's description of the various hells, Dālbhya asks him whether a descent to hell can
3- be prevented by any means. After a short discourse on karma, Pulastya points out that the appropriate means to
7- help the righteous (sukṛtakarma) to victory over all evil, and protect them from hell is the performance of the following rite: On the 11th day of the bright half of Phāl-
10- guna, a fast should be held and the words 'namo Nārāyaṇāya' constantly repeated day and night. Anger, deceit, envy, and other vices should be abandoned by the Viṣṇu-Bhakta directing his thoughts to the vanity of worldly affairs, and again uttering the names of the god on the 12th day on which a donation has to be given to a Brāhmaṇa. The rite must be repeated each month of the year. A special
13- gift of food is prescribed for each period of four months.
16- Then follows the partly-'philosophical' invocation formula which exclusively refers to Viṣṇu, Nārāyaṇa, and Vāsu-
22- deva. The performer of this rite will not experience the pains of hell if he furthermore avoids all communication with Pāṣaṇḍas.

Adhyāya 25

The above-mentioned directive to avoid communication with Pāṣaṇḍas, possibly a later addition, supplies the catch-word for Dālbhya's interest in their characteristics, and in the possibility to secure the result of a rite in spite of (unintended) contact with them. Pulastya, in his reply, denounces them as infatuated followers of heretic creeds who constantly violate the established social order and find pleasure in vicious conduct. The remedy of the wise against the consequences of contact

---

24. Narakadvādaśī, also called Sugatidvādaśī (ms. B), and Sukṛtadvādaśī (Anukramaṇī of Vdha).

25. Pāṣaṇḍālāpaprāyaścittam

8- with them is the reflection on Acyuta and recitation of
a prayer. Pulastya illustrates the emergence of these her-
esies with the following story:

12- In order to gain influence over human beings, who for-
merly had free access to heaven because of their virtuous
conduct, Ṣaṇḍa (whose name is sometimes used for an 'ety-
mological' explanation of 'pāṣaṇḍa') and Marka, the priests
of the Daityas and Asuras, fabricated a monster named Ma-
hāmoha. They divided it into four parts designed for an
17- equal number of purposes, viz., to disparage Vedas, gods,
and Brāhmaṇas, to discourage the practice of Yoga, to en-
tangle people in wrong-doings, and, worst of all, to de-
prive them of higher knowledge. As Mahāmoha himself, they
consequently fell a prey to pride, ignorance (mistaken for
knowledge), and unlawful acts. They disregarded their
26- caste-duties, and instigated others to do likewise. On the
basis of this account, Pulastya sums up the characteristics
of Pāṣaṇḍas, and finally repeats his vehement warning a-
gainst all contact with them.

Adhyāya 26

Dālbhya inquires how non-attainment of, and separation
from, sovereignty, wealth, offspring, etc., can be over-
4- come. Pulastya welcomes his question, and, as may have been
expected, recommends the worship of Acyuta. He points out that the twelve months of the year are named after twelve nakṣatras, a matter of fact, unconnected, however, with his following remarks, except by the circumstance that this relation is reflected in the name of the vrata expounded hereinafter: Every month from Kārttika on, Acyuta should be venerated with flowers, incense, etc. During the first four months, kṛsara is to be offered to the god and to Brāhmaṇas, and eaten by the performer who must take a bath

26. Māsarkṣapūjā

with pañcagavya before taking his supper. In the remaining
two periods of four months, saṃyāva-cakes and rice-milk
12- should be employed respectively. At the end of the year,
Acyuta is to be invoked in a prayer reminding him of the
15- devotee's desire, which the god will certainly satisfy, as
Pulastya finally assures.

Adhyāya 27

In connection with the vrata expounded in the preceding
chapter, Pulastya relates the following story (vratakathā):
A Śatakratu (Indra) of bygone times asks Bṛhaspati about
4- his predecessors (pūrvendra). However, Bṛhaspati has to ad-
mit that, being his contemporary, he cannot have personal
knowledge of such remote ages, and, after giving the prob-
lem further consideration, refers him to the female ascetic
13- Śāmbharāyaṇī who has reached unequalled age. Indra and Bṛ-
haspati call on her, and are received with respect, where-
15- upon the latter repeats Indra's question. Śāmbharāyaṇī re-
assures her visitors of her knowledge which even reaches
back to creation, and promises a detailed account. At this
18- point, Pulastya interferes to cut the long story short by
reducing it to the names of the six progenitors under whose
sovereignty the former Indras held their position. Indra,
23- deeply impressed by Śāmbharāyaṇī's lore, wants to know the
vrata by whose performance she is entitled to her celestial
standing. It is, of course, the vrata treated of in the
previous chapter, Māsarkṣapūjā, once again warmly recom-
mended by Śāmbharāyaṇī and Pulastya.

Adhyāya 28

Dālbhya deplores the fact that human welfare is threatened by numerous inflictions, such as poison, deseases, malignant demons, etc., and inquires how the results of

27. Māsarkṣapūjāpraśaṃsā    28. Sarvabādhāpraśamanam

acts in previous births, underlying these calamities, can
4- be removed. Pulastya affirms that only those who, in their
previous lives, neglected the worship of Viṣṇu with vows
and observances must now endure these inflictions. Devo-
tion to the god, and an equal disposition towards all be-
ings will be rewarded with the fulfilment of all wishes
in a future existence. The invincible weapons of Kṛṣṇa
himself will ward off all evil.

13- Dālbhya inquires how those pitiful creatures who have
to suffer for their former disregard for Govinda can im-
15- prove their situation. Without further explanation, Pu-
lastya recites a propitiatory prayer of considerable
length. Having invoked the god in numerous manifestations,
among which Varāha, Narasiṃha, and Vāmana stand out parti-
21- cularly, the votary expresses his concern in general terms.
23- Another lengthy invocation also centres round the same
three manifestations. Their essential function as restorers
of welfare certainly accounts for this predominance. Then
31- follows a detailed list of the deseases to be cured with
constant recitation of the god's various names, such as
42- Acyuta, Ananta, and Govinda. Next, the propitiator invokes
Narasiṃha to deliver him from the damaging influence of
Pretas, Ḍākinīṣ, Vetālas, Gandharvas, Yakṣas, Rākṣasas,
and various other grahas. In this context he makes special
44 mention of the youthful adventures of Viṣṇu (Kṛṣṇa) as a
means to expel the 'seizers of children' (bālagrahān).
48- The intention of the prayer is summarized in a vehement
54- invocation corroborated by a satya-formula. The remaining
58- section consists of another invocation offering nothing
substantially new, apart from the repeated mention of the
name the prayer came to be labelled with in several other
texts, viz., Apāmārjanam.

Adhyāya 29

The next problem Dālbhya tackles is the attainment of an
intact and well-formed body in a future existence. Pulastya
8- refers to the sage Vasiṣṭha who gave the following advice
when questioned on this matter by his wife Arundhatī: Those
11- who wish to secure physical beauty in their next birth
should worship Viṣṇu in the form of Nakṣatrapuruṣa. On
17 Arundhatī's question how Nakṣatrapuruṣa is to be venerated,
Vasiṣṭha expounds the vrata of the same name: Beginning in
18- the month of Caitra, the parts of Viṣṇu's body should be
worshiped in connection with a particular nakṣatra each:
his feet with Mūla, his shanks with Rohiṇī, his knees with
Āṣāḍha, his private parts with the two Phālgunīs, his hip
with the Kṛttikās, his flanks with the two Bhādrapadas, etc.
27- Those who practise this vrata will be redeemed from evil,
and rewarded with physical beauty in the following seven
existences. Furthermore, they will gain offspring, a joy-
ful disposition, ornaments, a sweet voice, etc. For each
31- nakṣatra a fast and feeding of Brāhmaṇas are prescribed,
and at the end of the vrata the performer should present
Brāhmaṇas with an umbrella, a pair of shoes, seven kinds of
grain, and various other gifts.

Adhyāya 30

After some reflections on the sorrows connected with
children, a rather unusual subject, Dālbhya inquires about
a remedy for childlessness. In his opinion, those who have
4- a son endowed with desirable qualities, such as calmness,
strength, sense of duty, respect for gods and Brāhmaṇas,
education, etc., have reached complete satisfaction. On
9- Dālbhya's question how to get such a son, Pulastya tells
the story of the birth of Kārtavīrya:

29. Nakṣatrapuruṣavratam 30. Anantavratam

11- Kṛtavīrya, king of the Haihayas, and his wife, Śīla-
dhanā, were childless. In her desire for a virtuous son,
Śīladhanā sought the advice of Maitreyī who recommended
the practice of Anantavrata (which bears obvious resem-
blance to the vrata expounded in the preceding chapter
and may have been included here for that reason): On
16- the day of the month of Mārgaśīrṣa that is joined with
the nakṣatra Mṛgaśiras one should consume cow's urine,
take a bath, honour Ananta's left foot with flowers, in-
18- cense, etc., recite an invocation, and present Brāhmaṇas
20- with sesamum and gold, thereby invoking the god again.
A meal that must not contain sesamum should be taken in
at night. Likewise, every other month of the year has a
day that is joined with its nakṣatra, i.e., with Puṣya
in Pauṣya, with Magha in Māgha, etc., and the same cere-
mony is to be repeated on each of these days in honour of
one part of Ananta's body respectively. Varying diets and
gifts are prescribed for every period of four months. The
compliance with these and a number of other prescriptions
is rewarded with the desired object, be it a son, materi-
al wealth, a husband or a wife.

40- As Pulastya further reports, Śīladhanā practised the
vrata accordingly, and, having pleased Viṣṇu with her de-
42- votion, begot a son. His birth was accompanied by a pro-
pitious wind, the sounding of celestial drums, and many
other auspicious signs. The boy was named Kārtavīrya,
after his father. As a king, he worshiped Viṣṇu (in the
form of Dattātreya) with fierce penance, and was rewarded
with the honours of a ruler of the world (cakravartin),
47 vigour, strength, and all weapons. In addition, he asked
for the favour to die by the hand of the god, to remember
the latter before his death, to obtain higher knowledge
and the ability of easing the pains of the frightened, and
to benefit the world when he, Kārtavīrya himself, would be
48- remembered by others. In his reply, the god granted all
these requests, and, moreover, invested him with a god-
like position by regulating that those who worshiped Kār-

tavīrya and recited his name, would gain the benefits of
an offering as well as secure material wealth. Thereafter,
51- Kārtavīrya overpowered his enemies, ruled the seven con-
tinents of the earth, and protected his subjects accord-
ing to his Dharma. Having practised Anantavrata, a son was
54- born to him, too. Pulastya concludes the chapter with
another recommendation of the vrata.

Adhyāya 31

The next item of the everyday world that occupies Dāl-
bhya's mind - after having briefly referred to Adhyāya
29 - is the acquisition of a comfortable home equipped
with every possible household article. Pulastya enumerates
5- the tithis in five groups of three, and then goes on to
show that the besmearing of Viṣṇu's temple with various
substances will be rewarded with a house impenetrable by
the wind, comfortable during the rainy season, furnished
with decorations, grain, gold, jewels, pearls, and water
12- in the vicinity. For every one tithi on which he besmears
Viṣṇu's temple, the devotee - Brāhmaṇa, Kṣatriya, Vaiśya,
Śūdra, or woman - is rewarded with an aerial car and
other celestial pleasures which he enjoys for a whole
17- divine year. Furthermore, he secures wholesome happiness
22- for his next existence. On Dālbhya's request, Pulastya
lays down the particulars of the ceremony: On the riktā-
tithis of each half month, i.e., the fourth, ninth, and
fourteenth day, the worshiper should declare his deter-
mination on the temple floor, and, on the following day,
24- invoke Viṣṇu (as Dharaṇīpitṛ) with a prayer, scatter
flowers on the temple floor, then besmear it, take a
29- bath, and utter another prayer. On the third day a meal
is to be taken on the same spot, and the besmearing
repeated thereafter. The whole ceremony must be repeated
on the other two riktā-tithis. In conclusion, Pulastya

31. Devagṛhalepanavidhiḥ

32- sums up the numerous rewards, and names a famous bene-
ficiary of former times, viz., Māndhātṛ.

Adhyāya 32

Another kind of temple-service is the donation of lamps which, when carried out in the month of Kārttika, bears the fruit of a sacrifice accompanied by gifts. To illustrate the benefits of this practice, Pulastya tells the story of Lalitā:

4- The Vidarbha-king Citraratha had a hundred sons and
one daughter, called Lalitā, who was invested with
auspicious marks, dear to her father and brothers, her
servants as well as everybody else. Her father married
her to Cāruvarman, king of Kāśī, who had three hundred
other wives. Lalitā, however, became his principal queen.
By her donations of lamp-wicks and fuel she kept a thou-
sand lamps constantly burning in a Viṣṇu temple. Dwarfed
12- by Lalitā's overwhelming beauty, her fellow queens,
15- after some stammering, inquired of her the reason of
this success. As they had never seen her engaged in any
kind of worship except the donation of lamps, it surpris-
ed them all the more. Lalitā willingly promised to satis-
fy their curiosity, and told them the following story:

20- In a former existence Lalitā had lived as a mouse in
a temple built by Maitreya, Purohita of the Sauvīra-king,
on the bank of the river Devikā, where Maitreya worshiped
Viṣṇu with daily offerings of flowers and lamps. Once,
when the mouse was just about to snatch a wick from a
lamp (offered to the god in the month of Kārttika), the
distant cry of a cat frightened her so much that she
26- accidentally set herself on fire, a living lamp in honour
of Viṣṇu, so to speak. Although unintentional, her vene-
ration was rewarded, among other things, with a recollec-

32. Dīpadānavidhiḥ

tion of this event in her next birth as Lalitā, and she consequently kept up the practice, with obvious success.

34- Pulastya sums up the rewards of constant donation of lamps in Kārttika, which are recollection of previous lives, transcendental wisdom, fame, unimpeded senses, clear sight in the hour of death, etc. Donations on the 11th and 12th bring forth special merits similar to those mentioned in the previous chapter, i.e., a celestial vehicle ornamented with jewels, etc.

41- All of a sudden, the scene changes to a hell (andha tamas, cf. Vdha 23.13-), the desperate inhabitants of which are addressed by the servants of Yama in order to point out to them the uselessness of their laments. The pains inflicted on them now necessarily result from their former ignorance of the transitory nature of their bodies, and their attachment to sensual objects. Their former
50- love-songs to married women have turned into distressed calls for their mothers, a short moment's pleasure is recompensed with innumerable years of hardships. Those who toiled their lives away for their families, in disregard for their own spiritual welfare, must now face the
61- consequences of these and other wrong-doings. On the other hand, it would not have taken more than the recitation of Hari's name, or the offering of a lamp-wick and fuel to save them from the pains of hell, but their former negligence through lack of insight cannot be compensated for with laments about their present situation. As the wretch-
69- ed inhabitants of hell still cannot understand the reason for their cruel fate, Yama's servants recall to them the one crime particularly responsible for the tortures they go through, i.e., the theft of lamps from Viṣṇu-temples.
73- As usual, Pulastya briefly sums up the contents of the chapter.

Adhyaya 33

Dālbhya inquires for the reason why the sight of some
people causes joy, whereas that of others does not. Pu-
5- lastya explains that all contact with those who despise
gods, Brāhmaṇas, Vedas, and sacrifices, is unpleasant,
and in itself a disregard for Vedas and Brāhmaṇas. Those
9- who show respect for Vedas etc., fill the world with joy,
and therefore deserve of praise. However, when themselves
13- disregarded they can do great damage. Consequently, gods,
Vedas, Brāhmaṇas, and sacrifices should always be held
in high esteem.

Adhyāya 34

Dālbhya wants to know how evil can be pacified without
exertion, whereupon Pulastya recommends the following
3- vrata: When the 12th day of the dark half of Māgha is
joined with the nakṣatras Āṣāḍha or Mūla one should, after
having praised the god and taken a bath on the previous
day, abstain from food, worship Keśava, constantly recite
the name of Kṛṣṇa, and then give sesamum to a Brāhmaṇa,
thereby again invoking Kṛṣṇa. Sesamum should also be em-
7- ployed at bath and subsequent meal. The performer will
live in heaven for as many years as new seeds spring up
from the sesamum he donated, and he will be free from
9- physical defects and diseases. Furthermore, the worship
of a Brāhmaṇa, repeated at the end of a year, frees the
performer from the consequences of all crimes.

Adhyāya 35

Having heard about Ananta's names in regard to nakṣa-
tras and tithis, Dālbhya demands information in regard to
4- places of pilgrimage (kṣetra). Pulastya refers to a dia-

33. Devadvijādipraśaṃsā 34. Tiladvādaśī 35. Arjunastava

logue in which the god himself instructs Arjuna in this matter, the occasion being an incident known from the Mahābhārata (MBh 9.61.1-19):

When Viṣṇu (Kṛṣṇa) and Arjuna, returning from the bat-
tlefield, arrive at the deserted camp (of the Kauravas),
the god requests Arjuna to descend from the chariot before
9- him. Having stepped down in the proposed order of succes-
sion, blazing flames instantly reduce the chariot to
ashes. Questioned by Arjuna about the reason for this, the
god explains that the vehicle, actually burnt much earlier
from the weapons of Bhīṣma and the other heroes, was only
prevented from destruction by his (Viṣṇu's) cakra. When
the god left the chariot, his cakra's protection was also
removed, with the obvious consequence. On Arjuna's ques-
tion how the god could accomplish this miracle, he reminds
him of their conversation at the beginning of the battle
(Bhagavadgītā) when he had revealed his form of Kāla
(cf. BhG 11.32) whose destination it is to remove the bur-
den of the earth (bhārāvataraṇa). Thereupon Arjuna begins
to praise Janārdana with a lengthy hymn, which takes up
20 the rest of the chapter: Having invoked cakra, bow, sword,
and club as the god's weapons, and having again referred
21- to his forms of Kāla and Viśvarūpa, Arjuna praises his
creative, protective, and destructive aspects represented
in Brahmā, Viṣṇu, and Rudra. In characterizing the god as
devoid of qualities and still comprising everything, he
30- compares him to a tree. Then Arjuna gratefully remembers
the god's assistance in the great battle, and briefly
mentions two other events in his life, viz., his fight
with 'triśūlapāṇi' (Śiva in the guise of a Kirāta), and
his acquisition of various weapons from Yama, Indra, Ku-
36- bera, etc. (cf. MBh 3.39ff). Next, he enumerates the glo-
45- rious deeds of Vāsudeva Kṛṣṇa, then returns to his re-
flections on the god's various aspects, and finally in-
50- vokes him with several names.

Adhyāya 36

Pulastya continues his report: Janārdana is pleased
with Arjuna's devotion, and describes him as part of his
own self which comprises the whole universe. Arjuna, at
last, asks the god to explain at which place of pilgrim-
age each of his numerous forms is to be worshiped (cf.
11- Vdha 35.4). Thereupon Bhagavān gives a list of 47 tīrthas
and his respective form to be worshiped at each one of
24- these places. He complements this list with eight names
that are not connected to a particular place of worship,
whereby the sum amounts to 55 names (hence the title of
the chapter).

27- According to the various ways of worship connected
with these names the devotee is rewarded with redemption
from evil, ascent to heaven, and other benefits.

Adhyāya 37

In reply to Dālbhya's question concerning the things that lead to pain (tāpa, 'heat') and those that do not, and the power of fasts in honour of Kṛṣṇa, Pulastya tells the following story:

5- In the town of Vaidiśa, there lived a Vaiśya named Vī-
rabhadra, who spent his life in care for the material
needs of his family, thereupon neglecting his own spiri-
tual welfare. He disregarded his religious duties and
devoted his days to the acquisition of wealth by lawful
and unlawful means, unfeeling towards others, and greedy
11- of their belongings. After his death, he became a Preta
in the forest of the Vindhya-mountains. A Gārdabha-Brāh-
maṇa, named Pipīta, found him there one summer, lying on
a spot of hot sand, burnt by the sun, tortured by thirst,
emaciated by hunger, his staring eyes opened wide, and

36. Pañcapañcāśannāmāni    37. Vīrabhadragītā, Sukṛtadvādaśī-
prabhāvaḥ

his tongue hanging out. Moved with compassion, Pipīta
17- asked Vīrabhadra for the reason of his misery, although
he had already perceived it as the consequence of Vīra-
21- bhadra's evil living. Thereupon Vīrabhadra relieved his
conscience by making a detailed confession of his sins
outlined above, in which he stressed their direct rela-
tion to his desperate condition ('tena dahyāmi durmatiḥ',
etc.).

39- Pipīta, in reply to Vīrabhadra's plead for help, told
him that his troubles would soon be over because he had
observed a fast in honour of Acyuta ten lives ago. The
power of this fast, called Sukṛtadvādaśī, would remove
the evil consequences of his wrong-doings in a few days,
whereas it would have taken years of suffering without
this. The practice itself is not explained here, and
the whole story can therefore only refer to the vrata
46- expounded in chapter 24. As Pulastya concludes, Pipīta's
prophecy came true very soon, and Vīrabhadra was saved.
Finally, Pulastya emphasizes the beneficial power of
fasts in general.

Adhyāya 38

Dālbhya seeks advice about the consequences implied
by an insight into the vanity of the circuit of mundane
existence, and the unappeasable greed for the objects of
2- senses. Pulastya points out that persons who have arrived
at these insights should first abandon all desire for the
objects of senses, which are inappropriate to grant satis-
faction, even if that desire would be fulfilled a thousand
times. To illustrate his teachings, Pulastya tells the
following story:

10- Once, king Purūravas, son of Budha and Ilā, whose love
the Apsaras Urvaśī treasured more than the luxuries of
her celestial abode, was visited in his capital, Prati-

38. Aśvinapurūravasaṃvādaḥ

14- ṣṭhāna, by the Aśvins. They told the door-keeper to an-
nounce their arrival and inform the king that they had
come to take a close look at his body famed for its ex-
17- ceptional beauty. As he had just finished his physical
exercises, Purūravas asked the gods to give him time to
20- take a bath and dress properly, but on their request he
agreed to have his beauty examined both before and after
29- his toilet. When the gods inspected him for the second
time, now in full dress and adorned with his ornaments,
Purūravas discovered a smile on their faces, and so he
inquired about the reason for their amusement. They ex-
36- plained that their capacity to discern the steadily
progressing decay of the body surpassed by far that of
the human eye, which could only perceive the coarse
changes from one stage of life to another, whereas in
reality the process of decay, starting on the day of
birth, gradually diminished human vitality in every
split second. Consequently, in spite of Purūravas's
efforts, his body could never retrieve the state of
beauty it had had before he had taken a bath and put on
fine clothes and ornaments. Therefore it was advisable
not to take any interest at all in physical appearance.
51- Having considered these words, Purūravas asked what men
54- could do in this concern. The Aśvins, in their reply,
warned him against the dangerous misconception that
leads men to believe in the permanence of their bodies,
and to seek lasting carnal pleasures, which could ob-
60- viously not exist. Instead, the gods continued, mortals
should direct all their energies towards overcoming
this world. Then they briefly outlined the teachings
of Kapila, Pañcaśikha, Aṅgāriṣṭha (the king A. of
MBh 12.123.10ff ?), Janaka, Hiraṇyagarbha, Jaigīṣavya,
Devala, Sanaka, and other authorities on the question of
72- how to accomplish this end, and subjoined a few general
remarks on the mental disposition and pious activities
contributing to the success of such efforts. In conclu-

78- sion, Pulastya reports the departure of the gods, and holds
up as an example Purūravas's firm devotion to Puruṣottama,
awakened by the foregoing conversation.

Adhyāya 39

Dālbhya inquires how the success of undertakings can be
secured right from the beginning, and how bad dreams can
be pacified. Pulastya recommends a hymn which first invokes
5- Hari in his cosmic aspect (Puruṣa), in which he comprises
the trinity of Hiraṇyagarbha, Acyuta, and Rudra. He is iden-
11- tified with the Lokapālas, and then described in his in-
13- carnation as Varāha, with special reference to his form as
21- Yajñavarāha. Then follows a detailed description of his
incarnation as Nṛsiṃha, and, as the third form of equal
29- prominence, Vāmana/Trivikrama. After this, Madhusūdana,
37- (Paraśu)Rāma, Rāmacandra, and Kṛṣṇa are implored with one
verse each. The hymn ends with a description of Hari's
41- attributes, viz., discus (Sudarśana), club (Kaumodakī),
conch shell, lotus, and the goddess Śrī. Throughout the
hymn, a formula expressing the devotee's request is re-
peated in the fourth pāda of each verse. Finally, Pulastya
45- sums up the rewards for the recitation of this hymn, and,
in more general terms, for the devotion to Viṣṇu, as the
beneficiaries of which he mentions Devendra (Indra), Eka-
piṅga (Kubera), Kārtavīrya, and Vaideha (Janaka).

Adhyāya 40

Dālbhya asks which person (recognizes) the power of
brahman, and how its manifoldness is to be understood
2- so that it results in unity. Pulastya replies that, hav-
ing obtained property one should remove impurity and per-
form the regular and occasional ceremonies, abandon all
vices, exercise friendliness and compassion, etc., in

---

39. Maṅgalyastavaḥ 40. Brahmākhyānakam

short, strive to be righteous in every respect. Then one
5- can proceed to the worship of Viṣṇu based on total ahiṃsā
and performance of obligations to all beings. Things contrary to this definition are to be understood as 'adharma'
These virtues, strengthened by knowledge, are the pure
substratum of brahman, and, figuratively, it is identical
10- with the substratum. Though brahman is one it has many
names, but only for the benefit of people, who can attain
different results by the recitation of these names that
all have their own special energy.

13- Then follows a detailed list which gives the respective
names of Viṣṇu (thereby identified with brahman) to be
recited in pursuit of certain ends, such as vimukti,
41- dharma, artha, kāma, etc. At the end of this list it is
stressed that all these names are identical with brahman,
43- and that Govinda, in his identity with brahman, possesses
two powers the first of which (nimittaśakti) is perceivable in the fulfilment of the above-mentioned purposes.
The inherent power is called svarūpaśakti, which means
that brahman is without qualification and pure.

46- In the following passage, unconnected with the above
recitation of names, the water of the Gaṅgā is used in
a simile: as this water is looked upon by different
people differently corresponding to their own taste,
the same soul appears differently because of the variety
of karman and nāman.

Adhyāya 41

On Dālbhya's request, Pulastya outlines a rite the performance of which prevents the loss of husband or wife.
5- On the second tithi of the dark half of Śrāvaṇa, the god,
accompanied by Śrī, is to be invoked with various names
alluding to their relation. Thereafter, the devotee ex-

41. Aśūnyaśayanadvitīyā

7- presses his / her desire to be favoured with an equally
blissful family-life. Having then performed a pūjā in
honour of Lakṣmī and Hari, and having praised them in
the temple, one should eat the oblation of fruits silent-
ly at night. On the following day, one should give a dakṣi-
13- ṇā to a Brāhmaṇa. This practice, continued for four months,
secures the desired results for the three existences to
follow.

Adhyāya 42

His curiosity about observances being satisfied, Dālbhya
now demands information concerning the cause of saṃsāra
3- and liberation from it. Pulastya points out that the cause
of saṃsāra is karman rooted in avidyā. The fulfilment of
duties resulting from one's place in saṃsāra, devoid of
greed and hate, leads to the destruction of (all) karman.
Thus one attains liberation from karman. Pulastya repeats
6- this concept in two variations and stresses that the know-
10- ledge resulting from the performance of duties consists in
the realization of identity between brahman and Viṣṇu.

Adhyāya 43

In this chapter serving entirely technical purposes we are led back to the principal level of interlocutors through various stages: Śukra concludes the dialogue between Pulastya and Dālbhya (beginning 4.9), Vasiṣṭha concludes the dialogue between Śukra and Prahlāda (beginning 3.6), and after Śaunaka has concluded the dialogue between Vasiṣṭha and Ambarīṣa (beginning 3.2), Śatānīka immediately introduces the frame-story of the next major section of the Viṣṇudharma, rendering the interlocution between Kṛṣṇa and Yudhiṣṭhira (Adhy. 44-63).

42. Saṃsārahetumuktyākhyānakaṃ    43. Pulastyadālbhyasaṃvādaḥ

## 2. Towards a Literary History

The following remarks are not intended to anticipate, or even mark the way for, an adequate evaluation of the Viṣṇudharma. They cannot be more than preliminary, both in view of the two thirds of the text still remaining unedited, as well as due to an appalling lack of spadework in the wide field of related literature. The scope of an edition, and my limited competence require the confinement to some points that came to my attention during the editorial work. This accounts for their obvious unbalance, which will hopefully not distort the view of essentials.

Redaction(s): The fact that the Viṣṇudharma is a compilation - which may be taken for granted of this type of literature in the first place - becomes patent from some of its structural features. As denoted in the above summary, short retrospects of, or references to, a preceding chapter, both common devices in epic literature, often implicate the direct succession of adhyāyas of the Viṣṇudharma. The suggested sequence is retained, e.g., in Adhyāyas 5/6, 7/8, 22/23, 23/24, 24/25, 26/27, 35/36, whereas in other cases it may be interrupted by one or more adhyāyas; e.g., Adhy. 17 refers to Adhy. 9-12, from which it is separated by Adhy. 13-16 comprising the dialogue between Yājñavalkya and Maitreyī; Adhy. 31 refers to Adhy. 29, and Adhy. 37 refers to the rite described in Adhy. 24 (as is corroborated by the parallel version in BhaviṣyottaraP 82). Furthermore, composite adhyāyas, such as Adhy. 5, 7, 8, 32, and 40, and those bearing distinctive features, as e.g., Adhy. 19 and 20, may also be understood as resulting from compilatory work. The importance of such traces would, however, often be overestimated if they were employed as evidence to identify, and consequently exclude, "interpolations" in order to arrive at a hypothetical "Urfassung"; by and large, we cannot but accept the form of the text handed down to us without substantial divergency in its manuscript tradition. Nevertheless, certain patterns of redaction emerge.

We can, for instance, assume a predilection for adjuncts of passages, or whole adhyāyas, which may elaborate the topic of a preceding chapter, or add cognate material to it. This practice may sometimes have led to an interruption of the order indicated in retrospects and references (as in Adhy. 29-31), while in other instances that same device seems to have been employed to link the additional material to the given context (e.g., in Adhy. 24/25).

The principal strata of dialogue [1] may also allow conclusions about the development of the text. However, the present edition comprises only one of these sections, i.e., the dialogue between Pulastya and Dālbhya (Adhy. 4-43), and a study of the question would have to take into account those passages in other sections that also deal with the subject matter found in Adhyāyas 1-43 [2].

A related item that deserves some attention is the predominant position of Śaunaka as the chief narrator of the text. He is well-known from the Mahābhārata as the head (kulapati) of the Bhārgava-clan, and his prominence in the frame-story of the epic was taken by V.S. Sukthankar for an indication of the fact "that the Bhārata had at a critical stage of its evolution passed into the sphere of influence of the Bhṛgus" [3]. This view can, to some extent, also be applied to the Viṣṇudharma. The succession of teachers listed in Vdha 1.38ff, the introduction of Śukra, another distinguished member of the clan, as an interlocutor, and various allusions to the Bhārgava-lore testify to an intimate relation: In the text por-

1) For a list cf. Hazra, Studies in the Upapur., vol.I, p.131f.

2) For instance, independent descriptions of hells are found in Adhyāyas 23 and 45.

3) V.S. Sukthankar, Epic Studies VI, p.74.
Two other texts mainly concerned with Vaiṣṇava rites and doctrines complement a survey of activities ascribed to Śaunaka in this field of literature: a) the Śaunakakārikā (probably based on an older Śaunakasmṛti) which, to all appearance, bears some similarity to the Viṣṇudharma; cf. G. Bühler, A Notice of the Çaunaka Smṛti. b) a "very prolix manual of domestic ritual and expiation", named Śaunakīya (which contains citations from the Viṣṇudharma); cf. A.B. Keith, Catalogue of the Skt. and Pkt. Mss., vol. II, no. 5682.

tion constituted in the present edition we have the story of Ṣaṇḍa and Marka, Śukra's sons, who fabricate the wicked monster Mahāmoha (Vdha 25.12ff), and furthermore, mention is made of Ṛcīka and Cyavana (Vdha 13.21, 28.71), Uśanas (=Śukra, Vdha 19.20), and Yayāti, Śukra's son-in-law (Vdha 13.21). This accumulation seems rather striking, seeing that the total number of such allusions, inclusive of those to persons unrelated to the Bhārgava-clan, is relatively small. Moreover, the Haihayas, a Kṣatriya-clan whose fate is closely connected with that of the Bhārgavas, are mentioned twice (Vdha 3.55, 39.48), and Adhyāya 30 gives a detailed account of the birth of their most prominent member, Kārtavīrya. References to his opponent among the Bhārgavas, (Paraśu)Rāma, can be found throughout the text [1], although his rôle as an incarnation of Viṣṇu, as well as the story of the conflict between Rāma and Kārtavīrya, seem quite undeveloped.

Perhaps we can follow Sukthankar's argumentation one step further when he expresses the view that the Bhārgavas were also responsible for the "incorporation into the epic of large masses of didactic material, concentrated chiefly in the Śānti and Anuśāsana, especially so far as it concerns Dharma and Nīti elements, ... two topics in which the Bhṛgus had specialized and with which their names are prominently associated" [2]. As the Viṣṇudharma and the didactic portions of the epic have various passages in common, further testimony to the influence of the Bhārgavas on the Viṣṇudharma can be expected from pursuance of this hypothesis, when the complete edition of the present text will enable us to draw on these parallels (which occur almost exclusively in the unedited parts of the text [3]).

1) Cf. Vdha 39.38 and 40.21 in this portion, and Hazra, op.cit. vol. I, p.146n; A. Gail, Paraśurāma, Brahmane und Krieger, p.216f.

2) Sukthankar, loc. cit.

3) Parallels in the next section, Adhy. 44-63: large parts of Vdha 45,46,48-52 appear in MBh 14, App. 4, an insertion in southern mss. named Vaiṣṇavadharmaśāstra; furthermore: Vdha 55 - MBh 13.74, Vdha 56 - MBh 13.109, Vdha 57 - MBh 13.131, Vdha 58 - MBh 13, App. 15, Vdha 59 - MBh 13.70,72, App. 15, Vdha 60 - MBh 13.61, Vdha 62 - MBh 13.116, Vdha 63 - MBh 12.15. Some other major parallels: Vdha 68 - MBh 12, App. 17B, Vdha 79 - MBh 13.107, Vdha 104-5 - MBh 3.148,188ff.

Characterization: The title of the Viṣṇudharma itself unmistakably points to its essential concern. One of the characteristic features of the conception of dharma underlying the text is the endeavour to preserve the social order (varṇāśrama-dharma). Numerous hints to its importance, and especially to the dangerous consequences of contact with those disregarding it, Pāṣaṇḍas and the like, illustrate this central position [1]. However, in spite of the pains taken to condemn them, the text does not give a positive definition of their beliefs [2]. In this as in many other details it grounds on what its redactors could consider common assumptions of their times. I shall leave it to others to investigate whether, or to what extent, these assumptions can be inferred from such references.

Judging from what little we find of explicit statements relating to the dogmatic framework of the Viṣṇudharma as a 'whole' we must consider it a compilation of the Bhāgavatas: The text begins with what can be called their creed formula (oṃ namo bhagavate vāsudevāya), and the well-known benedictory stanza (nārāyaṇaṃ namaskṛtya...) invariably opening their works [3]. However, the redactors' obvious lack of interest in theoretical, or 'philosophical', discussions soon interferes with an attempt to

1) Cf. particularly Vdha 25; furthermore: 3.19, 4.39, 5.1, 7.4, 8.2, 14.2, 15.5, 22.11, 24.23,28, etc.

2) Cf. Hazra, op. cit., vol. I, p.147f (on Adhy. 25).

3) S. G. Bühler and J. Kirste, Indian Studies II, p.4f. There has been a controversy about the fourth pāda of this verse, and especially about the meaning of the word 'jaya'. This is not the place to take up the details of previous propositions, but still I should like to draw attention to Vdha 14.5, 35.23, 36.13, 40.19. According to these passages, 'jaya' is an occult name of Viṣṇu. An interpretation of the above pāda in the light of this evidence seems more adequate to the context than other rather scholastic constructions grounded on BhavP I.4. 86-88 (also quoted in Nīlakaṇṭha's comm. on MBh 1.1.1):

> aṣṭādaśa purāṇāni rāmasya caritaṃ tathā // 86 //
> viṣṇudharmâdayo dharmāḥ śivadharmāś ca bhārata /
> kārṣṇaṃ vedaṃ pañcamaṃ tu yan mahābhārataṃ smṛtam // 87 //
> saurā dharmāś ca rājendra nāradôktā mahīpate /
> jayêti nāma eteṣāṃ pravaditaṃ manīṣiṇaḥ // 88 //

(Cf. S. Levi, Tato Jayam Udīrayet; A.S. Gupta, A Note on Sylvain Levi s Interpretation...; U.J. Sandesara, Interpretation of the Word 'Jaya'; R.C. Jain, Jaya : The Original Nucleus of the Mahābhārata.)

ascertain the exact standpoint in positive terms [1]. As a matter of fact, the whole text is dominated by a remarkable sense of practicality: Kriyāyoga, active worship of Viṣṇu as itemized at the very beginning (Vdha 1.10,41ff), remains in the focus of interest throughout. All efforts concentrate on an exhaustive treatment of this virtually boundless domain of dharma as it is understood in our text. For instance, in Adhyāyas 1-3 which, in a way, serve as an introduction to the dialogue between Dālbhya and Pulastya, we find only casual references to dogmatic terms ('bhedâbheda' in Vdha 1.37, 'bhakti' in Vdha 2.66), and the crucial term 'bhāgavata', e.g., is defined strictly in categories of the principal feature, i.e., Kriyāyoga (cf. Vdha 3.25ff). The train of ritual precepts once under way with the interlocution between Pulastya and Dālbhya, dogmatic considerations remain virtually excluded.

The devotional practices gathered here under the heading of 'Kriyāyoga' can be arranged in three interrelated groups which practically comprise all other items the Viṣṇudharma treats of in this context: vows (vrata), oblations to persons deserving of (dāna), and recollection of the god (anusmaraṇa). The foregoing summary of Adhyāyas 1-43 should sufficiently illustrate the extent and nature of their interrelations.

Apart from material of the described category, which makes up the bulk of the text, the discussion of various other topics of dharma serves to establish a frame of reference for the exposition of the central concern. The description of hells in Adhyāya 23 gives a good example of this type. A certain unrelatedness to the complex of Kriyāyoga can, however, be claimed for relatively few Adhyāyas a good number of which deal with the usual paraphernalia of dharma-literature, or of didactic literature of this type in general, for that matter [2].

1) R.C. Hazra's surmise on this question can hardly be called convincing; cf. Hazra, op. cit., vol. I, p.154.

2) For instance: cosmogony (Vdha 1), saṃgrāmapraśaṃsā (Vdha 61), māṃsavarjanam (Vdha 62), daṇḍanītiḥ (Vdha 63), description of the four yugas (Vdha 104), and of Kaliyuga in particular (Vdha 105).

Classification: Considering the above mentioned features we understand R.C. Hazra's scruples when classifying the Viṣṇudharma as an Upapurāṇa. He concedes that "it has very little of the principal characteristics of a Purāṇa" [1], and that neither the text itself, nor any of the authorities and texts mentioning it or quoting from it, give support to his classification. On the contrary, it conflicts with the unanimous view of tradition which regards the Viṣṇudharma as a 'Śāstra'. Hazra himself illustrated the traditional viewpoint with relevant quotations, and there is no need to repeat them here [2]. As both categories are equally amorphous, the advantage of his decision against the traditional viewpoint is not intelligible.

As a matter of fact, the Viṣṇudharma came to be recognized as a Purāṇa not earlier than 1884, with R.L. Mitra's remark that the text itself "professes to be a Purāṇa" [3]. In the light of textual evidence, this assertion seems quite improbable, to say the least: The Viṣṇudharma invariably classifies itself as a Śāstra (e.g., Vdha 1.58, and particularly Adhy. 105, named Śāstramāhātmya) [4], and regarding the determination with which it concentrates on the subject matter announced in its title, this term seems more appropriate. Not so much the subject matter itself, as the exclusiveness it is treated with distinguishes the Viṣṇudharma from current categories. Seen in context with other sectarian 'Śāstras' of a similar style,

1) Hazra, op. cit, vol. I, p. 119.

2) Hazra, op. cit, vol. I, p. 114ff; Hazra, The Viṣṇudharmottara, an Encyclopaedic Work of the Gupta Period, p.41ff. Many of the Nibandha authors mentioned by Hazra refer to the lines of BhavP cited above (cf. above, p. 64, n. 3).

3) R.L. Mitra, Notices of Sanskrit Manuscripts, vol. VII, p.65.

4) Mitra's misleading remark influenced the judgment of H.P. Shastri, his successor, who, nevertheless, held a unique (and partly contradictory) view concerning the history of the text (cf. his Descr. Cat. of Skt. Mss. in the Government Collection, vol. V, p. XLIIIf and p. 764f). Even A. Weber, who proved quite independent of Mitra's assertion when listing the Berlin ms. under "Smṛtiśāstras", felt obliged to give it some consideration (cf. his note, Verz. der Skt. und Pkt. -handschriften, vol. I, p.338).

it is not altogether improbable that they represent a particular type of 'Śāstra'-literature that can still be traced in very few extant texts and a number of titles of extinct works, resp., quotations from them [1].

Principal spheres of influence: The transmission of the substance of this supposed 'Śāstra'-literature to epics, and especially Purāṇas, could well account for its gradual disappearance in later times. For the moment, not much more can be brought up in favour of this working hypothesis than the fact that it correlates in part with the results of R.C. Hazra's analysis of what he called the Purāṇic Smṛti-materials [2]. He supposed two main stages of development of the Purāṇas as we know them: about 200 A.D. for the incorporation of materials from "early Smṛti saṃhitās such as those of Manu and Yājñavalkya", and about the 6th century A.D. for that of topics relating to "various kinds of gifts, initiations, sacrifices to the planets and their pacification, Homa, consecration (pratiṣṭhā) of images etc., Saṃdhyā, glorification of holy places, Tithis, Utsargas, Vrata and Pūjā" [3]. It may be said that the incorporation of these materials can just as well be imagined as a gradual process. Be that as it may, most of the practices listed by Hazra are older than the 6th century, and they certainly were dealt with in literature before being appropriated by the Purāṇas. A close examination of the parallels between, for instance, the Viṣṇudharma and several Purāṇas [4] should, in my opinion, sufficiently illustrate the possibility that 'Śāstras' such as the Viṣṇudharma were the source of these materials [5]. A rare opportunity to watch tradition at work is

1) Cf. Hazra, Studies in the Upapur., vol.I, p.112f, 346f.

2) Hazra, The Smṛti-chapters of the Purāṇas; Hazra, Studies in the Purāṇic Records..., pp.174-189 (a chronological table which sums up the results of his analysis).

3) Hazra, Studies in the Purāṇic Records..., p.188f.

4) S. Appendix B, Concordance.

5) In this context I may refer to the results of my comparison of the Gajendramokṣaṇa-story of the Viṣṇudharma (Adhy. 67) with the versions of Padma-, Skanda-, Varāha-, Bhāgavata-, and Vāmana-Purāṇa, Viṣṇudharmottara and Pañcaratna.

offered by the older Āgneya- or Vahni-Purāṇa which borrowed considerably from the Visṇudharma [1]. In one instance, a passage of the latter was adopted with the original colophon inclusive of the - necessarily incongruous - adhyāya-number of the Viṣṇudharma, while the following three colophons of the Āgneya-Purāṇa contain clear references to the source of the material [2].

Whereas the importance of the Viṣṇudharma (and related texts) for the formation of Purāṇas remains to be investigated in the future, we get a firmer foothold in other fields of literature. The first tangible stage of tradition is represented by the Viṣṇudharmottara, the classification of which raises questions similar to those treated above [3]. Regarding its relation to the Viṣṇudharma, the Viṣṇudharmottara itself contains several hints: in its title as well as in two verses (Vdho 1.74.35, 1.143.16) it professes to be the latter part of the Viṣṇudharma, and this view was adopted by later authorities [4]. However, the text itself, and many aspects of the history of this voluminous encyclopaedia, urgently demand further investigation. For instance, questions directly concerning our

---

1) S. R.C. Hazra, Studies in the Genuine Āgneya-Purāṇa..., p. 227ff. For parallels with Vdha 1-43 s. Appendix B, Concordance.

2) For a description of two mss. of the Āgneya-Purāṇa s. J. Eggeling, Catàlogue of the Skt. Mss. in the Library of the India Office, pt. VI, pp. 1294-1298. In ms. no. 3582 the full colophons run as follows:
Adhy. 28 [fol. 88b]: ity ādye vahnipurāṇe devâmbarīṣasaṃvādo nāma dvitīyo 'dhyāyaḥ (contains passages of Vdha 1+2).
Adhy. 29 [ fol. 91b]: ity ādye vahnipurāṇe vaiṣṇavadharme yugānukīrta namo (!) 'dhyāyaḥ (contains passages of Vdha 1, 3, 66, 100).
Adhy. 30 [fol. 93b]: iti vahnipurāṇe vaiṣṇavadharme kṛ(!)yāyogavidhiḥ (contains passages of Vdha 1).
Adhy. 31 [fol. 97b]: ity ādye vahnipurāṇe vaiṣṇavadharme śuddhivrato (!) nāmâdhyāyaḥ (contains passages of Vdha 80, 89).

3) This problem has been discussed by R.C. Hazra with much the same arguments as those mentioned above with regard to the Viṣṇudharma; cf. Hazra, The Viṣṇudharmottara, An Encyclopaedic Work of the Gupta Period, p.41ff.

4) Cf. Hazra, Studies in the Upapur., vol.I, p. 116ff.

problem are the interrelation of the three Khaṇḍas, the consequences to textual history of the widely varying size, especially of manuscripts of the third Khaṇḍa, and the relevance of an apparently smaller text bearing the same name, of South Indian provenance [1].

Because of these and other difficulties and uncertainties the relation of the Viṣṇudharmottara to its alleged predecessor can only be sketched here. An examination of the numerous parallels between the two - the mere existence of which conflicts with a literal understanding of their interrelation as put forward by the Viṣṇudharmottara itself - invariably proves the Viṣṇudharma to be the source of the material that often underwent considerable changes made necessary by a shift in dogmatic views. In the example at hand, the story of Lalitikā (=Lalitā) as told in Vdho I.167, later influences are traceable, e.g., in the introduction of Umā as the founder of a Devikā-Tīrtha (appropriately called 'Nṛsiṃha', Vdho I.167.15-19), or in the exaggeration of the rewards ascribed to the rite at issue (cf. Vdho I.167.11 and Vdha 32.16). In other instances, misinterpretations, or defects and obscurities in the text of the Viṣṇudharma may also be responsible for alterations.

The extent to which the Viṣṇudharmottara is indebted to its predecessor varies a great deal. Whereas some Adhyāyas and, sporadically, whole sections (e.g. Vdho III.215-220, "Pulastya-Dālbhya-saṃvāda"), have retained unmistakable characteristics of their source, other material has been recast and enlarged to a size that makes it a matter of great delicacy to trace allusions to the original (cf., e.g., Vdho I.175-191 and Vdha 27).

In the period of dharma-literature that is characterized by the emergence of encyclopaedic commentaries on older works, and Nibandhas, the Viṣṇudharma rose to a peak of recognition. It was quoted by many authors of those times, and most of their quota-

1) The complete mss. of this tradition comprise 27 Adhyāyas, but unfortunately the descriptions in the respective manuscript catalogues give no clue to their contents; cf. M. Rangacharya, A Descriptive Catalogue, vol. IV,1, nos. 2111-2118; A.C. Burnell, A Classified Index, p.188, VI, etc.

tions can be identified in the present text [1]. Those remaining untraceable may theoretically indicate that in the meantime the Viṣṇudharma underwent considerable changes [2]. However, as the manuscript tradition of the text itself reaches back beyond the times of the majority of these authors, such divergencies are better ascribed to their methods. Generally, they took great freedom with the texts they quoted, and did not shrink from taking over quotations from other commentaries and Nibandhas. Furthermore, their references to sources are vague, and sometimes wrong as is best illustrated by the frequent confusion of 'Viṣṇudharma' and 'Viṣṇudharmottara' [3].

Most of what has just been said holds good as well for a contemporary of the early Nibandha-authors, viz., Alberuni, who came to know India as a hostage of Maḥmud of Ghazna at the beginning of the 11th century. During his visits, Alberuni acquired an intimate knowledge of Indian mathematics and astronomy, but also took great interest in religion, philosophy, and other branches of learning, all summed up in his famous book on India. His Indian informants, whoever they were [4], provided Alberuni with the relevant literature of those days basically along the same principles as the above-mentioned Nibandha-authors, and with the same shortcomings. The important position ascribed to what they call "Viṣṇudharma" - and they obviously did not distinguish between our Viṣṇudharma and the Viṣṇudharmottara they used (only Khaṇḍa I) - is self-evident from the numerous quotations taken from it [5] as well as from the short but considerate remarks on the text (s. Alberuni's India, vol. I, p.132).

---

1) The list of authors and works drawn out by Hazra, op. cit., vol. I, p.138, as well as that in Appendix B, Concordance, are by no means exhaustive.

2) Cf. Hazra, op. cit., vol. I, p.154f.

3) A few examples of such confusions have been mentioned in Appendix B, Concordance.

4) S. Alberuni's India, E. Sachau's preface, pp.xi, xlvii.

5) Alberuni's India, Index, p.426; G. Bühler, Book Notice, p.384ff; D. Satyanarayana, Viṣṇudharma and Alberuni; s. also Appendix B, Concordance.

The Viṣṇudharma enjoyed its apparently last period of popularity with the followers of the Caitanya-school of Viṣṇuism, especially the Six Gosvāmins. Similar to what S.K. De said about their commitment to the identification and restauration of sacred sites [1], their activities as authors concentrated on reclaiming the literary heritage relevant to the Vaiṣṇava creed, and reinterpreting it according to their dogmatic attitude. As S.K. De points out, even the Vaiṣṇava texts were carefully selected, and arranged in order to support the theological and philosophical views held by the Gosvāmins: "The usual procedure is to make a dogmatic statement and then support it not so much by argumentation, which is held at discount, as by a compilation of authoritative texts, chiefly derived from the Śrīmad-bhāgavata Purāṇa, and by the interpretation of those texts in the light of the peculiar dogmas and doctrines of the school " [2]. The enormous number and spectrum of texts employed in this scheme of interpretation becomes evident from the lists of quotations prepared by S.K. De [3]. At the same time, these lists illustrate the esteem of the Viṣṇudharma with the Gosvāmins, which varied according to their individual part in "the laborious task of systematising the doctrines and practices of the faith and defining its creed" [4].

On the time of compilation: In trying to determine the age of the Viṣṇudharma as we know it, every aspect of its literary history must be taken into consideration. By far the most important one is the undeniable fact that the Viṣṇudharma is a compilation. This implies that we must regard its present form as the result of a (gradual) process of development the stages of which can, if at all, only be inferred by fitting every dis-

---

1) De, Early History, p.88.

2) De, op. cit., p.171ff.

3) De, op. cit., pp.151-153: Rūpa's Bhaktirasāmṛtasindhu (2 quotations from Vdha); p.193: Rūpa's Saṃkṣepabhāgavatāmṛta (1 quot. from Vdha); pp.313-320: Jīva's Ṣaṭsaṃdarbha (25 quot. from Vdha); pp.395-402: Gopālabhaṭṭa's Haribhaktivilāsa (41 quot. of Vdha). Except for Rūpa's Bhaktirasāmṛtasindhu and Gopāla's Haribhaktivilāsa I had no access to printed editions of these texts so far.

4) De, op. cit., p.87.

tinguishable unit of the Viṣṇudharma into a relative chronology with related texts. Needless to say that such units can have any size from a floating verse to one or more adhyāyas. If we succeed in fixing the chronology of at least the major parts we may be able to approach the date of compilation of the Viṣṇudharma as we know it. A painstaking attempt based on these principles will, for obvious reasons, not be possible for a long time to come, if it ever will.

The first proposition regarding the date of the Viṣṇudharma was brought forward by R.C. Hazra [1], and although some characteristics of his method were rightfully challenged by P.V. Kane [2] its result is not altogether improbable. From the affinity of the Viṣṇudharma to the didactic portions of the Mahābhārata, and its relations with several other texts none of which have, however, been dated reliably, Hazra infers the third century A.D. as the lower limit for its composition.

As to Hazra's other arguments relating to the lower limit of the date, one cannot but concur with the opinion of P.V. Kane who regards them as practically worthless: The argument grounding on the absence of tantric elements has been dealt with by Kane [3]. Apart from that, Hazra tries to support his assumption by stating that the Viṣṇudharma names the nakṣatras in the old order beginning with Kṛttikā. One may object that the enumeration of nakṣatras in a ritual context, which is given in the example cited by Hazra (Vdha 26.7f) as well as in every other instance I have met with, follows rules other than those of scientific texts like Varāhamihira's Bṛhatsaṃhitā where, according to Hazra, the new arrangement of nakṣatras beginning with Aśvinī is first traceable.

---

1) Hazra, Studies in the Upapurāṇas, vol. I, pp.141ff.

2) Kane, History of Dharmaśāstra, vol. V,2, pp.873ff, pp.909f. Unfortunately, Kane's exposition includes a number of misconceptions the most serious of which is the fact that the paper by A. Chatterjee, which Kane cites as the starting-point of his own calculation (op. cit., p.909) is not concerned with our Viṣṇudharma but with the Dharma-Purāṇa, a section of the Padma-Purāṇa; cf. A. Chatterjee, The Nature and Date of the Dharma-Purāṇa.

3) Kane, op. cit., vol. V,2, p.874.

Hazra's arguments in view of the upper limit of the date partly lack a sufficient basis in that they refer to individual lines or verses mentioning, e.g., Manu, or 'quoting' verses from the Bhagavadgītā and other texts. On the other hand, reverences to Pāṣaṇḍas, Bhāgavatas and Mahāmoha (whom Hazra identifies with Buddha; cf. Vdha 25.16ff) cannot be ascribed to a particular point of time. For instance, a 'Mahāmoha' appears also in act 2 of Kṛṣṇamiśra's Prabodhacandrodaya, an allegorical drama of the 11th century [1].

The only reliable evidence we have concerning the final redaction of the Viṣṇudharma is offered by its textual tradition. Dated Nepalese manuscripts of the present text reach back to the 11th century. As pointed out above, two of these three manuscripts, mss. N3 and N6, belong to one line of tradition [2], viz. Group I, whereas the earliest representative of Group II, ms. N5, is dated 1161 A.D.

1) Prabodhacandrodaya, publ. Nirṇayasāgara Press, Bombay 1898.

2) For the third manuscript cf. p.19.

# P A R T  T W O

# T E X T  O F

# A D H Y Ā Y A S  1 - 43

oṃ namo bhagavate vāsudevāya

nārāyaṇaṃ namaskṛtya naraṃ caîva narôttamam /
devīṃ sarasvatīṃ caîva tato jayam udīrayet //
dvaipāyanâuṣṭha-puṭa-niḥsṛtam aprameyaṃ
puṇyaṃ pavitram atha pāpa-haraṃ śubhaṃ ca /
yo bhāratam samadhigacchati vācyamānaṃ
kiṃ tasya puṣkara-jalair abhiṣecanena // [1]

1

kṛtâbhiṣekaṃ tanayaṃ rājñaḥ parīkṣitasya ha /
draṣṭum abhyāyayuḥ prītyā śaunakâdyā maharṣayaḥ // 1 //
tān āgatān sa rājarṣiḥ pādyârghyâdibhir arcitān /
sukhôpaviṣṭān viśrāntān kṛta-saṃpraśna-satkathān // 2 //
tat-kathābhiḥ kṛtâhlādaḥ praṇipatya kṛtâñjaliḥ /
śatānīko 'tha papraccha nārāyaṇa-kathāṃ parām // 3 //

rājôvāca
yam āśritya jagannāthaṃ mama pūrva-pitāmahāḥ /
vipakṣâpahṛtaṃ rājyam avâpuḥ puruṣôttamāḥ // 4 //
drauṇi-brahmâstra-nirdagdho mama yena pitāmahaḥ /
parīkṣit prāṇa-saṃyogaṃ devadevena lambhitaḥ // 5 //
tasya devasya māhâtmyaṃ śrutaṃ subahuśo mayā /
deva-ṛṣi-siddha-manujaiḥ stutasyâśeṣa-janmanaḥ // 6 //

---

1 N2 and N7: om.
B : namo vyāsāya gurave sarvajñāya maharṣaye /
pārāśaryāya śāntāya namo nārāyaṇāya te //

2b - N7: -ârghyair abhiracitān

kaḥ stotum īśas tam ajaṃ yasyâitat sacarâcaram /
avyayasyâprameyasya brahmâṇḍam udare śayam // 7 //
rudraḥ krodhôdbhavo yasya prasādāc ca pitāmahaḥ /
tasya devasya kaḥ śaktaḥ pravaktuṃ vā vibhūtayaḥ // 8 //
so 'ham icchāmi devasya tasya sarvâtmanaḥ prabhoḥ /
śrotum ārādhanaṃ yena nistareyaṃ bhavârṇavam // 9 //
kenôpâyena mantrair vā rahasyaiḥ paricaryayā /
dānair vratôpavāsair vā japyair homair athâpi vā // 10 //
ārādhitaḥ samastānāṃ kleśānāṃ hāni-do hariḥ /
śakyaḥ samārādhayituṃ tan naḥ śaṃsata sattamāḥ // 11 //
vidyānām api sā vidyā śrutānām api tac chrutam /
rahasyānāṃ rahasyaṃ tad yena viṣṇuḥ prasīdati // 12 //
mantrāṇāṃ paramo mantro vratānāṃ tan mahāvratam /
upôṣitaṃ hi tac chreṣṭhaṃ yena tuṣyati keśavaḥ // 13 //
sā jihvā yā hariṃ stauti tac cittaṃ yat tad-arpaṇam /
tāv eva kevalau ślāghyau yau tat-pūjā-karau karau // 14 //
sujanma-deham atyantaṃ tad evâśeṣa-janmasu /
yad eva pulakôdbhāsi viṣṇor nāmâbhikīrtanāt // 15 //
sā hānis tan mahac chidraṃ sā câṇdha-jaḍa-mūkatā /
yan muhūrtaṃ kṣaṇaṃ vâpi vāsudevo na cintyate // 16 //
nūnaṃ tat kaṇṭha-śālūkam athavā pratijihvikā /
rogo vânyo na sā jihvā yā na vakti harer guṇān // 17 //
santy anekā bilās tadvac chrotram apy alpamedhasām /
dattâvadhānaṃ yac chabde vinâiva harisaṃstutim // 18 //
dharmârtha-kāma-saṃprâptau puruṣāṇāṃ viceṣṭitam /
janmany aviphalā sâikā yā govindâśrayā kriyā // 19 //
durga-saṃsāra-kāntāram apāram abhidhāvatām /
ekaḥ kṛṣṇa-namaskāro mukti-tīrasya deśikaḥ // 20 //

---

10d - B, N1,2,5,7: homair japyair athâ-

13b - B: vratānām api tad vrataṃ; N1,5: -nāṃ paramaṃ vratam N2,7: tad vratānāṃ mahā-

15-16 - N2,5,7: order changed: 16,15; N5: order corrected corresponding to other mss.

16 - B: om.

18b - N1,2,5: alpa-cetasām

sarva-ratna-mayo meruḥ sarvâścarya-mayaṃ nabhaḥ /
sarva-tīrtha-mayī gaṅgā sarva-deva-mayo hariḥ // 21 //
evam ādi-guṇo bhogaḥ kṛṣṇasyâdbhuta-karmaṇaḥ /
śruto me bahuśaḥ siddhair gīyamānas tathâparaiḥ // 22 //
so 'ham icchāmi taṃ devaṃ sarva-loka-parâyaṇam /
nārāyaṇam aśeṣasya jagato hṛdy avasthitam // 23 //
ārādhayitum īśānam anantam amitâujasam /
śaṃkaraṃ jagataḥ prāṇaṃ smṛta-mātrâgha-hāriṇam // 24 //
tan mamâdya muniśreṣṭhāḥ prasādayitum icchataḥ /
upadeśa-pradānena prasādaṃ kartum arhatha // 25 //
tasyâitad vacanaṃ śrutvā bhaktim udvahato hareḥ /
paritoṣaṃ paraṃ jagmur munayaḥ sarva eva te // 26 //
sarve ca te muni-śreṣṭhā bhṛgu-śreṣṭhaṃ ca śaunakam /
yathârthaṃ bhagavan tasmai kathyatām ity acodayan // 27 //
sarva-jñāna-nidhiḥ sphītas tvam atra bhṛgu-nandana /
trailokye sarva-saṃdeha-tamo-dīpas tapo-dhana // 28 //
evam ukto muni-varaiḥ prītyā tasya ca bhūpateḥ /
bhaktyā ca deva-devasya pravaṇī-kṛta-mānasaḥ // 29 //
kṛtvôttarīya-paryaṅkaṃ śithilaṃ bhagavān atha /
pratyuvāca mahābhāgaḥ śaunakas taṃ mahīpatim // 30 //

śaunaka uvāca
yat pṛcchasi mahīpāla kṛṣṇasyârādhanaṃ prati /
vratôpavāsa-japyâdi tad ihâikamanāḥ śṛṇu // 31 //
anādimat paraṃ brahma sarva-heya-vivarjitam /
vyāpi yat sarva-bhūteṣu sthitaṃ sad-asataḥ param // 32 //
pradhāna-puṃsor ajayor yataḥ kṣobhaḥ pravartate /
nityayor vyāpinoś câiva jagad-ādau mahâtmanoḥ // 33 //
tat-kṣobhakatvād brahmâṇḍa-sṛṣṭer hetur nirañjanaḥ /
ahetur api sarvâtmā jāyate paramêśvaraḥ // 34 //

---

22d - D-mss.: stūyamānas tathâmaraiḥ
32b - D-mss.,N4,6,8: sarvadeha-; N1,5: -heyavinirjitam
34b - N1-6: -sṛṣṭi-hetur

pradhāna-puruṣatvaṃ ca tathaîvêśvara-līlayā /
samupaiti tataś caîva brahmatvaṃ chandataḥ prabhuḥ // 35 //
tataḥ sthitau pālayitā viṣṇutvaṃ jagataḥ kṣaye /
rudratvaṃ ca jagannāthaḥ svêcchayā kurute 'vyayaḥ // 36 //
tad ekam akṣaraṃ dhāma paraṃ sad-asato mahat /
bhedâbheda-svarūpa-sthaṃ praṇipatya paraṃ padam // 37 //
pravakṣyāmi yathā pūrvaṃ mat-pitrā kathitaṃ mama /
tasyâpi kila tat-pitrā tasmai câha kilôśanāḥ // 38 //
tenâpi bhṛgum ārādhya prâptam ārādhanaṃ hareḥ /
sakāśād brahmaṇaḥ prâptaṃ bhṛguṇâpi mahâtmanā // 39 //
mārīci-miśraiś ca purā param etan maharṣibhiḥ /
prâptaṃ sakāśād devasya brahmaṇo 'vyakta-janmanaḥ // 40 //
yogaṃ brahmā paraṃ prâha maharṣīṇāṃ yadā prabhuḥ /
samasta-vṛtti-saṃrodhāt kaivalya-pratipādakam // 41 //
tadā jagat-patir brahmā praṇipatya maharṣibhiḥ /
sarvaiḥ kilôkto bhagavān ātma-yoniḥ prajā-hitaḥ // 42 //
yo yogo bhavatā prôkto mano-vṛtti-nirodha-jaḥ /
prâptuṃ śakyaḥ sa tv anekair janmabhir jagataḥ pate // 43 //
viṣayā durjayā nṛṇām indriyâkarṣaṇāḥ prabho /
vṛttayaś cetasaś câpi capalā câtidurdharāḥ // 44 //
rāgâdayaḥ kathaṃ jetuṃ śakyā varṣa-śatair api /
na yogayogyaṃ hi mano bhavaty ebhir anirjitaiḥ // 45 //
alpâyuṣaś ca puruṣā brahman kṛta-yuge 'py amī /
tretāyāṃ dvāpare caîva kimu prâpte kalau yuge // 46 //
bhagavaṃs tvam upâya-jñaḥ prasanno vaktum arhasi /
anāyāsena yenêmam uttarema bhavârṇavam // 47 //
duḥkhâmbu-magnāḥ puruṣāḥ prâpya brahman mahāplavam /
uttareyur bhavâmbhodhiṃ tathā tvam anucintaya // 48 //

---

39cd-50ab - N8: text extremely corrupted, probably due to damaged original.

42d - N1,5: prajā-patiḥ; B,N2,3,4,6,7: -hitam

43c - D-mss.: prâptuṃ śakyam anekais taj

44cd - B: pravṛttayaś cetasaś ca niroddhum atidurjayāḥ /

47a - N1,4,7,D-mss.: upâyantaṃ

47d - D-mss.,B: uttareyam

evam uktas tadā brahmā kriyā-yogaṃ mahâtmanām /
teṣām ṛṣīṇām ācaṣṭa narāṇāṃ hita-kāmyayā // 49 //

* brahmôvāca
ārādhayata viśvêśaṃ nārāyaṇam atandritāḥ /
bāhyâlambana-sâpêkṣās tam ajaṃ jagataḥ patim // 50 //
ijyā-pūjā-namaskāra-śuśrūṣābhir ahar-niśam /
vratôpavāsair vividhair brāhmaṇānāṃ ca tarpaṇaiḥ // 51 //
tais taiś câbhimataiḥ kāmair ye ca cetasi tuṣṭi-dāḥ /
aparichedya-māhâtmyam ārādhayata keśavam // 52 //
tan-niṣṭhās tad-gata-dhiyas tat-karmāṇas tad-āśrayāḥ /
tad-dṛṣṭayas tan-manasaḥ sarvasmin sa iti sthitāḥ // 53 //
samastāny atha karmāṇi tatra sarvâtmanâtmani /
saṃnyasyadhvaṃ sa vaḥ kartā samastâvaraṇa-kṣayam // 54 //
etat tad akṣaraṃ brahma pradhāna-puruṣāv ubhau /
yato yasmin yathā côbhau sarva-vyāpiny avasthitau // 55 //
paraḥ parāṇāṃ paramaḥ sa ekaḥ puruṣôttamaḥ /
yasyâbhinnam idaṃ sarvaṃ yac cêṅgaṃ yac ca nêṅgati // 56 //
mokṣa-kāraṇam avyaktam acintyam aparigraham /
tam ārādhya jagannāthaṃ kriyā-yogena mucyate // 57 //
iti te brahmaṇaḥ śrutvā rahasyam ṛṣi-sattamāḥ /
narāṇām upakārāya yoga-śāstrāṇi cakrire /
kriyā-yoga-parāṇîha mukti-kāryāṇy anekaśaḥ // 58 //
ārādhyate jagannātho yad-anuṣṭhāna-tatparaiḥ /
paramâtmā hṛṣīkeśaḥ sarvêśaḥ sarva-bhāvanaḥ // 59 //
tāni te nṛpa-śārdūla sarva-pāpa-harāṇy aham /
vakṣyāmi śrūyatām anyad rahasyam idam uttamam // 60 //
saṃsārârṇava-magnānāṃ viṣayâkrānta-cetasām /
uttāram icchatāṃ tasmād bhṛśaṃ yan nântarair api /
viṣṇu-potaṃ vinā nânyat kiṃcid asti parâyaṇam // 61 //

---

* insertion in B.
50a - D-mss.: ārādhayanti
58a - D-mss.: iti tad
60c - N1,2: śrūyatāṃ samyag; B: -tām etad
61cd - N1,2,5,7,8, B: om., N2: inserted in margin

uttiṣṭhan cintaya harim̥ vrajaṃś cintaya keśavam /
bhuñjaṃś cintaya govindaṃ svapaṃś cintaya mādhavam // 62 //
evam ekâgra-cittas tvaṃ saṃśrito madhusūdanam /
janma-mṛtyu-jarā-grāhaṃ saṃsārâmbhas tariṣyasi // 63 //
anantam īḍyaṃ puruṣaṃ purāṇaṃ
jagad-vidhātāram ajaṃ janitryam /
samāśritā ye harim īśitāraṃ
teṣāṃ bhavo nâsti hi mukti-bhājām // 64 //

// iti viṣṇudharmeṣu kriyāyogapravṛttiḥ //

---

62cd - N5: inserted in margin

63d - D-mss.: saṃsāraṃ tārayiṣyasi

64a - D-mss.: anantam ādyaṃ

64b - DB,DL: janitram

Col. - D-mss.: -vṛttiḥ prathamo 'dhyāyaḥ; N7: -dharmôpadeśe prathamo 'dhyāyaḥ; B: -dharmôttareṣu prathamo 'dhyāyaḥ

## 2

śaunaka uvāca
śrūyatāṃ kuru-śārdūla saṃvādo 'yam anuttamaḥ /
ambarīṣasya rājarṣeḥ saha devena cakriṇā // 1 //
ambarīṣo mahī-pālaḥ pālayann eva medinīm /
udvigna eva dvandvântam abhîpsuḥ puruṣarṣabhaḥ // 2 //
deva-devāt sa govindād abhîpsur dvandva-saṃkṣayam /
tapas tepe nirāhāro gṛṇan brahma sanātanam // 3 //
tasya kālena mahatā bhaktim udvahataḥ parām /
tutoṣa bhagavān viṣṇuḥ sarva-loka-patiḥ prabhuḥ // 4 //
sa rūpam aindram āsthāya tam uvāca mahī-patim /
megha-gambhīra-nirghoṣo vāraṇêndra-gatis tadā // 5 //

devadeva uvāca
rājarṣe vada yat kāryaṃ tava cetasy avasthitam /
vara-do 'ham anuprâpto varaṃ varaya suvrata // 6 //
evam uktas tato rājā vilokya ca puraṃ-daram /
pratyuvācârghyam udyamya svāgataṃ te 'stv iti prabho // 7 //
nâham ārādhayāmi tvāṃ tava baddho 'yam añjaliḥ /
varârthināṃ tvaṃ vara-daḥ prayacchâbhimatān varān // 8 //

devadeva uvāca
varârthāya tvayânyaiś ca kriyate nṛpate tapaḥ /
sa kim arthaṃ tvam asmatto na gṛhṇāsy abhivāṃchitam // 9 //

rājôvāca
na varârtham ayaṃ yatnas tvatto deva-pate mama /
viṣṇor ārādhanârthāya viddhi māṃ tvaṃ kṛtôdyamam // 10 //

devadeva uvāca
ahaṃ hi sarva-devānāṃ trailokyasya tathêśvaraḥ /
pālayanti mamâivâjñām ādityâdyāḥ sadā surāḥ // 11 //
ādityā vasavo rudrā nāsatyau marutāṃ gaṇāḥ /
prajānāṃ patayaḥ sādhyā viśve-devā maharṣayaḥ // 12 //

---

8d - D-mss.,N2,6: mataṃ varam
9a - D-mss.: varârthaṃ yat tvayâ-

kurvanty ete mamâivâjñāṃ siddha-gandharva-pannagāḥ /
matto hi ko 'nyo varadaḥ pratigṛhṇīṣva vāṃchitam // 13 //

rājôvāca
tvam indraḥ satyam evâitad devas tribhuvanêśvaraḥ /
tvayâpi prâptam aiśvaryaṃ yatas taṃ toṣayāmy aham // 14 //
trailokyaṃ tava devêśa vaśe yasya mahâtmanaḥ /
saptôdare śayā lokās tam īśaṃ toṣayāmy aham // 15 //
yasya tvam amaraiḥ sarvaiḥ samavêtaḥ surêśvara /
deha-prâpto 'ntarastho vai tan namāmi janārdanam // 16 //
nimeṣo brahmaṇo rātrir unmeṣo yasya vāsaraḥ /
tam īḍyam īśam ajaraṃ praṇato 'smi janārdanam // 17 //
yo hartā jagato devaḥ kartā pālayitā ca yaḥ /
trayasyâsya ca yo yonis taṃ viṣṇuṃ toṣayāmy aham // 18 // *
hiraṇyakaśipuḥ pūrvaṃ hiraṇyâkṣaś ca te ripuḥ /
tavânukampayā yena hatau daityau nato 'smi tam // 19 //
balinâpahṛtaṃ śakra dattaṃ yena purā tava /
trailokya-rājyaṃ taṃ badhvā taṃ namāmi janārdanam // 20 //
prasīda śakra gaccha tvam aham apy atra saṃsthitaḥ /
tapas tapsye jagannāthaṃ draṣṭuṃ nārāyaṇaṃ harim // 21 //

śaunaka uvāca
evam uktas tatas tena śakra-rūpī janārdanaḥ /
punar apy āha taṃ kopāt pārthivaṃ tapasi sthitam // 22 //
yadi mad-vacanād adya na bhavāṃs tyakṣate tapaḥ /
vajraṃ te prahariṣyāmi budhyasvâitad yadîcchasi // 23 //

---

13a - D-mss.,N6-10: kurvanti te
14b - N1,2,5: deva   14d - N1,2,5: tatas; N1: corr.
16c - B: deha-prâptântarasthaś ca
17c - B: tam īśam ajaraṃ devam
*(1) insertion in B:
trailokaṃ tava devêśa vaśe yasya mahâtmanaḥ /
( = 15ab )
20d - B: jagat-patim
23cd - N5: text corrupted, correct line inserted in margin.

rājôvāca
nâpy alpam aparādhaṃ te karomi tridaśêśvara /
tathâpi vadha-yogyaṃ māṃ manyase cet kṣipâyudham // 24 //
śrūyate kila govinde bhaktim udvahatāṃ nṛṇām /
saṃsārârṇava-bhītānāṃ tridaśāḥ paripanthinaḥ // 25 //
tāpaso 'haṃ kva niḥsaṅgaḥ kva ca kopas tavêdṛśaḥ /
vijñātam etad govinda-bhakti-vighnôpapāditam // 26 //
bhavanti bahavo vighnā nare śreyaḥ-parāyaṇe /
govinda-bhakty-abhyadhikaṃ śreyaś cânyan na vidyate // 27 //
sa tvaṃ prahara vā mā vā mayi vajraṃ puraṃdara /
nâham utsṛjya govindam anyam ārādhayāmi bhoḥ // 28 //
na câpi vajraṃ vajrī vā tvaṃ ca nânye surâsurāḥ /
śaktā nihantum īśāne hṛdaya-sthe janārdane // 29 //
kiṃ ca no bahunôktena nâhaṃ vakṣyāmy ataḥ param /
yathêpsitaṃ kuruṣva tvaṃ kariṣye 'ham abhîpsitam // 30 //

śaunaka uvāca
evam uktvā sura-patiṃ pārthivaḥ sa punas tapaḥ /
cacāra maunam āsthāya tenâtuṣyata keśavaḥ // 31 //
saṃdarśayām āsa tataḥ svaṃ vapuḥ kaiṭabhârdanaḥ /
caturbhujam udārâṅgaṃ śaṅkha-cakra-gadā-dharam // 32 //
kirīṭa-srag-dharaṃ spaṣṭaṃ nīlôtpala-dala-cchavim /
airāvataś ca garuḍas tatkṣaṇāt samadṛśyata // 33 //
sa ca rāja-varo devaṃ pīta-vāsasam acyutam /
vilokya bhakti-śirasā sahasâiva mahīṃ yayau // 34 //
pratyuvāca ca bhū-pālaḥ praṇipatya kṛtâñjaliḥ /
româñcita-tanuḥ stotraṃ padma-nābhaṃ tato 'stuvat // 35 //

---

24a - D-mss.,N7: nâlpam apy apa-
25c - N3,6-9,B: saṃsāra-nyūnatā-bhītās
26a - D-mss.: kva câsaṅgaḥ
27d - D-mss.: śreyas tv anyan
31d - DB,DL,DN: yena tuṣyati
33a - N1,5: -raṃ dāma; N2,3: -raṃ prabhuṃ; D-mss.,B: rājan
34b - N1,5: pīta-vāsaṃ mahādyutim

rājôvāca
ādi-deva jayâjeya jaya sargâdi-kāraka /
jayâspaṣṭa-prakāśâṇḍa bṛhan-mūrte jayâkṣara // 36 //
jaya sarva-gatâcintya jaya janma-jarâpaha /
jaya vyāpin jayâbheda sarva-bhūteṣv avasthita // 37 //
jaya yajña-pate nātha havya-kavyâśanâvyaya /
jaya vijñāta-siddhânta māyā-mohaka keśava // 38 //
loka-sthity-artham anagha varāha jaya bhū-dhara /
nṛsiṃha jaya devâri-vakṣaḥ-sthala-vidāraṇa // 39 //
devānām atibhītānām ārti-nāśana vāmana /
jaya krānta samastôrvī-nabhaḥ-svar-loka-bhāvana // 40 // *
jitaṃ te sarva-bhūtêśa yogi-dhyeya namo 'stu te // 41 //
namo 'stv avyapadeśyāya namaḥ sūkṣma-svarūpiṇe /
namas trimūrtaye tubhyaṃ viśva-mūrte namo 'stu te // 42 //
brahmâdyaiś cintyate rūpaṃ yat tat sad-asataḥ param /
viśeṣair aviśeṣyāya tasmai tubhyaṃ namo namaḥ // 43 //
puruṣâkhyaṃ tato rūpaṃ nirguṇaṃ guṇa-bhoktṛ ca /
prakṛteḥ parataḥ sūkṣmaṃ tan namasyāmi te hare // 44 //
avyaktâdi-viśeṣāt tad atisūkṣmatamaṃ mahat /
prākṛtaṃ tava yad rūpaṃ tasmai deva namāmy aham // 45 //
rūpair nānāvidhair yac ca tad rūpântara-gocaram /
līlayā vyavahāras te tasmai devâtmane namaḥ // 46 //
prasīda viṣṇo govinda śaṅkha-cakra-gadā-dhara /
dharâdharâravindâkṣa vāsudeva mahêśvara // 47 //

---

38d - B: māyā-mohaka vāmana
40a - N6-8: ari-bhītānāṃ
40b - B: -nāśana keśava
40d - D-mss.: -namaḥ-
*(2) insertion in B:
jitaṃ te jagatām īśa jitaṃ te sarva sarva-da /
41b - D-mss.,N7: yogi-cintya
42a - N3,6-9: -deśāya
42c - D-mss.: namo 'stv amūrtaye

śaunaka uvāca *
ittham stuto jagannāthaḥ prôktavān iti keśavaḥ /
ambarīṣaṃ pṛthivîśaṃ jagat saṃnādayan girā // 48 //

devadeva uvāca
ambarīṣa prasanno 'smi bhaktyā stotreṇa cânagha /
varaṃ vṛṇīṣva dharma-jña yat te manasi vartate // 49 //

rājôvāca
eṣa eva varaḥ ślāghyo yad dṛṣṭo 'si jagat-pate /
tvad-darśanam apuṇyānāṃ svapneṣv api hi durlabham // 50 //
bālyāt prabhṛti yā deva tvayi bhaktir mamâcyuta /
vetti tāṃ bhagavān eva hṛdi-sthaḥ sarva-dehinām // 51 //
tvat-prasādān mamêśāna rājyam avyāhataṃ bhuvi /
kośa-daṇḍau tathâtîva śarīrârogyam uttamam // 52 //
striyo 'nna-pāna-sāmarthyā hāniḥ svalpâpi nâsti me /
balaṃ nāga-sahasrasya dhārayāmy ari-sūdana // 53 //
saṃtatir nibhṛtā bhṛtyā sânurāgāś ca me janāḥ /
dharma-hāniś ca devêśa na hi me pālane bhuvaḥ // 54 //
yad yad icchāmy ahaṃ tat tat sarvam asti jagat-pate /
etenâivânumānena prasanno bhagavān iti // 55 //
jñātaṃ mayā hi govinde nâprasanne vibhūtayaḥ /
evaṃ sarva-sukhâhlāda-madhya-stho 'pi ca keśava // 56 //
punar-āvṛtti-duḥkhānāṃ trāsād udvigna-mānasaḥ /
mama prasādâbhimukhaṃ manas te yadi keśava /
tan māṃ agādhe saṃsāre magnam uddhartum arhasi // 57 //

---

* B: om.

48c - D-mss.,N3,4,6-9: pṛthivyeśam
49a - DB,DL: vaṇīṣva
50d - N1,2,5: svapneṣu ca sudurlabham
51c - DB,DL: vartitaṃ bhagavān yas tvam; N1,2,5: -vān nêha
52c - B: durgaḥ kośas tathā daṇḍaḥ
54c - DB,DL,DN: pakṣa-hāniś
57c - N1,2,5: yadi pra-, N5 corr.: mama; N3,6,8,9: mayi pra-

sukhāni tāni naîvânte yeṣāṃ duḥkhaṃ na tat sukham /
yad ante duḥkham āgāmi kiṃ-pākasyaîva bhakṣaṇam // 58 //
sa prasādaṃ kuru guro jagatāṃ tvaṃ janārdana /
jñāna-dānena yenêmāṃ vāgurān nistaremahi // 59 //

śaunaka uvāca
ity uktas tasya govindaḥ kathayām āsa yoga-vit /
yogaṃ nirbījam atyanta-duḥkha-saṃyoga-bheṣajam // 60 //
upadiṣṭe tato yoge 'praṇipatyâcyutaṃ nṛpaḥ /
punaḥ prâha mahā-bāhur vinayâvanataḥ sthitaḥ // 61 //

rājôvāca
devadeva tvayā yogo yaḥ prôkto madhu-sūdana /
naîṣaḥ prâpyo mayā nânyair mānavair ajitêndriyaiḥ // 62 //
viṣayā durjayāḥ puṃbhir indriyâkarṣiṇaḥ sadā /
indriyāṇāṃ jayaṃ teṣu kaḥ śaktānāṃ kariṣyati // 63 //
ahaṃ mamêti câkhyâti durjayaṃ cañcalaṃ manaḥ /
rāgâdayaḥ kathaṃ jetuṃ śakyā janmântarair api // 64 //
so 'ham icchāmi devêśa tvat-prasādād anirjitaiḥ /
rāgâdibhir amartyatvaṃ prâptuṃ prakṣīṇa-kalmaṣaḥ // 65 //

devadeva uvāca
yady evaṃ mukti-kāmas tvaṃ nara-nātha śṛṇuṣva tat /
kriyā-yogaṃ samastānāṃ kleśānāṃ hāni-kārakam // 66 //
man-manā bhava mad-bhakto mad-yājī māṃ namaskuru /
mām evaîṣyasi yuktvaîvam ātmānaṃ mat-parâyaṇaḥ // 67 //
mad-bhāvanā mad-yajanā mad-bhaktā mat-parâyaṇāḥ /
mama pūjā-parāś caîva mayi yānti layaṃ narāḥ // 68 //
sarva-bhūteṣu māṃ paśya samavasthitam īśvaram /
kartâsi kena vairatvam evaṃ doṣān prahāsyasi // 69 //
jaṅgamâjaṅgama-jñāne mayy ātmani tathā tava /
rāga-lobhâdi-nāśena bhavitrī kṛta-kṛtyatā // 70 //

---

58c - DB,DL: duḥkham āpnoti
65c - D-mss.: amṛtatvaṃ

bhaktyâtipravaṇasyâpi cañcalatvān mano yadi /
mayy upâsya bhaved bhūpa kuru mad-rūpiṇīṃ tanum // 71 //
suvarṇa-rajatâdyais tvaṃ śaila-mṛd-dāru-lekha-jām /
pūjā-mahârhair vividhaiḥ saṃpūjaya ca pārthiva // 72 //
tasyāṃ cittaṃ samāveśya tyājayânyān vyapâśrayān /
pūjitā saîva te bhaktyā dhyātā caîvôpakāriṇī // 73 //
gacchan tiṣṭhan svapan bhuñjaṃs tām evâgre ca pṛṣṭhataḥ /
upary adhas tathā pārśve cintayântas tathâtmanaḥ // 74 //
snānais tīrthôdakair hṛdyaiḥ puṣpa-gandhânulepanaiḥ /
vāsobhir bhūṣaṇair bhakṣyair gīta-vādyair mano-haraiḥ // 75 //
yac ca yac ca nṛpêṣṭaṃ te kiṃcid bhojyâdi tena tām /
bhakti-namro nara-śreṣṭha prīṇayârcāṃ kṛtāṃ mama // 76 //
rāgenâkṛṣyate ceto gandharvâbhimukhaṃ yadi /
mayi buddhiṃ samāveśya gāyethā mama tāṃ kathām // 77 //
kathāyāṃ ramate ceto yadi tad-bhāvanā mama /
śrotavyā prīti-muktena avatāreṣu yā kathā // 78 //
evaṃ mayy arpita-manāś cetaso ye vyapâśrayāḥ /
heyāṃs tān akhilān bhūpa parityakṣyasy abhīr bhava // 79 //
akṣīna-rāga-doṣo 'pi mat-kriyā-paramaḥ param /
padam āpsyasi mā bhīs tvaṃ mayy arpita-manā bhava // 80 //
mayi saṃnyasya sarvaṃ tvam ātmānaṃ yat tavâsti ca /
mad-arthaṃ kuru karmāṇi mā ca dharma-vyatikramam // 81 //
rājyaṃ kuru nara-śreṣṭha nivedya pṛthivīṃ mama /
tad-vyāghāta-parā ye ca jahi tān avanī-pate // 82 //
etenaîvôpadeśena vyākhyātam akhilaṃ tava /
kriyā-yogaṃ samāsthāya mayy arpita-manā bhava // 83 //

---

71a - N1,2,5-7: -praṇavasyâ-

71c - N1,2,5: mayy upâyâtmakī; N3,6-8: mayy anāsādavad

72b - DB,DL: -mṛd-dhātu-

72c - N1,2,5,B: pūjôpahārair

73b - D-mss.,B,N7,8: tyaja cânyān; N1,3,6,9: nṛpâśrayān

78-79 - D-mss.: om.

78ab - N3,6,8,9: ramayec....tad-bhāvito

82cd-84ab - N2,5: om., inserted in margin

rājôvāca
mad-dhitāya jagannātha kriyā-yogâśritaṃ mama /
vistareṇêdam ākhyāhi prasannas tvaṃ hi duḥkha-hā // 84 //
tvām ṛtena hi no vaktuṃ samartho 'nyo jagad-guro /
guhyam etat pavitraṃ ca tad ācakṣva prasīda me // 85 //

devadeva uvāca
ākhyāsyaty etad akhilaṃ vasiṣṭhas te purohitaḥ /
mat-prasādād avikalaṃ sa ca vetsyaty aśeṣataḥ // 86 //
ity uktvântardadhe devaḥ sarva-lokêśvaro hariḥ /
sa ca rājā vanād bhuyo nijam abhyāgamat puram // 87 //

// iti viṣṇudharmeṣv acyutâmbarīṣa-saṃvādaḥ //

---

84ab - N2,5: om., inserted in margin
84b - D-mss.,N2(inserted): -yogâśrayaṃ

Col. - D-mss.: -vādo nāma dvitīyo 'dhyāyaḥ; B,N7: -dharme dvitīyo 'dhāyaḥ

3

śaunaka uvāca
rājyasthas tu mahīpālaḥ praṇipatya purohitam /
vasiṣṭhaṃ paripapraccha viṣṇor ārādhanaṃ prati // 1 //
devadevena bhagavann ādiṣṭo 'si mahâtmanā /
kriyā-yogâśritaṃ sarvaṃ vyākhyāsyati bhavān kila // 2 //
sa tvāṃ pṛcchāmy ahaṃ sarvaṃ kriyāyogena keśavam /
saṃtoṣayitum īśānaṃ yathā śakṣyāmi tad vada // 3 //

vasiṣṭha uvāca *
deva-prasādād akhilaṃ mamâpi smṛtir āgatā /
jñānam etad aśeṣaṃ te kathayāmi nibodha tat // 4 //
bhaktimān abhavad daityo hiraṇyakaśipos sutaḥ /
nārāyaṇe mahā-prajñaḥ sarva-loka-parâyaṇe /
sa papraccha bhṛgu-śreṣṭhaṃ śukram ātma-purohitam // 5 //

prahlāda uvāca
bhagavan nṛsiṃharūpasya viṣṇos tātaṃ jighāṃsataḥ /
dṛṣṭaṃ dehe mayā sarvaṃ trailokyaṃ bhūr-bhuvâdikam // 6 //
brahmā prajāpatiś cêndro rudraiḥ paśupatis saha /
vasavo 'ṣṭau tathâdityā dvādaśâhaḥ-kṣapā mahī // 7 //
diśo nabhas tārakâughaṃ nakṣatra-graha-saṃkulam /
aśvinau marutaḥ sādhyā viśve-devās tatha ṛṣayaḥ // 8 //
varṣā-calās tathā nadyaḥ sapta sapta kulâcalāḥ /
samudrāḥ sapta ṛtavaḥ kāntārāṇi vanāni ca /
nagara-grāma-tarubhiḥ samavêtaṃ ca bhū-talam // 9 //
etac cânyac ca yat kiṃcid deva-ṛṣi-pitṛ-mānavam /
sa-tiryag-ūrdhva-pātālaṃ tasya dṛṣṭaṃ tanau mayā // 10 //
so 'haṃ tam ajaraṃ devaṃ duṣṭa-daitya-nivarhaṇam /
ārādhayitum icchāmi bhagavaṃs tvad-anujñayā // 11 //
anugrāhyo 'smi yadi te mamâyaṃ bhaktimān iti /
tan mamôpadiśâdya tvaṃ mahad ārādhanaṃ hareḥ // 12 //

---

3a - N1,2,5,7,B: ahaṃ brahma

* N7: om.

10c - D-mss.,N2,3,5: -tiryakkuru-; N6,8: -tiryakkūta-

śukra uvāca

anugrāhyo 'si devasya nūnam avyakta-janmanaḥ /
ārādhanāya daityêndra yat te tat-pravaṇaṃ manaḥ // 13 //
yadi devapatiṃ viṣṇum ārādhayitum icchasi /
bhagavantam anādy-antaṃ bhava bhāgavato 'sura // 14 //
na hy abhāgavatair viṣṇur jñātuṃ stotuṃ ca tattvataḥ /
draṣṭuṃ vā śakyate martyaiḥ praveṣṭuṃ kuta eva hi // 15 //
janmabhir bahubhiḥ pūtā narās tad-gata-cetasaḥ /
bhavanti vai bhāgavatās te viṣṇuṃ praviśanti ca // 16 //
aneka-janma-saṃsāra-cite pāpa-samuccaye /
nâkṣīṇe jāyate puṃsāṃ govindâbhimukhī matiḥ // 17 //
pradveṣaṃ yāti govinde dvijān vedāṃś ca nindati /
yo naras taṃ vijānīyād asurâṃśa-samudbhavam // 18 //
pākhaṇḍeṣu ratiḥ puṃsāṃ hetu-vādânukūlatā /
jāyate viṣṇu-māyâmbhaḥ-patitānāṃ durātmanām // 19 //
yadā pāpa-kṣayaḥ puṃsāṃ tadā veda-dvijātiṣu /
viṣṇau ca yajña-puruṣe śraddhā bhavati te yathā // 20 //
yadā svalpâvaśeṣas tu narāṇāṃ pāpa-saṃcayaḥ /
bhavanti te bhāgavatās tadā daitya-pate narāḥ // 21 //
bhrāmyatām atra saṃsāre narāṇāṃ karma-durgame /
hastâvalamba-do hy eko bhakti-prīto janārdanaḥ // 22 //
sa tvaṃ bhāgavato bhūtvā sarva-pāpa-haraṃ harim /
ārādhaya paraṃ bhaktyā prītim eṣyati keśavaḥ // 23 //

prahlāda uvāca

kiṃ-lakṣaṇā bhāgavatā bhavanti puruṣā guro /
yac ca bhāgavataiḥ kāryaṃ tan me kathaya bhārgava // 24 //

śukra uvāca

karmaṇā manasā vācā prāṇināṃ yo na hiṃsakaḥ /
bhāva-bhaktaś ca govinde daitya bhāgavato hi saḥ // 25 //
yo brāhmaṇāṃś ca vedāṃś ca nityam evânumaṃsyati /
na ca drogdhā paraṃ vāde daitya bhāgavato hi saḥ // 26 //

---

26a - N1,2,5: 'yo' om.

sarvān devān hariṃ vetti sarva-lokāṃś ca keśavam /
tebhyaś ca nânyam ātmānaṃ daitya bhāgavato hi saḥ // 27 //
devaṃ manuṣyam anyaṃ vā paśu-pakṣi-pipīlikān /
taru-pāṣāṇa-kaṣṭhâdi bhūmy-ambho-gaganaṃ diśaḥ // 28 //
ātmānaṃ vâpi devêśān nâtiriktaṃ janârdanāt /
yo bhajeta vijānīṣva taṃ vai bhāgavataṃ naram // 29 //
sarvaṃ bhagavato bhāvo yad bhūtaṃ bhava-saṃsthitam /
iti yo vai vijānāti sa tu bhāgavato naraḥ // 30 //
bhava-bhītiṃ haraty eṣa bhakti-bhāvena bhāvitaḥ /
bhagavān iti bhāvo yaḥ sa tu bhāgavato naraḥ // 31 //
bhāvaṃ na kurute yas tu sarva-bhūteṣu pāpakam /
karmaṇā manasā vācā sa tu bhāgavato naraḥ // 32 //
bāhyârtha-nirapêkṣo yo bhakto bhagavataḥ kriyāṃ /
bhāvena niṣpādayati jñeyo bhāgavatas tu saḥ // 33 //
nârayo yasya na snigdhā na côdāsī na vṛttayaḥ /
paśyataḥ sarvam evêdaṃ viṣṇuṃ bhāgavato hi saḥ // 34 //
sutaptenêha tapasā yajñair vā bahu-dakṣiṇaiḥ /
tāṃ gatiṃ na narā yānti yāṃ vai bhāgavatā gatāḥ // 35 //
yoga-cyutair bhāgavatair deva-rājaḥ śatakratuḥ /
arvān nirīkṣyate yajñī kimu ye yoga-pāragāḥ // 36 //
yajña-niṣpattaye vedā yajño yajña-pateḥ kṛte /
saṃtoṣaṇāya bhāvena tasmād bhāgavato bhava // 37 //
yena sarvâtmanā viṣṇor bhaktyā bhāvo niveśitaḥ /
daityêśvara kṛtârthatvāc chlāghyo bhāgavato hi saḥ // 38 //
api naḥ sa kule dhanyo jāyate kula-pāvanaḥ /
bhagavān bhakti-bhāvena yena viṣṇur upâsitaḥ // 39 //

---

28a - D-mss.: manuṣyaṃ martyam

28c - N1,5: sadāruyānakāṣṭhâ-, N 1 corrected corresponding to other mss.

29ab - N-mss.: devasya vyatiriktaṃ; DC,N7: devêśād vyati-

29cd - B:
yo manuṣyo na jānāti sa vai bhāgavato naraḥ /

31 - DB: om., inserted in margin

34a - DB,DL,DN: na tāpo yasya

38b - N1,2,5: bhaktyā bhāvena cetasi

yaḥ kārayati devârcāṃ hṛdayâlambanāṃ hareḥ /
sa naro viṣṇu-sālokyam upaîti dhūta-kalmaṣaḥ // 40 //
yaś ca devâlayaṃ bhaktyā viṣṇoḥ kārayati svayam /
sa sapta-puruṣāṃl lokān viṣṇor nayati mānavaḥ // 41 //
yāvanty abdāni devârcā hares tiṣṭhati mandire /
tāvad-varṣa-sahasrāṇi viṣṇu-loke sa modate // 42 //
devârcā lakṣaṇôpêtā tad-gṛhaṃ satataṃ divi /
niṣkāmaṃ ca mano yasya sa yāty akṣara-sâtmyatām // 43 //
puṣpāṇy atisugandhīni mano-jñāni ca yaḥ pumān /
prayacchati hṛṣīkeśaṃ tad-bhāva-gata-mānasaḥ // 44 //
dhūpāṃś ca vividhāṃs tāṃs tān gandhâḍhyaṃ cânulepanam /
dīpâvaly-upahārāṃś ca yac câbhiṣṭam athâtmanaḥ // 45 //
naraḥ so 'nudinaṃ yajñaṃ karoty ārādhanaṃ hareḥ /
yajñêśo bhagavān viṣṇur makhair api hi toṣyate // 46 //
bahûpakaraṇā yajñā nānā-saṃbhāra-vistarāḥ /
prâpyante te dhana-yutair manuṣyair nâlpa-saṃcayaiḥ // 47 //
bhaktyā ca puruṣaiḥ pūjā kṛtā dūrvâṅkurair api /
harer dadāti hi phalaṃ sarva-yajñaiḥ sudurlabham // 48 //
yāni puṣpāṇi hṛdyāni dhūpa-gandhânulepanam /
dayitaṃ bhūṣaṇaṃ yac ca ye ca kauśeya-vāsasī // 49 //
yāni câbhyavahārāṇi bhakṣyāṇi ca phalāni ca /
prayaccha tāni govinde bhavethāś caîva tan-manāḥ // 50 //
ādy-antaṃ yajña-puruṣaṃ yathā śaktyā prasādaya /
ārādhya yāti taṃ devaṃ tasminn eva naro layam // 51 //
puṇyais tīrthôdakair gandhair madhunā sarpiṣā tathā /
kṣīreṇa snāpayed īśam acyutaṃ jagataḥ patim // 52 //
dadhi-kṣīra-hradān puṇyāṃs tato lokān madhu-cyutaḥ /
prayāsyasy asuraśreṣṭha nirvṛtiṃ câpi śāśvatīm // 53 //

---

41b - N1,B: kārayati sthitam; N2,5,7: -yati sthiram D-mss.: kārayate

43b - N1,2,5: gṛhaṃ câpi kārayet

43c - D-mss.: niṣkāma-manaso yasya

45c - DB,DL: dīpāṃś caîvôpahārāṃś ca

53d - D-mss.,N7: câpi nirmalām

stotrair gītais tathā vādyair brāhmaṇānāṃ ca tarpaṇaiḥ /
manasaś caikatā-yogād ārādhaya janārdanam // 54 //
ārādhya taṃ videhānāṃ puruṣāḥ sapta-saptatiḥ /
haihayāḥ pañca-pañcāśad amṛtatvam upâgatāḥ // 55 //
sa tvam ebhiḥ prakārais tam upavāsaiś ca keśavam /
toṣayâtmā hi tuṣto 'sau viṣṇur dvandva-praśānti-daḥ // 56 //

// iti viṣṇudharmeṣu śukraprahlādasaṃvādaḥ //

---

56c - N3,6,9,B: toṣayâdyā hi; D-mss.: toṣam āyāti

Col. - DB,DL,DN: -saṃvādo nāma tṛtīyo 'dhyāyaḥ;
N7: -dharme tṛtīyo 'dhyāyaḥ

## 4

prahlāda uvāca
upavāsair hṛṣīkeśaḥ kathaṃ tuṣyati bhārgava /
parihārāṃs tathâcakṣva ye tyājyāś côpavāsinām // 1 //
yad yat kāryaṃ yathā caîva keśavârādhanaṃ naraiḥ /
tat sarvaṃ vistarād brahman yathāvad vaktum arhasi // 2 //

śukra uvāca
stutaḥ saṃpūjito dhūpa-puṣpâdyair dayitair hariḥ /
bhoginām upakārāya kiṃ punaś côpavāsinām // 3 //
upâvṛttas tu pāpebhyo yas tu vāso guṇaiḥ saha /
upavāsaḥ sa vijñeyaḥ sarva-bhoga-vivarjitaḥ // 4 //
eka-rātraṃ dvi-rātraṃ vā tri-rātram athavâparam /
upavāsī hariṃ yas tu bhaktyā dhyāyati mānavaḥ // 5 //
tan-nāma-jāpī tat-karma-ratis tad-gata-mānasaḥ /
niṣkāmo daitya sa brahma param āpnoty asaṃśayam // 6 //
yaṃ ca kāmam abhidhyāyan keśavârpita-mānasaḥ /
upôṣyati tam āpnoti prasanne garuḍa-dhvaje // 7 //
kathyate ca purā vipraḥ pulastyo brahma-vādinā /
dālbhyena pṛṣṭo 'kathayad yathaîtad ari-sūdana // 8 //

dālbhya uvāca
brāhmaṇaiḥ kṣatriyair vaiśyaiḥ śūdraiḥ strībhis tathā mune /
saṃsāra-garta-paṅka-sthaiḥ sugatiḥ prâpyate katham // 9 //

pulastya uvāca
anārādhya jagannāthaṃ sarva-dhātāram acyutam /
nirvyalīkena cittena kaḥ prayāsyati sad-gatim // 10 //
viṣaya-grāhi vai yasya na cittaṃ keśavârpitam /
sa kathaṃ pāpa-paṅkâṅkī naro yāsyati sad-gatim // 11 //

---

1d - D-mss.,N1,5(corr.): ye kṛtyāś
3ab - N1(corr.),3,6,9,B: smṛtaḥ saṃ-; N1,5: bhūma-prasādair dayitair, N1 corrected corresponding to other mss.
4a - D-mss., N1,2,5,7: upâvṛttasya pā- [for '-ttas sa' ?]
5b - D-mss.,N7: athavâsura
5d - N1,2,5: śaktyā dhyāsyati
11c - N1,2,5: saṃsāra-pāka-paṅkâṅkī

yadi saṃsāra-duḥkhârtaḥ sugatiṃ gantum icchasi /
tadârādhaya sarvêśaṃ jagad-dhātāram acyutam // 12 //
puṣpaiḥ sugandhair hṛdyaiś ca dhūpaiḥ sâgaru-candanaiḥ /
vāsobhir bhūṣaṇair bhakṣyair upavāsa-parâyaṇaḥ // 13 //
yadi saṃsāra-nirvedād abhivāñchasi sad-gatim /
tadârādhaya govindaṃ yac cêṣṭaṃ tava cetasi // 14 //
puṣpāni yadi te na syuḥ saṃprasādaya pallavaiḥ /
durvâṅkurair api brahman tad-abhāve 'rcayâcyutam // 15 // *
puṣpa-patrâmbubhir dhūpair yathā-vibhavam acyutaḥ /
pūjitas tuṣṭim atulāṃ bhaktyâyāty eka-cetasām // 16 //
yaḥ sadâyatane viṣṇoḥ kurute mārjana-kriyām /
sa pāṃsu-bhūmer dehāc ca sarva-pāpaṃ vyapôhati // 17 //
yāvantyaḥ pāṃsu-kaṇikā mārjyante keśavâlaye /
dināni divi tāvanti tiṣṭhaty asta-malo naraḥ // 18 //
ahany ahani yat pāpaṃ kurute dvija-sattama /
go-carma-mātraṃ saṃmārjya hanti tat keśavâlaye // 19 //
yaś côpalepanaṃ kuryād viṣṇor āyatane naraḥ /
so 'pi lokaṃ samāsādya modate ca śatakratoḥ // 20 //
mṛdā dhātu-vikārair vā varṇakair go-mayena vā /
upalepana-kṛd yāti vimānaṃ maṇi-citritam // 21 //
udakâbhyukṣaṇaṃ viṣṇor yaḥ karoti tathā gṛhe /
so 'pi gacchati yatrâste bhagavān yādasāṃ patiḥ // 22 //
puṣpa-prakaram atyarthaṃ sugandhaṃ keśavâlaye /
upalipte naro dattvā na durgatim avâpnuyāt // 23 //
vimānam atividyoti sarva-ratna-mayaṃ divi /
samāpnoti naro dattvā dīpakaṃ keśavâlaye // 24 //

---

15b - N-mss.,DC,B: śastaṃ pādapa-pallavaiḥ

*(3) insertion in B:
sugandhipuṣpadīpâdyair yaḥ kuryāt keśavâlaye /
sarvatīrthaphalaṃ tasya saṃbhavet keśavârcayā //
sabāhyâbhyantaraṃ yas tu mārjayed acyutâlayam /
sabāhyâbhyantaraṃ tasya kāyo niṣkalmaṣo bhavet //

17c - D-mss.: sa pārśva-bhūmer

22a - DB,DL: udakyâ-

yas tu saṃvatsaraṃ pūrṇaṃ tila-pātra-prado naraḥ /
dhvajaṃ tu viṣṇave dadyāt samam etat phalaṃ dvija // 25 //
vidhunvan hanti vātena dātur ajñānataḥ kṛtam /
pāpaṃ ketur gṛhe viṣṇor divā-rātrim asaṃśayam // 26 //
gīta-vādyâdibhir devaṃ ya upâste janārdanam /
gāndharvair gīta-nṛtyaiḥ sa vimāna-stho niṣevyate // 27 //
jāti-smaratvaṃ medhāṃ ca tathâivôparame smṛtim /
prâpnoti viṣṇv-āyatane puṇyâkhyāna-kathā-karaḥ // 28 // *
evaṃ devêśvaro bhaktyā yena viṣṇur upâsitaḥ /
sa prâpnoti gatiṃ ślāghyāṃ yāṃ yām icchati cetasā // 29 //
devatvaṃ manujaiḥ kaiścid gandharvatvaṃ tathâparaiḥ /
vidyādharatvam aparair ārādhyâptaṃ janārdanam // 30 //
śakraḥ kratu-śatenêśam ārādhya garuḍa-dhvajam /
devêndratvaṃ gatas tasmān nânyaḥ pūjyatamaḥ kvacit // 31 //
devebhyo 'pi hi pūjyas tu sva-gurur brahma-cāriṇaḥ /
tasyâpi yajña-puruṣo viṣṇuḥ pūjyo dvijôttama // 32 //
striyaś ca bhartāram ṛte pūjyam anyan na devatam /
bhartur gṛha-sthasya sataḥ pūjyo yajña-patir hariḥ // 33 //
vaikhānasānām ārādhyas tapobhir madhu-sūdanaḥ /
dhyeyaḥ parivrājakānāṃ vāsudevo mahâtmanām // 34 //

---

27c - D-mss.: gāndharvair gīyate nṛtyaiḥ

*(4) insertion in B:
upôṣitaḥ pūjito vā dṛṣṭo vā namito 'pi vā /
pradambha (?) harate pāpaṃ
ko na seved dhariṃ tataḥ //
vedavādakriyāyajña-snānatīrthaphalaṃ param /
aṣṭâṅgapraṇipātena praṇipatya hariṃ labhet //
pragamya hṛdā śirasā pādapadme mahītale /
niṣkalmaṣo bhavet sadyo na nāṭī pādapāṃsunā //

ekasya kṛṣṇasya kṛtaḥ praṇāmo
daśâśvamedhâvabhṛthena tulyaḥ /
daśâśvamedhaiḥ punar eti janma
kṛṣṇapraṇāmī na punar-bhavāya //

32d - N1,5: viṣṇu-pūjyôttamaṃ mahat; N 1 corrected corresponding to other mss.

evaṃ sarvâśramāṇāṃ hi vāsudevaḥ parâyaṇam /
sarveṣāṃ caîva varṇānāṃ tam ārādhyâpnuyād gatim // 35 //
śṛṇuṣva gadataḥ kāmyān upavāsāṃs tathâparān /
tat tam āśritya yān kāmān kurvītêpsitam ātmanaḥ // 36 //

\- - - - - - - - - -

ekādaśyāṃ śukla-pakṣe phālgune māsi yo naraḥ /
japet kṛṣṇêti devasya nāma bhaktyā punaḥ-punaḥ // 37 //
devârcane câṣṭa-śataṃ kṛtvaîtat tu japec chuciḥ /
prātaḥ prasthāna-kāle ca utthāne skhalite kṣute // 38 //
pāṣaṇḍa-patitāṃś caîva tathaîvântyâvasāyinaḥ /
nâlapet tathā kṛṣṇam arcayec chraddhayânvitaḥ /
idaṃ côdāharet kṛṣṇe manaḥ saṃdhāya tat-paraḥ // 39 //
kṛṣṇa kṛṣṇa kṛpālus tvam agatīnāṃ gatir bhava /
saṃsārârṇava-magnānāṃ prasīda madhu-sūdana // 40 //
evaṃ prasādyôpavāsaṃ kṛtvā niyata-mānasaḥ /
pūrvâhna eva cânye-dyur gavyaṃ saṃprâśya vai sakṛt /
snāto 'rcayitvā kṛṣṇêti punar nāma prakīrtayet // 41 //
vāri-dhārā-trayaṃ caîva vikṣiped deva-pādayoḥ /
caitra-vaiśākhayoś caîva tadvaj jyeṣṭhe tu pūjayet // 42 //
martya-loke gatiṃ śreṣṭhāṃ dālbhya prâpnoti vai naraḥ /
utkrānti-kāle kṛṣṇasya smaraṇaṃ ca tathâpnute // 43 //
āṣāḍhe śrāvaṇe caîva māse bhādrapade tathā /
tathaîvâśvayuje devam anena vidhinā naraḥ // 44 //
upôṣya saṃpūjya tathā keśavêti ca kīrtayet /
go-mūtra-prâśanāt pūrvaṃ svarga-loka-gatiṃ vrajet // 45 //

---

35-36 - N1: om.
36cd - DB,DL,DN: taṃ samāśritya; B: -êpsita-mānasaḥ
38a - N1,2,5: devârcanaṃ
40a - DB,DL: kṛpālo
40c - N2-4,6-9: saṃsārântar-nimagnānāṃ (N5 damaged)
44c - N1,2,5,8,B: -âśvayuje caîvaṃ
45b - D-mss.: keśavêti pūjayet
45c - DB,DL,DN: -âśanād ūrdhvaṃ; B: -nāt pūtaḥ
45d - DB,DL: -gatiṃ vratet

ārādhitasya jagatām īśvarasyâvyayâtmanaḥ /
utkrānti-kāle smaraṇaṃ keśavasya tathâpnuyāt // 46 //
kṣīrasya prâśanaṃ yas tu vidhiṃ cêmaṃ yathôditam /
kārttikâdi yathā-nyāyaṃ kuryān māsa-catuṣṭayam // 47 //
tenaîva vidhinā brahman viṣṇor nāma prakīrtayet /
sa yāti viṣṇu-sālokyaṃ viṣṇuṃ smarati ca kṣaye // 48 //
pratimāsaṃ dvijātibhyo dadyād dānaṃ yathêpsayā /
cātur-māsye ca saṃpūrṇe puṇyaṃ śravaṇa-kīrtanam // 49 //
kathāṃ vā vāsudevasya tad-gītāṃ vâpi kārayet /
evam etāṃ gatiṃ śreṣṭhāṃ deva-nāmânukīrtanāt // 50 //
kathitaṃ pāraṇaṃ yat te kārṣṇaṃ māsa-catuṣṭayam /
ādhipatyaṃ tathā bhogāṃs tena prâpnoti mānuṣān // 51 //
dvitīyena tathā bhogān aindrān prâpnoti mānavaḥ /
viṣṇor lokaṃ tṛtīyena pāraṇena tathâpnuyāt // 52 //
evam etat samākhyātaṃ gati-prâpakam uttamam /
vidhānaṃ dvija-śārdūla kṛṣṇa-tuṣṭi-pradaṃ nṛṇām // 53 //
sugati-dvādaśīm etāṃ śraddadhānas tu yo naraḥ /
upôṣya ca tathā nārī prâpnoti tri-vidhāṃ gatim // 54 //
eṣā dhanyā pāpa-harā tithir nityam upâsitā /
ārādhanāya śiṣṭ[ai]ṣā devadevasya cakriṇaḥ // 55 //

// iti viṣṇudharmeṣu sugati-dvādaśī //

---

46cd - B: -kāle kṛṣṇasya smaraṇaṃ ca tathâp-
48cd-50ab - N1,2,5: om., N1 inserted in margin
49b - N3,4,6,9: yathêcchayā
50b - DB,DL,DN: tad-arcāṃ (DC om. 2 syll.)
50d - N1,2,5: devadevasya kī-; N3,4,7: devānām anukī-
51ab - N1,5: om., N1: inserted in margin; B: yat te pār[a]-ṇaṃ kathitaṃ; DB,DL,DN,N1(insert.): kāryaṃ māsa-
51cd - D-mss.: tathā bhāṣāṃ; B: prâpnoty amartyatām
52cd - B: pāraṇena tṛtīyena
53cd - B: nṛpa-śārdūla; N1,2,5: -tuṣṭi-pradakṣiṇām
54cd - N1-9: -ṣyate ta-; B: -ti ta; DC:-ta; B: paramaṃ gatim
55 - b) N1,5,7,B: upôṣitā; c) D-mss.: ārādhanāya sarveṣām
Col. - D-mss.: -śī nāma caturtho 'dhyāyaḥ; N7: -śī tṛtīyo 'dhyāyaḥ; B:-dharme sugatidvādaśīkalpaḥ

5

pulastya uvāca
pañca-daśyāṃ ca śuklasya phālgunasyaîva sattama /
pāṣaṇḍa-patitāṃś caîva tathaîvântyāvasāyinaḥ // 1 //
nâstikān bhinna-vṛttīṃś ca pāpinaś câpi nâlapet /
nārāyaṇe gata-manāḥ puruṣo niyatêndriyaḥ // 2 //
tiṣṭhan vrajan praskhalite kṣute vâpi janārdanam /
kīrtayet tat-kriyā-kāle sapta-kṛtvaḥ prakīrtayet // 3 //
lakṣmyā samanvitaṃ devam arcayec ca janārdanam /
saṃdhyā-vyuparame cêndu-svarūpaṃ harim īśvaram // 4 //
rātriṃ ca lakṣmīṃ saṃcintya samyag arghyeṇa pūjayet /
naktaṃ ca bhuñjīta naras taila-kṣāra-vivarjitam // 5 //
tathaîva caitra-vaiśākha-jyeṣṭheṣu muni-sattama /
arcayīta yathā-prôktaṃ prâpte prâpte tu tad-dine // 6 //
niṣpāditaṃ bhaved ekaṃ pāraṇaṃ dālbhya bhaktitaḥ /
dvitīyaṃ câpi vakṣyāmi pāraṇaṃ dvija-sattama // 7 //

āṣāḍhe śrāvaṇe māsi prâpte bhādrapade tathā /
tathaîvâśvayuje 'bhyarcya śrīdharaṃ ca śriyā saha // 8 //
samyak candramase dattvā bhuñjītârghyaṃ yathā-vidhi /
dvitīyam etad ākhyātaṃ tṛtīyaṃ pāraṇaṃ śṛṇu // 9 //

kārttikâdiṣu māseṣu tathaîvâbhyarcya keśavam /
bhūtyā samanvitam dadyāc chaśâṅkāyârhaṇaṃ niśi // 10 //
bhuñjīta ca tathā prôktaṃ tṛtīyam iti pāraṇam /
pratipūjāsu dadyāc ca brāhmaṇebhyaś ca dakṣiṇām // 11 //

---

1ab - B: kṛṣṇasya phālgunasya ṛṣisattama; marginal gloss referring to this reading: kṛṣṇasya śrīkṛṣṇasya na tu kṛṣṇapakṣasya pāścātyaśāstravirodhāt
2ab - N8: om.
4cd - D-mss.: ca dyu-svarūpam; N3,4,6,9: caîva sva-; N7: corrupted; B: candra-svarūpam
5c - D-mss.,N1,2,5: naktaṃ ca bhuñjīta ca
6ab - D-mss.: -vaiśākhe jyeṣṭhe ca
6c - 'arcayīta' in all mss.; irregular potential? compare 5.14c; N3,8,9: yathā-nyāyam
11a - B: yathâkhyātam

pratimāsaṃ ca vakṣyāmi prâśanaṃ kāya-śodhanam /
caturaḥ prathamān māsān pañca-gavyam udāhṛtam // 12 //
kuśôdakaṃ tathâivânyad uktaṃ māsa-catuṣṭayam /
sūryâṃśu-taptaṃ tadvac ca jalaṃ māsa-catuṣṭayam // 13 //
gīta-vādyâdikaṃ pāṭhyaṃ tathā kṛṣṇasya vā kathām /
kārayīta ca devasya pāraṇe pāraṇe gate // 14 //
evaṃ saṃpūjya vidhivat sa-patnīkaṃ janārdanam /
nâpnotîṣṭa-viyogâdhiṃ pumān yoṣid athâpi vā // 15 //
janārdanaṃ sa-lakṣmīkam arcayet prathamaṃ tataḥ /
sa-śrīkaṃ śrī-dharaṃ bhaktyā tṛtīye bhūti-keśavau // 16 //
yāvanty etad-vidhānena pāraṇenârcati prabhum /
tāvanti janmāny asukhaṃ nâpnotîṣṭa-viyoga-jam // 17 //
devasya ca prasādena maraṇe prâpya tat-smṛtim /
kule satāṃ sphīta-dhane bhoga-bhuj jāyate naraḥ // 18 // *(5)

- - - - - - - - -

dālbhya uvāca
śrotum icchāmy ahaṃ tāta yama-mārgaṃ sudurgamam / *(6)
yathā sukhena saṃyānti mānavās tad vadasva me // 19 //

pulastya uvāca
pratimāsaṃ tu nāmāni kṛṣṇasyâitāni dvādaśa /
kṛtôpavāsaḥ susnātaḥ pūjayitvā janārdanam /
uccārayan naro 'bhyeti susukhenâiva tat-patham // 20 //

---

12b - B,N7: kāya-śuddhaye

14a - D-mss.: -âdikaṃ jāpyaṃ

14c - 'kārayīta' in all mss.; irregular potential? compare 5.6c

15c - N1,3,4,6,8,9,D-mss.,B: -viyogâdīn

17b - N2: pāraṇāny arc-; N1,5: pāraṇâbhyarc-

18b - DB,DL,DN,N7: prâpyate smṛtim

*(5) insertion in B:
nâriṃ prâpnoti na vyādhiṃ narakaṃ ca na paśyati /
durgamaṃ yama-mārgaṃ ca nêkṣate dvija-sattama //

*(6) insertion in B:
devasya ca prasādena maraṇe prâpya tat-smṛtim /
( = 18ab )

tato viprāya vai dadyād uda-kumbhaṃ sa-dakṣiṇam /
upānad-vastra-yugmaṃ ca chatraṃ kanakam eva ca // 21 //
yad vai māsa-gataṃ nāma tat-prītiś câpi saṃvadet /
saṃvatsarânte 'py athavā pratimāsaṃ dvijān budhaḥ /
vācayed uda-kumbhâdyair dānaiḥ sarvān anukramāt // 22 //
keśavaṃ mārgaśīrṣe tu pauṣe nārāyaṇaṃ tathā /
mādhavaṃ māgha-māse tu govindaṃ phālgune tathā // 23 //
viṣṇuṃ caitre 'tha vaiśākhe tathâiva madhusūdanam /
jyeṣṭhe trivikramaṃ devam āṣāḍhe vāmanaṃ tathā // 24 //
śrīdharaṃ śrāvaṇe māse hṛṣīkeśêti câparam /
nāma bhādrapade māsi gīyate puṇya-kāṅkṣibhiḥ // 25 //
padmanābhaṃ câśvayuje dāmodaram ataḥ param /
kārttike devadevêśaṃ stuvaṃs tarati durgatim // 26 //
iha vai svasthatāṃ prâpya maraṇe smaraṇaṃ tataḥ /
yāmya-kleśam asaṃprâpya svargaloke mahīyate // 27 //
tato mānuṣyam āsādya nirātaṅko gata-jvaraḥ /
dhana-dhānyavati sphīte janma sādhu-kule 'rhati // 28 //

// iti viṣṇudharmeṣu yāmyakleśamuktiḥ //

---

21c - B: upānahaṃ vastra-yugmaṃ

22b - N3,6,9: tat-prītaś

23b - D-mss.: nārāyaṇêti ca

25a - N1,5: śrāvaṇe śrīdharaṃ devaṃ; N2-4,6-9,B: śrāvaṇe śrīdharaṃ câiva

27bc - D-mss.: om.

Col. - N2,7: 'iti' om., N7: -muktiḥ(!) caturthaḥ; DC: -muktir nāma; DN: -muktir nāma pañcamaḥ; DB,DL: -muktir na(!)ma pañcamo 'dhyāyaḥ; B: -dharme sitapañcadaśīkalpaḥ

6

dālbhya uvāca
upavāsa-vratānīha keśavârādhanaṃ prati /
mamâcakṣva mahā-bhāga paraṃ kautūhalaṃ hi me // 1 //

pulastya uvāca
kāmān yān yān naro bhakto manasêcchati keśavāt /
vratôpavāsanāt prītas tāṃs tān viṣṇuḥ prayacchati // 2 //
ratna-parvatam āruhya yathā ratnaṃ mahā-mune /
sattvânurūpam ādatte tathā kṛtsnān mano-rathān // 3 //
mārgaśīrṣaṃ tu yo māsam eka-bhaktena yaḥ kṣapet /
kurvan vai viṣṇu-śuśrūṣāṃ sa deśe jāyate śubhe // 4 //
pauṣamāsaṃ tathā dālbhya ekabhaktena yaḥ kṣapet /
śuśrūṣaṇa-paraḥ śaurer na rogī sa ca jāyate // 5 //
māghamāsaṃ dvija-śreṣṭha ekabhaktena yaḥ kṣapet /
viṣṇu-śuśrūṣaṇa-paraḥ sa kule jāyate satām // 6 //
kṣapayed ekabhaktena śuśrūṣur yaś ca phālgunam /
saubhāgyaṃ sva-janānāṃ saḥ sarveṣām eti sônnatim // 7 //
caitraṃ viṣṇu-paro māsam ekabhaktena yaḥ kṣapet /
suvarṇa-maṇi-muktâḍhyaṃ sa gārha-sthyam avâpnuyāt // 8 //
yaḥ kṣaped ekabhaktena vaiśākhaṃ pūjayan harim /
naro vā yadi vā nārī jñātīnāṃ śreṣṭhatāṃ vrajet // 9 //
kṛṣṇârpita-manā jyeṣṭham ekabhaktena yaḥ kṣapet /
aiśvaryam atulaṃ śreṣṭhaṃ pumān strī vâbhijāyate // 10 //
āṣāḍham ekabhaktena yo nayed viṣṇu-tan-manāḥ /
bahu-dhānyo bahu-dhano bahu-putraś ca jāyate // 11 //
kṣapayed eka-bhaktena śrāvaṇaṃ viṣṇu-tat-paraḥ /
dhana-dhānya-hiraṇyâḍhye kule sa jñāti-vardhanaḥ // 12 //

---

3b - N1,2,5,B: ratnaṃ naro mune
4b - N1,5: ekabhaktair naraḥ kṣapet; N2-4: ekabhakto naraḥ
11b - B: viṣṇu-tat-paraḥ
11d - N1,5: dhanyo vā bahu-putravān
12d - D-mss.: sa kule jāti-vardhanaḥ

ekâhāro bhādrapadaṃ yaś ca kṛṣṇa-parâyaṇaḥ /
dhanâḍhyaṃ sphītam acalam aiśvaryaṃ pratipadyate // 13 //
nayaṃś câśvayujaṃ viṣṇuṃ pūjayed ekabhojanaḥ /
dhanavān vāhanâḍhyaś ca bahu-putraś ca jāyate // 14 //
kārttike caîkadā bhuṅkte yaś ca viṣṇu-paro naraḥ /
śūraś ca kṛta-vidyaś ca bahu-putraś ca jāyate // 15 //
yas tu saṃvatsaraṃ pūrṇam ekabhakto bhaven naraḥ /
ahiṃsaḥ sarva-bhūteṣu vāsudeva-parâyaṇaḥ // 16 //
namo 'stu vāsudevāyêty ahaś câṣṭa-śataṃ japet /
atirātrasya yajñasya tataḥ phalam avâpnuyāt // 17 //
daśa-varṣa-sahasrāṇi svarga-loke mahīyate /
tat-kṣayād iha câgatya māhâtmyaṃ pratipadyate // 18 //
brāhmaṇaḥ kṣatriyo vaiśyaḥ strī śūdro vā yathôditān /
upavāsān imān kurvan phalāny etāny avâpnuyāt // 19 //
jagat-patiṃ jagad-yoniṃ jagan-niṣṭhaṃ jagad-gurum /
jayaṃ śaraṇyam abhyêtya na janaiḥ śocyate janaḥ // 20 //
yasya nāmni smṛte martyaḥ samutkrānter anantaram /
prâpnoti śāśvataṃ sthānaṃ tataḥ pūjyataro hi saḥ // 21 //
nâdir na madhyaṃ naîvântaṃ yasya devasya vidyate /
anāditvād amadhyatvād anantatvāc ca so 'vyayaḥ // 22 //
parâparaṃ sukṛtavatāṃ parāṃ gatiṃ
svayaṃbhuvaṃ prabhavan nidhānam avyayam /
sanātanaṃ yad amṛtam acyutaṃ dhruvaṃ
praviśya taṃ harim amṛtatvam aśnute // 23 //

// iti viṣṇudharmeṣv ekabhaktavidhiḥ //

---

13b - B,N4: kṛṣṇa-paro bhavet
13c - DB,DL: dharāṃ sphītaṃ (1 syll. om.); B: atulam
15a - D-mss.: caîkabhaktena
17ab - N1,2,5: -devāya ahany aṣṭa-; B: -êty ahany
21ab - D-mss.: yasya nâsti smṛteṛ martyaṃ samutkrāntena tatparam; B: -krānto nirañjanam
23b - D-mss.: prabhavanti dhyānam
23cd - N2,B: amṛtam akṣaraṃ; N-mss.: amaratvam aśnute
Col. - DB,DL,DN: -vidhir nāma śaṣṭaḥ

7

pulastya uvāca

śṛṇu dālbhya paraṃ kāmyaṃ vrataṃ saṃtati-daṃ nṛṇām /
yam upôṣya na vicchedaḥ pitṛ-piṇḍasya jāyate // 1 //
kṛṣṇâṣṭamyāṃ caitra-māse snāto niyata-mānasaḥ /
kṛṣṇam abhyarcya pūjāṃ ca devakyāḥ kurute tu yaḥ // 2 //
nirāhāro japan nāma kṛṣṇasya jagataḥ pateḥ /
upaviṣṭo jape snāne kṣuta-praskhalitâdiṣu // 3 //
pūjāyāṃ vâpi kṛṣṇasya sapta vārān prakīrtayet /
pāṣaṇḍino vikarma-sthān nâlapec caîva nâstikān // 4 //
prabhāte tu punaḥ snāto dattvā viprāya dakṣiṇām /
bhuñjīta kṛta-pūjas tu kṛṣṇasyaîva jagat-pateḥ // 5 //
vaiśākha-jyeṣṭhayoś caîva pāraṇaṃ hi trimāsikam /
upôṣya deva-devêśaṃ ghṛtena snāpayed dharim // 6 //
āṣāḍhe śrāvaṇe caîva māse bhādrapade tathā /
upôṣitaṃ dvitīyaṃ vai pāraṇaṃ pūrvavat tu tat // 7 //
tathaîvâśvayujaṃ câdiṃ kṛtvā māsa-trayaṃ budhaḥ /
upôṣya snāpayed devaṃ haviṣā pāraṇe gate // 8 //
pauṣe māghe phālgune ca naras tadvad upôṣitaḥ /
caturthe pāraṇe pūrṇe ghṛtena snāpayed dharim // 9 //
evaṃ kṛtôpavāsasya puruṣasya tathā striyaḥ /
na saṃtateḥ paricchedaḥ kadācid abhijāyate // 10 //
kṛṣṇâṣṭamīṃ imāṃ yas tu naro yoṣid athâpi vā /
upôṣyatîha sâhlādaṃ nṛloke prâpya nirvṛttim // 11 //
putra-pautra-samṛddhiṃ ca mṛtaḥ svarge mahīyate /
ity etat kathitaṃ dālbhya mayā kṛṣṇâṣṭamī-vratam // 12 //

prāvṛṭ-kāle tu niyamān śṛṇu kāmyān imān mama // 13 //
prāvṛṭ-kāle yadā śete vāsudevaḥ payo-nidhau /
bhogi-bhoge nijāṃ māyāṃ yoga-nidrāṃ ca mānayan // 14 //

---

3cd - N1,5: japan nāma snāna-pra-

7-9 - B: om.

11cd - N2-6: so 'hlādaṃ; B: trailokyaṃ yāti nir-; N1,2,5: triloke prâ-

viśiṣṭā na pravartante tadā yajñâdikāḥ kriyāḥ /
devānāṃ sā bhaved rātrir dakṣiṇâyana-saṃjñitā // 15 //
yadā svapiti govindo yas tu māsa-catuṣṭayam /
adhaḥśāyī brahma-cārī keśavârpita-mānasaḥ // 16 //
namo namo 'stu kṛṣṇāya keśavāya namo namaḥ /
namo 'stu narasiṃhāya viṣṇave ca namo namaḥ // 17 //
iti prātas tathā sāyaṃ japed deva-kriyā-paraḥ /
śamayaty atiduṣpāraṃ duritaṃ janma-saṃcitam // 18 //
madhu māṃsaṃ ca yo māsān caturas tān nirasyati /
deva-kriyā-ratir viṣṇor anusmaraṇa-tat-paraḥ // 19 //
so 'pi svargaṃ samabhyeti cyutas tasmāt tu jāyate /
arogī dhana-dhānyâḍhyaḥ kula-saṃtatimān naraḥ // 20 //
samasta-mandirāṇāṃ ca yaḥ supte madhu-sūdane /
nirvṛttiṃ kurute so 'pi devo vaimāniko bhavet // 21 //
anenâiva vidhānena naro viṣṇu-kriyā-paraḥ /
ekâhāro bhaved yas tu sarva-pāpaiḥ pramucyate // 22 //
supte ca sarva-lokêśe nakta-bhojī bhavet tu yaḥ /
sarva-pāpa-vinirmuktaḥ svarga-loke 'maro bhavet // 23 //
śastaṃ tv anantaraṃ puṃsāṃ tataś câivêkabhojanam /
nakta-bhojana-tulyaṃ tu nôpavāsa-phalaṃ kvacit // 24 //
tailâbhyaṅgaṃ ca yo māsāṃś caturas tān nirasyati /
so 'py aṅga-lāvaṇya-guṇam ārogyaṃ ca naro labhet // 25 //
yas tv etāni samastāni māsān etān naraś caret /
sa viṣṇu-lokam āsādya viṣṇor anucaro bhavet // 26 //
caturbhiḥ pāraṇaṃ māsair niṣpādyaṃ hari-tat-paraiḥ /
brāhmaṇān bhojanaṃ dadyāt tatas tebhyaś ca dakṣiṇām // 27 //
pūjayec ca jagannāthaṃ sarva-pāpa-haraṃ harim /
prīyasva deva govindêty evaṃ câiva prasādayet // 28 //

---

16a - N1,2,5,B: tadā sva-; N1-6,B: govinde
17a - D-mss.: namo 'stu kṛṣṇāya iti
20b - DB,DL,DN: tatas tasmāt
21ab - D-mss.,N4: -rāṇāṃ tu yaḥ prasupte janārdane
22-23 - B: om.
23d - DB,DL,DN: sarva-loka-paro

iti dālbhya samākhyātaṃ cāturmāsye hi yad vratam /
devadevasya suptasya dvādaśīṃ śṛṇu câparām /
yasyāṃ ananta-smaraṇād ananta-phala-bhāg bhavet // 29 //

// iti viṣṇudharmeṣu varṣāmāsavratam //

---

29ef - N1,2,5,7,8,B: om., N1: inserted in margin

Col. - N3,4,6: -vratāḥ; DC: vrataṃ nāma, marginal gloss: dvādaśamāsikakṛṣṇâṣṭamīvrataṃ tathā cāturmāsyavratam; DB,DL,DN: -vrataṃ nāma saptamaḥ;

N1,5: -dharmeṣu caturmāsavratah (!);

B: -dharme kṛṣṇâṣṭamī-cāturmāsyavrata-kalpaḥ

## 8

pulastya uvāca
māsi prôṣṭhapade śukle dvādaśyāṃ jala-śāyinam /
praṇamyânantam abhyarcya puṣpa-dhūpâdibhiḥ śuciḥ // 1 //
pāṣaṇḍâdibhir ālāpam akurvan niyatâtmavān /
viprāya dakṣiṇāṃ dattvā naktaṃ bhuṅkte tu yo naraḥ // 2 //
tiṣṭhan vrajan svapaṃś caîva kṣuta-praskhalitâdiṣu /
ananta-nāma-smaraṇaṃ kurvann uccāraṇaṃ tathā // 3 //
anenaîva vidhānena māsān dvādaśa vai kramāt /
upôṣya pāraṇe pūrṇe samabhyarcya jagad-gurum /
gīta-vādyena hṛdyena prīṇayaṃs tuṣṭim aśnute // 4 //
anantaṃ gīta-vādyena yataḥ phalam udāhṛtam /
tenânantaṃ samabhyarcya tad eva labhyate phalam // 5 //
evaṃ yaḥ puruṣaḥ kuryād anantârādhanaṃ śuciḥ /
nārī vā svargam abhyetya so 'nanta-phalam aśnute // 6 //
evaṃ dālbhya hṛṣīkeśo narair bhaktyā yathāvidhi /
phalaṃ dadāty asulabhaṃ salilenâpi pūjitaḥ // 7 //
na viṣṇur vitta-dānena puṣpair vā na phalais tathā /
ārādhyate suśuddhena hṛdayenaîva kevalam // 8 //
rāgâdy-apêtaṃ hṛdayaṃ vāg duṣṭā nânṛtâdinā /
hiṃsâdi-rahitaḥ kāyaḥ keśavârādhane tu yat // 9 //
rāgâdi-dūṣite citte nâspadī madhusūdanaḥ /
badhnāti na ratiṃ haṃsaḥ kadācit kardamâmbhasi // 10 //
na yogyā keśava-stutyai vāg duṣṭā cânṛtâdinā /
tamaso nāśanāyâlaṃ nêndor lekhā ghanâvṛtā // 11 //
hiṃsâdi-dūṣitaḥ kāyaḥ keśavârādhanaṃ kutaḥ /
jana-citta-prasādāya na nabhas timirâvṛtam // 12 //

---

1d - N1,5: puṣpâdibhiḥ śucivrataḥ; N2: puṣpâdibhiḥ śuciḥ (2 syll. missing)

5b - N1,5,B: yat phalaṃ samudāhṛtam

8b - D-mss.: puṣpair dānaiḥ; B: puṣpair nānāvidhais

9cd - B: -âdinā vinā caîva keśavā rādhyate śanaiḥ; N3,4,6: -ârādhana-trayam

10ab - D-mss.: rāgâdidūṣitaṃ cittaṃ nâyāti

tasmāc chraddhasva bhāvena satya-bhāvena ca dvija /
ahiṃsakena govindo nisargād eva toṣitaḥ // 13 //
sarva-svam api kṛṣṇāya yo dadyāt kuṭilâśayaḥ /
sa naîvârādhayaty enaṃ sad-bhāvenârcayâcyutam // 14 //
rāgâdy-apêtaṃ hṛdayaṃ kuru tvaṃ keśavârpitam /
tataḥ prâpsyasi duḥprâpyam ayatnenaîva keśavam // 15 //

\- - - - - - - - - -

dālbhya uvāca
bhagavan kathitaḥ samyak kāmyo 'yaṃ keśavaṃ prati /
ārādhana-vidhiḥ sarvo bhūyaḥ pṛcchāmi tad vada // 16 //
kule janma tathârogyaṃ dhana-rddhiś cêha durlabhā /
tritayaṃ prâpyate yena tan me vada mahā-mune // 17 //

pulastya uvāca
mātā-mahaṃ kāṇvam udāra-vīryaṃ
maharṣim abhyarcya kula-prasūtim /
papraccha puṃsām atha yoṣitāṃ ca
duṣyanta-putro bharataḥ praṇamya // 18 //
yathāvad ācaṣṭa tato mahâtmā
sa rāja-varyāya yathā kuleṣu /
prayānti sūtiṃ puruṣāḥ striyaś ca
yathā ca samyak sukhino bhavanti // 19 //
pauṣe site dvādaśame 'hni sârke
tathârkṣa-yoge jagataḥ prasūtim /
saṃpūjya viṣṇuṃ vidhinôpavāsī
srag-gandha-dhūpânna-varôpahāraiḥ // 20 //
gṛhīta-māsaṃ pratimāsa-pūjyaṃ
dānâdiyuktaṃ vratam abdam ekam /
dadyāc ca dānaṃ dvija-puṅgavebhyas
tad ucyamānaṃ vinibodha bhūpa // 21 //

---

14ab - B: om.; N1,5: api devāya

14cd - N1,2,5: anenaîvârādhaya tvaṃ; B: sadbhāvarahito 'cyutam; N1-5,DC: sadbhāvenâcyuto 'cyutam

21a - wrong reading for 'gṛhīta-maunaṃ'?

ghṛtaṃ tilān vrīhi-yavaṃ hiraṇyaṃ
yavânnam ambhaḥ-karakânna-pānam /
chattraṃ payo 'nnaṃ guḍa-phāṇitâḍhyaṃ
srak-candanaṃ vastram anukrameṇa // 22 //
māse ca māse vidhinôditena
tasyāṃ tithau loka-guruṃ prapūjya /
aśnīta yāny ātma-viśuddhi-hetoḥ
saṃprâśanānîha nibodha tāni // 23 //
go-mūtram ambho ghṛtam āma-śākaṃ
dūrvā dadhi vrīhi-yavāṃs tilāṃś ca /
sūryâṃśu-taptaṃ jalam ambu darbhaṃ
kṣīraṃ ca māsa-kramaśôpayuñjyāt // 24 //
kule pradhāne dhana-dhānya-pūrṇe
vivekavaty asta-samasta-duḥkhe /
prâpnoti janmâvikalêndriyaś ca
bhavaty arogo matimān sukhī ca // 25 //
tasmāt tvam apy etad amogha-vid yo
nārāyaṇârādhanam apramattaḥ /
kuruṣva viṣṇuṃ bhagavantam īśam
ārādhya kāmān akhilān upâiti // 26 //

// iti viṣṇudharmeṣu kulâvâptidvādaśī //

---

23c - DB,DL,DN: aśnīta yān yāni viśuddhi-; B: anna-vi-;
24b - N1,2,5: vrīhi-tilān yavāṃś ca
24d - secondary saṃdhi! [-kramaśa upa-]
Col. - DC: -daśīvratam; DB,DL,DN: -daśīvrataṃ nāma aṣṭamaḥ; B: anantadvādaśīkalpaḥ

## 9

pulastya uvāca
yadā ca śukla-dvādaśyāṃ nakṣatraṃ śravaṇaṃ bhavet /
tadā sā tu mahā-puṇyā dvādaśī vijayā smṛtā // 1 //
tasyāṃ snātaḥ sarva-tīrthaiḥ snāto bhavati mānavaḥ /
saṃpūjya varṣa-pūjāyāḥ sakalaṃ phalam aśnute // 2 //
ekaṃ japtvā sahasrasya japtasyâpnoti yat phalam /
dānaṃ sahasra-guṇitaṃ tathā vai vipra bhojanam / *
homas tathôpavāsaś ca sahasrâkhya-phala-pradaḥ // 3 //

// iti viṣṇudharmeṣu vijayadvādaśī //

---

Adhyāya 9 om. in N7

3a - N1-5: eka-jāpa-; B: eka-japyāt

3d - D-mss.: dvija bho-

*(7) insertion in D-mss., N1(in margin):
yat kṣemam api vai tasyāṃ sahasraṃ śrāvaṇe tu tat /
DC: tasyāṃ śubhāyāṃ; N1: tithyāṃ śubhāyāṃ;

insertion in N4:
anyasyām eva tithyāṃ śubhāyāṃ śrāvaṇaṃ yadā /
(1 syll. missing)

Col. N1,2,5: 'iti' om.; N3,6: -daśī nāma; DC: -daśī vrataṃ nāma; DB,DL,DN: -daśī vrataṃ nāma navamaḥ

10

pulastya uvāca
rohiṇyaś ca yadā kṛṣṇa-pakṣe 'ṣṭamyāṃ dvijôttama /
jayantī nāma sā prôktā sarva-pāpa-harā tithiḥ // 1 //
yad bālye yac ca kaumāre yauvane vārddhike ca yat /
sapta-janma-kṛtaṃ pāpaṃ svalpaṃ vā yadi vā bahu // 2 //
tat kṣālayati govindaṃ tasyām abhyarcya bhaktitaḥ /
homa-japyâdi-dānānāṃ phalaṃś ca śata-saṃmitam // 3 //
saṃprâpnoti na saṃdeho yac cânyan manasêcchati /
upavāsaś ca tatrôkto mahā-pātaka-nāśanaḥ // 4 //

// iti viṣṇudharmeṣu jayantyaṣṭamī //

---

3c - N-mss.: homa-jāpâdi-

Col. - N1,2,5: 'iti' om.; D-mss.: -aṣṭamīvrataṃ nāma;
N4: -aṣṭamīvratakalpaphalaṃ nāma;
B: iti dharme jayantī namâṣṭamī

## 11

pulastya uvāca
ekādaśyāṃ śukla-pakṣe yadā rkṣaṃ vai punarvasuḥ /
nāmnā sâtivijayâkhyātā tithīnām uttamā tithiḥ // 1 //
yo dadāti tila-prasthaṃ trikālaṃ vatsaraṃ naraḥ /
upavāsaṃ ca tasyāṃ yaḥ karoty etat samaṃ smṛtam // 2 //
tasyāṃ jagatpatir devaḥ sarva-sarvêśvaro hariḥ /
pratyakṣatāṃ prayāty alpaṃ tadânanta-phalaṃ smṛtam // 3 //
sagareṇa kakutsthena dhuṃdhumāreṇa gādhinā /
tasyām ārādhitaḥ kṛṣṇo dattavān nikhilāṃ bhuvam // 4 //

// iti viṣṇudharmeṣv ativijayâikādaśī //

---

2cd - D-mss.: yat karoty etan na saṃśayaḥ
3cd - D-mss.: prayāty eṣa dadatāṃ tat phalaṃ smṛtam
Col.- N1,2,5: 'iti' om., -dharmeṣu vijayâikā-; D-mss., N4: -daśīvrataṃ nāma; B: -dharme vijayâikādaśī

## 12

pulastya uvāca
ayane côttare prâpte yaḥ snāpayati keśavam /
ghṛta-prasthena pāpaṃ saḥ sakalaṃ vai vyapôhati // 1 //
kapilāṃ vipra-mukhyāya dadāty anudinaṃ hi yaḥ /
ghṛta-snānaṃ ca devasya tasmin kāle samaṃ hi tat // 2 //
snāpyamānaṃ ca paśyanti ye ghṛtenôttarâyaṇe /
te yānti viṣṇu-sālokyaṃ sarva-pāpa-vivarjitāḥ // 3 //

// iti viṣṇudharmeṣûttarâyaṇavratam nāma //

---

2ab - N1,5: kapilāyai pramukhyāyai dadāty annaṃ dina-dvayam; N2: dadāty annaṃ dine hi yaḥ

3a - DB,DL: ślāghyamānaṃ

3c - N1,5: viṣṇusāloky[ās] te sarve

Col. - N1,2,5: 'iti' and 'nāma' om.; B: -dharme uttarâyaṇamāhâtmyam

## 13

pulastya uvāca
maitreyī brāhmaṇī pūrvaṃ yājñavalkyam apṛcchata /
praṇipatya mahā-bhāgaṃ yogêśvaram akalmaṣam // 1 //
pāpa-praśamanāyâlaṃ yat puṇyasyôpavṛṃhakam /
mano-ratha-pradaṃ yac ca tad vrataṃ kathyatāṃ mama // 2 // *
kāni dānāni śastāni snānāni ca yata-vrata /
praśastās tithayaḥ kāś ca prâśanāni ca śaṃsa me // 3 //

yājñavalkya uvāca
sarva-dānāni śastāni yāny uddiśya janārdanam /
dīyante vipra-mukhyebhyaḥ śraddhā-pūtena cetasā // 4 //
tā eva tithayaḥ śastā yāsv abhyarcya janārdanam /
kriyante śraddhayā samyag upavāsa-vratāḥ sadā // 5 //
prâpyate vividhair yajñair yat phalaṃ sādhvi sādhubhiḥ /
upavāsais tad āpnoti samabhyarcya janārdanam // 6 //
mano-rathānāṃ saṃprâpti-kārakaṃ pāpa-nāśanam /
śrūyatāṃ mama dharma-jñe vratānām uttamaṃ vratam // 7 //
yat kṛtvā na jaḍo nândho badhiro na ca duḥkhitaḥ /
na caîvêṣṭa-viyogârtiṃ kaścit prâpnoti mānavaḥ // 8 //
na câpriyo 'sya lokasya na daridro na durgatiḥ /
sapta-janmāni bhavati sarva-pāpaiḥ pramucyate // 9 //
viṣṇu-vratam idaṃ khyātaṃ bhāṣitaṃ viṣṇunā svayam // 10 //
pauṣa-śukla-dvitīyâdi kṛtvā dina-catuṣṭayam /
ṣaṇ-māsa-pāraṇa-prâyaṃ gṛhṇīyāt paramaṃ vratam // 11 //
pūrvaṃ siddhârthakaiḥ snānaṃ tataḥ kṛṣṇa-tilaiḥ smṛtam /
vacayā ca tṛtīye 'hni sarvaûṣadhyā tataḥ param // 12 //

---

*(8) insertion in N3:
te yānti viṣṇusālokyaṃ sarvapāpavivarjitāḥ / (=12.3cd)

4cd-5ab - B: om.
5d - N1,3,5,6,B: -vrataiḥ
6b - N-mss.: sādhv-asādhubhiḥ; B: dvija-sādhubhiḥ
9ab - DB,DL,DN: na câdhayo; B: daridro na duḥkhitaḥ
10ab - N3,6: -vratam iti; DB,DL: bhāvitaṃ
11ab - N2: om.; N1,5: -dvitīyāyāṃ
11cd - D-mss.: -pāraṇe prâpte
12c - D-mss.: varayā

nāmnā kṛṣṇâcyutâkhyena tathânantena pūjayet /
tathaîva ca caturthe 'hni hṛṣīkeśena keśavam /
devam abhyarcya puṣpaiś ca pattrair dhūpânulepanaiḥ // 13 //
udgacchataś ca bālêndor dadyād arghyaṃ samāhitaḥ /
puṣpaiḥ pattraiḥ phalaiś caîva sarva-dhānyaiś ca bhaktitaḥ // 14
dina-krameṇa caîtāni candra-nāmāni kīrtayet /
śaśi-candra-śaśâṅkêndu-saṃjñāni brahma-vādini // 15 //
naktaṃ bhuñjīta matimān yāvat tiṣṭhati candramāḥ /
astaṃ-gate na bhuñjīta vrata-bhaṅga-bhayāc chubhe // 16 //
evaṃ sarveṣu māseṣu jyeṣṭhânteṣu yaśasvini /
kartavyaṃ vai vrata-śreṣṭhaṃ dvitīyâdi-caturdinam // 17 //
viprāya dakṣiṇāṃ dadyāt pañcamyāṃ ca sva-śaktitaḥ /
evaṃ samāpayen māsaiḥ ṣaḍbhiḥ prathama-pāraṇam // 18 //
pāraṇânte ca devasya prīṇanaṃ bhaktitaḥ śubhe /
yathā-śaktyā tu kartavyaṃ vitta-śāṭhyaṃ vivarjayet // 19 //
āṣāḍhâdi-dvitīyaṃ tu ṣaṇmāsena tapo-dhane /
pāraṇaṃ vai samākhyātaṃ vratasyâsya śubha-pradam // 20 //
vratam etad dilīpena duṣvantena yayātinā /
tathânyaiḥ pṛthivī-pālair upavāsa-vidhānataḥ /
caritaṃ muni-mukhyaiś ca ṛcīka-cyavanâdibhiḥ // 21 //
suraṃbhayā sukaikeyyā śāṇḍilyā dhūmrapiṅgayā /
sudeṣṇayâthavā riṇyā matimatyā kṛtâśayā // 22 //
sāvitryā paurṇamāsyā ca vairiṇyā ca subhadrayā /
brāhmaṇa-kṣatriya-viśām iti strībhir anuṣṭhitam // 23 //
urvaśyā rambhayā caîva saurabheyyā tathā vratam /
varâpsarobhir dharma-jñe caritaṃ dharma-vāṃchayā // 24 //

---

14b - B: arghyaṃ yathāvidhi

14d - DB,DL: caîka

16a - N1,2,5,B: bhuñjīta ca naro

20d - DC: śubhe, then repeated from 19d 'śubhe', then corresponding to other mss.; N1,5: śubhavratam; N2: vratapradam

21b - N1: duṣyantena; D-mss.: duṣkantena; B: duḥṣantena

23d - B: śūdra-strībhir anu-

prathame pāda-pūjā syād dvitīye nābhi-pūjanam /
tṛtīye vakṣasaḥ pūjā caturthe śiraso hareḥ // 25 //
etac cīrtvā samastebhyaḥ pāpebhyaḥ śraddhayânvitaḥ /
mucyate sakalāṃś caîva saṃprâpnoti mano-rathān // 26 //
vratānām uttamaṃ hy etat svayaṃ devena bhāṣitam /
pāpa-praśamanaṃ śastaṃ mano-ratha-phala-pradam // 27 //
yaṃ ca kāmam abhidhyāyet kriyate niyata-vrataiḥ /
vratam etan mahā-bhāge tat tat pūrayate nṛṇām // 28 //
mano-rathān pūrayati sarva-pāpaṃ vyapôhati /
avyāhatêndriyatvaṃ ca sapta janmāni yacchati // 29 //
māghe snātasya yat puṇyaṃ prayāge pāpa-nāśanam /
sakalaṃ tad avâpnoti śrutvā viṣṇu-vrataṃ tv idam // 30 // *

// iti viṣṇudharme viṣṇuvrata - vidhir nāma //

---

28a - all mss. except N3,6: abhidhyāyat
30ab - N2-6,B: māghī; DB,DL,DN,N1: -nāśane

*(9) insertion in N1,3, N5(in margin), N6,9:
sâkṣād bhagavatā prôktaṃ paramaṃ pāpanāśanam /

Col. - B: -vratakalpaḥ; N1,2,5: -dharmeṣu vratavidhiḥ;
DC: marginal gloss inserted after '-dharme':
pauṣaśukladvitīyâdiṣv anuṣṭheyā

## 14

yājñavalkya uvāca
śukla-pakṣe tu pauṣasya saṃprâpti-dvādaśīṃ śṛṇu /
yām upôṣya samāpnoti sarvān eva mano-rathān // 1 //
pāṣaṇḍâdibhir ālāpam akurvan viṣṇu-tat-paraḥ /
pūjayet praṇato devam ekâgra-matir acyutam // 2 //
pauṣâdi-pāraṇaṃ māsaiḥ ṣaḍbhir jyeṣṭântakaṃ smṛtam /
prathame puṇḍarīkâkṣaṃ nāma devasya gīyate // 3 //
dvitīye mādhavâkhyaṃ tu viśvarūpaṃ tu phālgune /
puruṣôttamâkhyaṃ ca tataḥ pañcame câcyutêti ca // 4 //
ṣaṣṭhe jayêti devasya guhyaṃ nāma prakīrtyate /
pūrveṣu ṣaṭsu māseṣu snāna-prâśanayos tilāḥ // 5 //
āṣāḍhâdiṣu māseṣu pañca-gavyam udāhṛtam /
snāne ca prâśane caîva praśastaṃ pāpa-nāśanam // 6 //
pratimāsaṃ ca devasya kṛtvā pūjāṃ yathā-vidhi /
viprāya dakṣiṇāṃ dadyāc chraddadhānaḥ sva-śaktitaḥ // 7 //
pāraṇânte ca devasya prīṇanaṃ bhakti-pūrvakam /
kurvīta śaktyā govinde sad-bhāvâbhyarcano yataḥ // 8 //
naktaṃ bhuñjīta ca tatas taila-kṣāra-vivarjitam /
ekādaśyām uṣitvaîvaṃ dvādaśyām athavā dine // 9 //
etām uṣitvā dharma-jñe prīṇanaṃ deva-tat-paraḥ /
sarva-kāmān avâpnoti sarva-pāpaiḥ pramucyate // 10 //
yataḥ sarvam avâpnoti yad yad icchati cetasā /
tato lokeṣu vikhyātā saṃprâpti-dvādaśîti vai // 11 //
kṛtâbhilaṣitā hy eṣā prârabdhā dharma-tat-paraiḥ /
pūrayaty akhilān kāmān saṃśrutā ca dine dine // 12 //

// iti viṣṇudharmeṣu saṃprâptidvādaśī //

---

2d - D-mss.: ekâgra-gatir
4c - regular hypermetric pāda ; DB,DL,DN: 'ca' om., DB: inserted in margin; B: -âkhyaṃ caitre ca
6c - N1,2,5: snānaṃ ca prâśanam
9d - B: dvādaśyāṃ niyatêndriyaḥ
10ab - B: tāṃ upoṣya ca dharmajñe viṣṇor prīṇanatatparaḥ
11b - all mss. except N2,3: icchasi
12d - B: śrutâpi ca dine dine
Col. - D-mss.,N4: -daśīvrataṃ nāma

15

yājñavalkya uvāca
tasminn eva dine puṇye govinda-dvādaśīṃ śṛṇu /
yasyāṃ samyag anuṣṭhānāt prâpnoty abhimataṃ phalam // 1 //
pauṣa-māse site pakṣe dvādaśyāṃ samupôṣitaḥ /
samyak saṃpūjya govindaṃ nāmnā devam adhokṣajam /
puṣpa-dhūpôpahārâdyair upavāsaiḥ samāhitaḥ // 2 //
govindêti japan nāma punas tad-gata-mānasaḥ /
viprāya dakṣiṇāṃ dadyād yathā-śakti tapo-dhane // 3 //
svapan vibuddhaḥ skhalito govindêti ca kīrtayet /
pāṣaṇḍâdi-vikarma-sthair ālāpaṃ ca vivarjayet // 4 //
go-mūtraṃ go-mayaṃ vâpi dadhi kṣīram athâpi vā /
go-dehataḥ samutpannaṃ samaśnīyāc catuṣṭayam // 5 //
dvitīye 'hni punaḥ snātas tathaîvâbhyarcya taṃ prabhum /
tenaîva nāmnā saṃstūya dattvā viprāya dakṣiṇām /
tato bhuñjīta go-deha-saṃbhūtena samanvitam // 6 //
evam evâkhilān māsān upôṣya prayataḥ śuciḥ /
dadyād gavâhnikaṃ bhaktyā pratimāsaṃ sva-śaktitaḥ // 7 //
pūrite ca punar varṣe yathā-śakti gavâhnikam /
dattvā para-gave bhūyaḥ śṛṇu yat phalam aśnute // 8 //
suvarṇa-śṛṅgāḥ pañca(n) gāḥ ṣaṣṭhaṃ ca vṛṣabhaṃ naraḥ /
pratimāsaṃ dvijâgrebhyo yad dattvā phalam aśnute // 9 //

---

1c - DB,DL: yasmāt

5ab - D-mss.: kṣīra-kuśôdakam; N1,2,5: gomūtraṃ gomayaṃ kṣīraṃ dadhi sarpiḥ kuśôdakam /

5cd-7ab - B: om.

5cd - N1,2,5: samudbhūtaṃ; N-mss.: saṃprâśnīyâtmaśuddhaye

7b - B: -âhnikaṃ vidvān

9a - '-n' or '-ān' probably metri causa (3rd vipulā) for '-a'; N2,5: -śṛṅgī; N1,B: -śṛṅgīm; N3,6: -pañcâgryaḥ; N1: pañcâṅgī; N5: -âṅgī

tad āpnoty akhilaṃ samyag vratam etad upôṣitaḥ /
taṃ ca lokam avâpnoti govindo yatra tiṣṭhati // 10 //
govinda-dvādaśīm etām upôṣya divi tārakāḥ /
vidyotamānā dṛśyante lokair adyâpi śobhane // 11 //

// iti viṣṇudharmeṣu govindadvādaśī //

---

10b - DB,DL: pratapte tad upôṣitaḥ

Col. - N2,5: 'iti' om.; D-mss.: -daśīvrato nāma;
B: -daśīkalpaḥ; N4: -daśīkalpan nāma

16

maitreyy uvāca
upavāsa-vratānāṃ tu vaikalyaṃ yan mahāmune /
dāna-karma-kṛtaṃ tasya vipāko vada yādṛśaḥ // 1 //

yājñavalkya uvāca
yajñānām upavāsānāṃ vratānāṃ ca yata-vrate /
vaikalyāt phala-vaikalyaṃ yādṛśaṃ tac chṛṇuṣva me // 2 //
upavāsâdinā rājyaṃ saṃprâpyânye tathā vasu /
bhraṣṭaîśvaryā nirdhanāś ca bhavanti puruṣāḥ punaḥ // 3 //
rūpaṃ tathôttamaṃ prâpya vrata-vaikalya-doṣataḥ /
kāṇāḥ kuṇṭhāś ca bhūyas te bhavanty andhāś ca mānavāḥ // 4 //
upavāsān naraḥ patnīṃ nārī prâpya tathā patim /
viyogaṃ vrata-vaikalyād ubhayaṃ tad avâpnute // 5 //
ye dravye saty adātāras tathânyenâhitâgnayaḥ /
kule ca sati duḥśīlā dauṣkulāḥ śīlinaś ca ye // 6 //
vastrânulepanair hīnā bhūṣaṇaiś câtirūpiṇaḥ /
virūpa-rūpāś ca tathā prasādhana-guṇânvitāḥ // 7 //
te sarve vrata-vaikalyāt phala-vaikalyam āgatāḥ /
guṇino 'pi hi doṣeṇa saṃyuktāḥ saṃbhavanti te // 8 //
tasmān na vrata-vaikalyaṃ yajña-vaikalyam eva vā /
upavāse ca kartavyaṃ vaikalyād vikalaṃ phalam // 9 //

maitreyy uvāca
kathaṃcid yadi vaikalyaṃ upavāsâdike bhavet /
kiṃ tatra vada kartavyam achidraṃ yena jāyate // 10 //

---

1b - B: mahāmate

3b - N1,5: saṃprâpyânyais; DB,DL,DC,N3,4,6: saṃprâpyante; DN: saṃprâpyati tathā balaṃ; B: saṃprâpyeran

3c - N2,5:after '-śvaryā' repeated from 16.3ab '-dinā...'

5cd - N2,5: yogavrataṃ ca vaikalyād; B: avâpnuyād

6b - N2,5: tathânye saty anagnayaḥ; B: tathâgnau saty anagnayaḥ

6c - D-mss.: gati-duḥśīlā

7cd - N1,5: virūpāś ca tathā cânye

8ab - N1,2,5,7,8,B: om., N1: inserted in margin

yājñavalkya uvāca
akhaṇḍa-dvādaśīm etām aśeṣeṣv eva karmasu /
vaikalya-praśamāyâlaṃ śṛṇuṣva gadato mama // 11 //
mārgaśīrṣe site pakṣe dvādaśyāṃ niyataḥ śuciḥ /
kṛtôpavāso devêśaṃ samabhyarcya janārdanam // 12 //
pañca-gavya-jala-snātaḥ pañca-gavya-kṛtâśanaḥ /
yava-vrīhi-bhṛtaṃ pātraṃ dadyād viprāya bhaktitaḥ /
idaṃ côccārayed bhaktyā devasya purato hareḥ // 13 //
sapta janmāni yat kiṃcin mayā khaṇḍa-vrataṃ kṛtam /
bhagavaṃs tvat-prasādena tad akhaṇḍam ihâstu me // 14 //
yathâkhaṇḍaṃ jagat sarvaṃ tvam eva puruṣôttama /
tathâkhilāny akhaṇḍāni vratāni mama santu vai // 15 //
evam evânumāsaṃ vai cātur-māsya-vidhiḥ smṛtaḥ // 16 //
caturbhir eva māsais tu pāraṇaṃ prathamaṃ smṛtam /
prīṇanaṃ ca hareḥ kuryāt pārite pāraṇe tataḥ // 17 //
caitrâdiṣu ca māseṣu caturṣv anyaṃ tu pāraṇam /
tatrâpi saktu-pātrāṇi dadyāc chraddhā-samanvitaḥ // 18 //
śrāvaṇâdiṣu māseṣu kārttikânteṣu pāraṇam /
yatnāt tu ghṛta-pātrāṇi dadyād viprāya bhaktitaḥ // 19 //
evaṃ samyag yathā-nyāyam akhaṇḍa-dvādaśīṃ naraḥ /
yad upôṣyaty akhaṇḍaṃ sa vratasya phalam aśnute // 20 //
sapta janmasu vaikalyaṃ yad vratasya kvacit kṛtam /
karoty avikalaṃ sarvam akhaṇḍa-dvādaśī-vratam // 21 //
tasmād eṣâtiyatnena naraiḥ strībhiś ca suvrate /
akhaṇḍa-dvādaśī samyag upôṣyā phala-kāṃkṣibhiḥ // 22 //

// iti viṣṇudharmeṣu akhaṇḍadvādaśīvrataṃ nāma //

---

14a - N1,2,4,5: côdāhared

17ab - N3: om., inserted in margin; B: prathamaṃ pāraṇaṃ

17cd - B: om.

18ab - N1,3,5: anyatra; B: caitrâdāv abhyarcya dadyāt saktupātrāṇi yatnataḥ /

18cd - B: om.

20c - N1,2,5,B: yām upôṣya hy akhaṇḍasya, B: samupô-

21d - N2,3,4,6: -daśī tu tat

Col. - N2,5: 'iti' om.; N1,2,5: '-vrataṃ nāma' om.; B: -daśīkalpaḥ; N4: -daśīkalpan nāma

## 17

pulastya uvāca
evaṃ purā yājñavalkyaḥ pṛṣṭaḥ patnyā mahā-muniḥ /
ācaṣṭa puṇya-phaladam upavāsa-vidhiṃ param // 1 //
tathā tvam api viprarṣe keśavârādhane rataḥ /
vratôpavāsa-paramo bhavethā nânya-mānasaḥ // 2 //
punaś caîtan mahā-bhāga śrūyatāṃ gadato mama /
prôktaṃ nareṇa devānāṃ tithi-māhâtmyam uttamam // 3 //
vijayâtijayā caîva jayantī pāpa-nāśinī /
tathôttarâyaṇaṃ śastaṃ sarvadā keśavârcane // 4 //
yad anya-kāle varṣeṇa keśavāl labhyate phalam /
sakṛd evârcite kṛṣṇe tad etāsv api labhyate // 5 //

dālbhya uvāca
vijayâtijayā caîva jayantī pāpa-nāśinī /
tathôttarâyaṇaṃ caîva yac chastaṃ keśavârcane // 6 //
tat sarvaṃ kathayêhâdya tithi-māhâtmyam uttamam /
yatra saṃpūjitaḥ kṛṣṇaḥ sarva-pāpaṃ vyapôhati // 7 //

pulastya uvāca *
ekādaśyāṃ site pakṣe puṣyarkṣaṃ yatra sattama /
tithau bhavati sā prôktā viṣṇunā pāpa-nāśinī // 8 //
tasyāṃ saṃpūjya govindaṃ jagatām īśvarêśvaram /
sapta-janma-kṛtāt pāpān mucyate nâtra saṃśayaḥ // 9 //
yaś côpavāsaṃ kurute tasyāṃ snāto dvijôttama /
sarva-pāpa-vinirmukto viṣṇu-loke mahīyate // 10 //
dānaṃ yad dīyate kiṃcit samuddiśya janārdanam /
homo vā kriyate tasyāṃ akṣayaṃ labhate phalam // 11 //

---

1b - D-mss., N3,4,6, B: mahāmune
3c - D-mss.: prāktanaṃ naradevānāṃ
4ab-7ab - DN: om. (haplogr.)
5ab-7ab - B: om.
5cd - N-mss.: -tvā kṛṣṇam; D-mss.: tad evâsveṣv alabha-;
* N5,B: om.
9c - N1,2,4,5,DN,DC: -kṛtaṃ pāpaṃ

ekā ṛg deva-purato japtā śraddhāvatā tathā /
ṛgvedasya samastasya japa-jaṃ yacchate phalam // 12 //
sāmaveda-phalaṃ sāma yajurveda-phalaṃ yajuḥ /
japtam ekaṃ muniśreṣṭha dadāty atra na saṃśayaḥ // 13 //
tārakā divi rājante dyotamānā dvijôttama /
samabhyarcya tithāv asyāṃ devadevaṃ janārdanam // 14 //
yataḥ pāpam aśeṣaṃ vai nāśayaty atra keśavaḥ /
puṣyarkṣa̐ikādaśī brahmaṃs tenôktā pāpa-nāśanī // 15 //

// iti viṣṇudharmeṣu puṣyarkṣa̐ikādaśī //

---

15a - DB,DL,DN,N2: pāpaṃ samastam

Col. - D-mss., N4: -daśīvrataṃ nāma; B: -dharme puṣyarkṣa̐ikādvādaśīkalpaḥ

## 18

pulastya uvāca
tathânyad api dharmajña śrūyatāṃ gadato mama /
pada-dvayaṃ jagaddhātur devadevasya śārṅgiṇaḥ // 1 //
saṃvatsaraḥ pāda-pīṭhaṃ tatra nyastaṃ pada-dvayam /
vāsudevena viprêndra bhūtānāṃ hita-kāmyayā // 2 //
vāmam asya padaṃ brahman uttarâyaṇa-saṃjñitam /
devâdyaiḥ sakalair vandyaṃ dakṣiṇaṃ dakṣiṇâyanam // 3 //
tasmin yaḥ prayataḥ samyag devadevasya mānavaḥ /
karoty ārādhanaṃ tasya toṣam āyāti keśavaḥ // 4 //

dālbhya uvāca
katham ārādhanaṃ tasya devadevasya śārṅgiṇaḥ /
kriyate muni-śārdūla tan mamâkhyātum arhasi // 5 //

pulastya uvāca
uttare tv ayane dālbhya snāto niyata-mānasaḥ /
ghṛta-kṣīrâdinā devaṃ snāpayed dharaṇī-dharam // 6 //
cāru-vastrôpahārais ca puṣpa-dhūpânulepanaiḥ /
samabhyarcya tataḥ samyag brāhmaṇānāṃ ca tarpaṇaiḥ /
pada-dvaya-vrataṃ samyag gṛhṇīyād viṣṇu-tat-paraḥ // 7 //
snāto nārāyaṇaṃ vakṣye bhuñjan nārāyaṇaṃ tathā /
bhuṅktvā nārāyaṇaṃ câhaṃ gacchan nārāyaṇaṃ tataḥ // 8 //
svapan vibuddhaḥ praṇaman homaṃ kurvaṃs tathârcanam /
nārāyaṇasyânudinaṃ kariṣye nāma-kīrtanam // 9 //
yāvad adya-dinaṃ prâptaṃ kramaśo dakṣiṇâyanam /
skhalite 'haṃ kṣute caîva vedanârtto 'thavā sadā /
tāvan nārāyaṇaṃ vakṣye sarvam evôttarâyaṇam // 10 //
yāvaj jīva-vadhaṃ kiṃcid jñānato 'jñānato 'pi vā /
kariṣye 'haṃ tathā caîva kīrtayiṣyāmi taṃ prabhum // 11 //
yadā tadânṛtaṃ kiṃcid atha vakṣyāmi durvacaḥ /
ajñānād athavā jñānāt kīrtayiṣyāmi taṃ prabhum // 12 //

---

1a - DN,DC: tathânya pi ca dharma-
3d - N1,5: dakṣiṇâyana-saṃjñitam
7e - DB,DL,DN: -vrataṃ paścād
10a - N-mss.,B: adya-dināt

ṣaṇmāsam eṣa me jāpo nārāyaṇa-mayaḥ paraḥ /
taṃ smaran maraṇe yāti yāṃ gatiṃ sâstu me gatiḥ // 13 //
ṣaṇmāsâbhyantare mṛtyur yady akasmād bhaven mama /
tan mayā vāsudevāya svayam ātmā niveditaḥ // 14 //
paramârtha-mayaṃ brahma vāsudeva-mayaṃ param /
yam ante saṃsmaran yāti sa me viṣṇuḥ parā gatiḥ // 15 //
yadā prātas tathā sāyaṃ madhyâhne vā mriye hy aham /
ṣaṇmāsâbhyantare nyāsaḥ kṛto vrata-mayo mayā // 16 //
tathā kuru jagannātha sarva-loka-parâyaṇa /
nārāyaṇa yathā nânyāṃ tvatto yāmi mṛte gatim // 17 //
evam uccārya ṣaṇmāsa-pāraṇaṃ paramaṃ vratam /
tāvan niṣpādayed yāvat saṃprâptaṃ dakṣiṇâyanam // 18 //
tataś ca prīṇanaṃ kuryād yathā-śaktyā jagad-guroḥ /
bhojayed brāhmaṇāṃś caîva dadyāt tebhyaś ca dakṣiṇām // 19 //
evaṃ vratam idaṃ dālbhya yaḥ pārayati mānavaḥ /
nārī vā sarva-pāpebhyaḥ ṣaṇmāsād vipra mucyate // 20 //
ṣaṇmāsâbhyantare câsya maraṇaṃ yadi jāyate /
prâpnoty anaśanasyôktaṃ yat phalaṃ tad asaṃśayaḥ // 21 //
pada-dvayaṃ ca kṛṣṇasya samyak tena tathârcitam / *
bhagavān ujjagau viṣṇuḥ purā gārgyāya pṛcchate // 22 //

// iti viṣṇudharmeṣu padadvayavratam //

---

13ab - D-mss.: eva me japyo nārāyaṇa ataḥ param; N1,2,5: jāpo 'yan nārāyaṇatatparam
13d - D-mss.: me sati
16a - N3,4,6: prātas tadā; DB,DL: tathā nyāyaṃ
17d - DB,DL,DC: sa te gatim; DN: satāṃ gatim; B: yāti kramād gatim
18b - N-mss.: pravaraṃ vratam
19c - N3,4,6: brāhmaṇāṃs samyag
21a - D-mss.: -âbhyantaram
*(10) insertion in B:
harer nāma japan bhaktyā sa purā na janeśvara /
22c - D-mss.: bhavaty etaj jagau
Col. - N2,5: 'iti' om.; B: -dvayakalpaḥ; DB,DL,DN,N2,3,4,6: vrataṃ nāma; DC: marginal gloss inserted after '-dharmeṣu': ayanadvayasādhyaṃ

19

pulastya uvāca
phālgunâmala-pakṣasya ekādaśyām upôṣitaḥ /
naro vā yadi vā nārī samabhyarcya jagadgurum // 1 //
harer nāma japed bhaktyā sapta-vārān janêśvara /
uttiṣṭhan prasvapaṃś caîva harim evânukīrtayet // 2 //
tato 'nya-divase prâpte dvādaśyāṃ prayato harim /
snātvā samyak tam abhyarcya dadyād viprāya dakṣiṇām // 3 //
harim uddiśya caîvâgnau ghṛta-homa-kṛta-kriyaḥ /
praṇipatya jagannātham iti vāṇīm udīrayet // 4 //
pātāla-saṃsthā vasudhā yaṃ prasādya mano-rathān /
avâpa vāsudevo 'sau pradadātu mano-rathān // 5 //
yam abhyarcyâditiḥ prâptā sakalāṃś ca mano-rathān /
putrāṃś caîvêpsitān devaḥ pradadātu mano-rathān // 6 //
bhraṣṭa-rājyaś ca devêndro yam abhyarcya jagatpatim /
mano-rathān avâpâgryān sa dadātu mano-rathān // 7 //
evam abhyarcya pūjāṃ ca niṣpādya haraye tataḥ /
bhuñjīta prayataḥ samyag ghaviṣyaṃ manujarṣabha // 8 //
phālgunaṃ caitra-vaiśākhau jyeṣṭha-māsaṃ ca pārthiva /
caturbhiḥ pāraṇaṃ māsair ebhir niṣpāditaṃ bhavet // 9 //
rakta-puṣpais tu caturo māsān kurvīta cârcanam /
dahec ca guggulaṃ prâśya go-śṛṅga-kṣālanaṃ jalam // 10 //
haviṣyânnaṃ ca naivedyam ātmanaś caîva bhojanam /
tataś ca śrūyatām anyad āṣāḍhâdau tu yā kriyā // 11 //
jātī-puṣpāṇi dhūpaś ca śastaḥ sarja-raso nṛpa /
prâśyaṃ darbhôdakaṃ câtra śāly-annaṃ ca nivedanam // 12 //
svayaṃ tad eva câśnīyāc cheṣaṃ pūrvavad ācaret /
kārttikâdiṣu māseṣu go-mūtraṃ kāya-śodhanam // 13 //

---

1d - N1,2,5: jagatpatim
2a - D-mss.: nāma-japair; N1,2,5,B: japan
6cd-7cd - DN: om. (jumps to next 'manorathān')
7b - N1,2,5: jagadgurum

sugandhaṃ cêcchayā dhūpaṃ pūjā-bhṛṅgārakena ca /
kṛsāraṃ câtra naivedyam aśnīyāt tac ca vai svayam // 14 //
pratimāsaṃ ca viprāya dātavyā dakṣiṇā tathā /
prīṇanaṃ cêcchayā viṣṇoḥ pāraṇe pāraṇe gate // 15 //
yathā-śakti yathā-prīti vitta-śāṭhyaṃ vivarjayet /
sad-bhāvenâiva govindaḥ pūjitaḥ prīyate yataḥ // 16 //
pāraṇânte yathā-śaktyā snāpitaḥ pūjito hariḥ /
prīṇitaś cêpsitān kāmān dadāty avyāhatān nṛpa // 17 //
eṣā dhanyā pāpa-harā dvādaśī phalam icchatām /
yathâbhilaṣitān kāmān dadāti manujêśvara // 18 //
pūrayaty akhilān bhaktyā yataś câiṣā mano-rathān /
mano-ratha-dvādaśīyaṃ tato lokeṣu viśrutā // 19 //
upôṣyâitāṃ tribhuvanaṃ prâptam indreṇa vai purā /
adityā cêpsitāḥ putrā dhanaṃ côśanasā nṛpa // 20 //
dhaumyena câpy adhyayanam anyaiś câbhimataṃ phalam /
rājarṣibhis tathā vipraiḥ strībhiḥ śūdraiś ca bhūpate // 21 //
yaṃ yaṃ kāmam abhidhyāyed vratam etad upôṣitaḥ /
taṃ tam āpnoty asaṃdigdhaṃ viṣṇor ārādhanôdyataḥ // 22 //
aputro labhate putram adhano labhate dhanam /
rogâbhibhūtaś cârogyam kanyā prâpnoti sat-patim // 23 // *(11)
samāgamaṃ pravasitair upôṣyâitām avâpnute /
sarvān kāmān avâpnoti mṛtaḥ svarge ca modate // 24 //
nâputro nâdhanyo nêṣṭa-viyogī na ca nirguṇaḥ /
upôṣyâitad vrataṃ martyaḥ strī jano vâpi jāyate // 25 // *(12)

---

14c - all mss. except DB,DL: kāsāram
23 - N1,5: om., N1: inserted in margin

*(11) insertion in N1(in margin), N2,3,4,6,8:
yaṃ yaṃ kāmam abhidhyāyed vratam etad upôṣitaḥ /
taṃ tam āpnoty asaṃdigdhaṃ viṣṇor ārādhanôdyataḥ //
(= 19.22)

*(12) insertion in N1(in margin), N3:
ya eva vratasaṃcīrṇo viṣṇuloke mahīyate /

svarga-loke sahasrāṇi varṣāṇāṃ manujâdhipa /
bhogān abhimatān bhuktvā svarga-loke 'bhikāṅkṣitān // 26 //
iha puṇyavatāṃ nṛṇāṃ dhaninām sādhu-śīlinām /
gṛheṣu jāyate rājan sarva-vyādhi-vivarjitaḥ // 27 //

// iti viṣṇudharmeṣu manorathadvādaśīkalpaḥ //

---

27d - DB,DL: svarva-

Col. - D-mss.: kalpaṃ nāma; N6: -daśīvratakalpaḥ

20

pulastya uvāca
aśoka-pūrṇimāṃ cânyāṃ śṛṇuṣva vadato mama /
yām upôṣyâ naraḥ śokaṃ nâpnoti strī tathâpi vā // 1 //
phālgunâmala-pakṣasya pūrṇimāsyāṃ narêśvara /
mṛj-jalena naraḥ snātvā dattvā śirasi vai mṛdam // 2 //
mṛt-prâśanaṃ tathā kṛtvā kṛtvā ca sthaṇḍilaṃ mṛdā /
puṣpaiḥ patrais tathâbhyarcya bhū-dharaṃ nânya-mānasaḥ /
dharaṇīṃ ca tathā devīm aśokêty abhidhīyate // 3 //
yathā viśokāṃ dharaṇīṃ kṛtavāṃs tvāṃ janārdanaḥ /
tathā māṃ sarva-pāpebhyo mocayâśeṣa-dhāriṇi // 4 //
yathā samasta-bhūtānāṃ dhāraṇaṃ tvayy avasthitam /
tathā viśokaṃ kuru māṃ sakalêcchā-vibhūtibhiḥ // 5 //
dhyāta-mātre yathā viṣṇau svāsthyaṃ yātâsi medini /
tathā manaḥ-svasthatāṃ me kuru tvaṃ bhūta-dhāriṇi // 6 //
evaṃ stutvā tathâbhyarcya candrāyârghyaṃ nivedya ca /
upôṣitavyaṃ naktaṃ vā bhoktavyaṃ taila-varjitam // 7 //
anenaîva prakāreṇa catvāraḥ phālgunâdayaḥ /
upôṣyā nṛpate māsāḥ prathamaṃ tat tu pāraṇam // 8 //
āṣāḍhâdiṣu māseṣu tadvat snānaṃ mṛdâmbunā /
tad eva prâśanaṃ pūjyaṃ tathaîvêndos tathârhaṇam // 9 //
caturṣv anyeṣu caîvôktaṃ tathā vai kārttikâdiṣu /
pāraṇaṃ tritayaṃ caîva cātur-māsikam ucyate // 10 //
prathamaṃ dharaṇī nāma stutyai māsa-catuṣṭayam /
dvitīye medinī vācyā tṛtīye ca vasuṃdharā // 11 //

---

3a - B: mṛdas tu prâśanaṃ kṛtvā
3f - B: abhikīrtayet
4cd - B: sarvaśokebho mocayâśeṣadhāraka
6a - N1-5: viṣṇoḥ
7ab - N1,5: yam abhyarcya; B: samabhy-; N1,5,B: nivedayet
8d - DB,DL,DN: prathamaṃ kuru
9d - N-mss.,B: pūjā
10ab - B: anyeṣu yat prôktaṃ tathā tathaîva kā-
10c - B: tṛtīyaṃ pāraṇaṃ

pāraṇe pāraṇe vastra-pūjayā pūjayen nṛpa /
dharaṇīṃ devadevaṃ ca ghṛta-snānena keśavam // 12 //
vastrâbhāve tu sūtreṇa pūjayed dharaṇīṃ tathā /
ghṛtâbhāve tathā kṣīraṃ śastaṃ vā salilaṃ hareḥ // 13 //
pātāla-mūla-gatayā cīrṇam etan mahā-vratam /
dharaṇyā keśava-prītyai tataḥ prâptā samunnatiḥ // 14 //
devena côktā dharaṇī varāha-vapuṣā tadā /
upavāsa-prasannena samuddhṛtya rasā-talāt // 15 //
vratenânena kalyāṇi praṇato yaḥ kariṣyati / *(13)
vratam etad upâśritya pāraṇaṃ ca yathā-vidhi // 16 //
sarva-pāpa-vinirmuktaḥ sapta-janmântarāṇy asau /
viśokaḥ sarva-kalyāṇa-bhājano matimān janaḥ // 17 //
sarvatra pūjyaḥ satataṃ sarveṣām aparājitaḥ /
yathâham evaṃ vasudhe bhavitā nirvṛteḥ padam // 18 // *(14)

pulastya uvāca
evam etan mahā-puṇyaṃ sarva-pāpôpaśāntidam /
viśokâkhyaṃ vrataṃ dhanyaṃ tat kuruṣva mahī-pate // 19 //

// iti viṣṇudharmeṣu aśokapūrṇamāsīvratam //

---

14d - N1,2,5: prâptaṃ samucchritam; N3,4,6,DC: prâptaṃ samucchatim; B: kṛtvā samucchrayed

15b - B: tvayâhaṃ paritoṣitaḥ

*(13) insertion in N1(in margin), N3,4,6,8,9,B:
tasya prasādam apy ahaṃ karomi tava medini /
tathâiva kurute pūjāṃ bhaktyā mama śubho janaḥ /
tathâiva tava kalyāṇi praṇato yaḥ kariṣyati /

17d - N1,2,5: -ôtpattimān janaḥ

18d - D-mss.: nirvṛtiḥ param; N6: nirvṛtiḥ padām

*(14) insertion in B:
tathā tvam api kalyāṇi bhaviṣyasi na saṃśayaḥ /

Col. - N2,5: 'iti' om.; N1,2,5: '-vratam' om.;
B: -pūrṇimākalpaḥ; D-mss.: -vrataṃ nāma;
N4: viśodakapaurṇamāsīvrataṃ nāma

21

dālbhya uvāca
strīṇāṃ dharmaṃ dvija-śreṣṭha upavāsaṃ bhavan mama /
kathayêha yathā-tattvam upavāsa-vidhiś ca yaḥ // 1 //
kaumārake gṛha-sthāyā vidhavāyāś ca sattama /
dharmaṃ prabrūhy aśeṣeṇa bhagavan prīti-kārakam // 2 //

pulastya uvāca
śrūyatām akhilaṃ brahman yady etad anupṛcchasi /
upakārāya ca strīṇāṃ triṣu lokeṣu côttamam // 3 //
praśnam etat purā devī śaila-rāja-sutā patim /
papraccha śaṅkaraṃ brahman kailāsa-śikhare sthitam // 4 //

devy uvāca
kumārikābhir devêśa gṛhasthābhiś ca keśavaḥ /
vidhavābhis tathā strībhiḥ katham ārādhyate vada // 5 //

īśvara uvāca *
sādhu sādhvi tvayā pṛṣṭam etan nārāyaṇâśritam /
upavāsâdi yat tattvaṃ śrūyatām asya yo vidhiḥ // 6 //
yogyaṃ patiṃ samāsādya nārī dharmam avâpnute /
duḥśīle 'pi hi kāmârte nārī prâpnoti bhartari // 7 //
anārādhya jagannāthaṃ sarva-lokêśvaraṃ harim /
katham āpnoti vai nārī patiṃ śīla-guṇânvitam // 8 //
sukalatra-pradaṃ tasmād vratam acyuta-tuṣṭi-dam /
kartavyaṃ lakṣaṇaṃ tasya śrūyatāṃ vara-varṇini // 9 //
yac cīrtvā sarva-nārīṇāṃ śreṣṭham āpnoty asaṃśayam /
aihikaṃ ca sukhaṃ prâpya svarge bhuṅkte sukhāny api // 10 //
anujñāṃ prâpya pitṛto mātṛtaś ca kumārikā /
pūjayec ca jagannāthaṃ bhaktyā pāpa-haraṃ harim // 11 //

---

1b - N1,2,5: upavāsôdbhavam
2a - DB,DL,DN: kaumāraka-; N1: kaumāryāṃ ca gṛhasthāyāṃ
2d - DB,DL,DN: saṃbhave prīti-
* N1,2,5,B: deva uvāca; N3,4,6: devadeva uvāca
7c - D-mss.: duḥśīlâpi hi kāmârtam
8d - DB,DL: śūlaguṇâ-, DB corr.: śūra-

trișûttareșu svṛkșeșu pati-kāmā kumārikā /
mādhavâkhyaṃ tu vai nāma japen nityam atandritā // 12 //
priyaṅguṇā rakta-pușpair madhūka-kusumais tathā /
samabhyarcya tato dadyād raktam evânulepanam // 13 //
sarvâuṣadhyā svayaṃ snātvā samabhyarcya jagatpatim /
namo 'stu mādhavāyêti homayen madhu-sarpiṣī // 14 //
sa devam uttarāyoge samabhyarcya janārdanam /
śobhanaṃ patim āpnoti prêtya svargaṃ ca gacchati // 15 //
atibālye ca yat kiṃcit tayā pāpam anuṣṭhitam /
tasmāc ca mucyate devi sukhinī câiva jāyate // 16 //
abdenâikena tanvaṅgi dhūta-pāpā yad icchati /
tad eva prâpnuyāc caṇḍi nārāyaṇa-parâyaṇā // 17 //
ṣaṇmāsaṃ prīṇanaṃ kāryaṃ bhaktyā śaktyā ca vai hareḥ /
pāraṇânte mahābhāge tathā brāhmaṇa-tarpaṇam // 18 //

// iti viṣṇudharmeṣu sukalatraprâptivrataṃ nāma //

---

12a - N1,B: atha rkṣeṣu; N2,5: tiṣṭhantam eṣu dharmeṣu, N5 corr. corresponding to N1&B; N3,6: -ûttareṣu dharmeṣu

12c - DB,DL: māgha-

15a - N1,3,5: sadâivam

16a - D-mss.: ativâlpe

17c - N-mss.: prâpnuyād bhadre

Col. - N2,5: 'iti' om.; N1,2,5: kṛtaprâpti-; B: -dharme... -prâptikalpaḥ; B,N3,6: 'nāma' om.;
DC(marginal gloss): kanyayânuṣṭheyaṃ śobhanapati-prâptivratam

22

devadeva uvāca
gārha-sthye 'vasthitā nārī bhaktyā saṃpūjayet patim /
sa eva devatā tasyāḥ pūjyaḥ pūjyataraś ca saḥ // 1 //
tasmin tuṣṭe paro dharmas tasyaîva paricaryayā /
toṣam āyāti sarvâtmā paramâtmā janārdanaḥ // 2 //
naîva tasyāḥ pṛthag yajño na śrāddhaṃ nâpy upôṣitam /
bhartṛ-śuśrūṣaṇenaîva prâpnoti strī yathêpsitam // 3 //
tenaîva sâpy anujñātā tasya śuśrūṣaṇād anu /
toṣayej jagatām īśam anantam aparājitam // 4 //
vratair nānā-vidhair devi aihikâmuṣmikâptaye /
viṣṇu-vratâdibhir divyais tathā dānair mano-'nugaiḥ // 5 //
ghṛta-kṣīrâbhiṣekaiś ca brāhmaṇānāṃ ca tarpaṇaiḥ /
mano-jñair vividhair dhūpaiḥ puṣpa-vastrânulepanaiḥ // 6 //
gīta-vādyais tathā hṛdyair upavāsaiś ca bhāmini /
evam ārādhya govindam anujñātā yathā-vidhi /
patinā sakalān kāmān avâpnoti na saṃśayaḥ // 7 //
patinā tv ananujñātā kiṃcit puṇyaṃ karoti yā /
viphalaṃ tad aśeṣaṃ vai tasyāḥ śaila-varâtmaje // 8 //
na ca prasādaṃ kurute bhagavān madhusūdanaḥ /
nânujñātā tu yā nārī patinârcati keśavam // 9 //
yā tu bhartṛ-parā nārī nārāyaṇam atandritā /
bhaktyā saṃpūjayed devaṃ toṣam āyāti keśavaḥ // 10 //

devy uvāca
yā tu bhartrā parityaktā tathā yā mṛta-bhartṛkā /
pāṣaṇḍânugato vâpi yasyā bhartā maheśvara // 11 //

---

1a - D-mss.: gārhasthyeṣu sthitā
2c - N2,5: dharmâtmā
5b - N1,2,5,B: aihikâmuṣmikāś ca ye
5c - N1,2,5: -bhir vânyais; B: tv anyais
6cd - N1,5: naivedyair vi-; B: puṣpadīpânu-
10ab - B: tasmād bhartṛ-; N1,5: nārāyaṇa-parâyaṇā
11c - N1,5: pāṣaṇḍatôdgato; N2: pāṣaṇḍatāṃ gatiṃ

prāyo dadāti nânujñāṃ viṣṇor ārādhane tadā /
katham ārādhanaṃ kāryaṃ viṣṇos tad vada śaṅkara // 12 //

devadeva uvāca *
yā tu bhartrā parityaktā sā saṃpūjya nijaṃ patim /
manasā tan-manaskā ca tasyâiva hita-kāriṇī // 13 //
na nindā-karaṇī tasya śreyo-'bhidhyāyinī tathā /
tasyâiva sarva-kāleṣu sarva-kalyāṇam icchatī // 14 //
ārādhayej jagannāthaṃ sarva-dhātāram acyutam /
kṛtôpavāsā puṣpâdi nivedya sakalaṃ tataḥ // 15 //
bhartur mano-rathâvâptiṃ prârthayet prathamaṃ varam /
svayaṃ yathâbhilaṣitaṃ prârthayeta varaṃ tataḥ // 16 //
evaṃ bhartṛ-parityaktā yoṣid ārādhanaṃ hareḥ /
kurvāṇā sakalān kāmān avâpnoti na saṃśayaḥ // 17 //
bhartā karoti yac câsyāḥ kiṃcit puṇyam ahar-niśam /
tasya puṇyasya saṃpūrṇam ardhaṃ prâpnoti sā śubhe // 18 //
yat tu sā kurute puṇyaṃ vinā doṣeṇa yôjjhitā /
tat tasyāḥ sakalaṃ devi tasyârdhaṃ na labhet patiḥ // 19 //
bhartary evaṃ pravasite tyaktā ca patinā śubhe /
kurvītârādhanaṃ nārī upavāsâdinā hareḥ // 20 //
etat tavôktaṃ yat pṛṣṭaṃ tvayâhaṃ giri-nandini /
vidhavānām ato dharmaṃ śrūyatāṃ viṣṇu-tuṣṭidam // 21 //

mṛte bhartari sādhvī strī brahma-carya-vratôditā /
snātā pratidinaṃ dadyāt svabhartṛ-salilâñjalim // 22 //

---

* B: śaṅkara uvāca

13cd - DB,DL,DN: cas tasyâiva

14ab - B: nandinī kāraṇī tasya na ca śreyo 'bhidhyāyinī /

14c - N1: prârthayan pūrvakāleṣu, corr. corresponding to other mss.; N5: inserts 16cd after 'tasyâiva'

15c - DB: kṛtôpavāsaviṣvādair; DN,DC: -viṣpāde; N1,2,5: -vāsâdibhave

19b - DB,DL,DN: yoṣitā

19d - D-mss.,N1: tasyârdhaṃ labhate

20b - B: tyaktā bhartrā ca yā śubhe

21c-25e - B: from 'dharmaṃ' to 'upavāsaṃ ca' om., missing lines inserted after 27d

kuryāc cânudinaṃ bhaktyā devānām api pūjanam /
atithes tarpaṇaṃ tadvad agni-hotram amantrakam // 23 //
pūrta-dharmâśritaṃ cânyat kuryān nityam atandritā /
nitya-karma ṛte câsyā nêṣṭaṃ karma vidhīyate // 24 //
viṣṇor ārādhanaṃ caîva kuryān nityam upôṣitā /
dānâdi vipra-mukhyebhyo dadyāt puṇya-vivṛddhaye /
upavāsāṃś ca vividhān kuryāc chāstrôditān śubhe // 25 //
lokântarasthaṃ bhartāram ātmānaṃ ca varânane /
tārayaty ubhayaṃ nārī yêtthaṃ dharma-parâyaṇā // 26 //
putraiś ca yā sthitā nārī upavāsâdinā harim /
yā toṣayati siddhiṃ sā putrebhyo 'pi prayacchati // 27 //
śubhāī lokāṃs tathā bhartur ātmanaś ca yathêpsitān /
sakalaṃ pūrayaty astaṃ pāpaṃ nayati câkhilam // 28 //
ātmanaś caîva bhartuś ca nārī paramikāṃ gatim /
dadāty ārādhya govindam aputrā vidhavā ca yā // 29 //
tasmād ebhir vidhānais tu sarva-kālaṃ tu yoṣitā /
keśavârādhanaṃ kāryaṃ loka-dvaya-phala-pradam // 30 //
ye narā mṛta-patnīkās tair apy etad aśeṣataḥ /
pūrta-dharmâśritaṃ kāryaṃ nitya-karma ca kevalam // 31 //
putraîśvarya - sthitaiḥ samyag brahma-carya-guṇânvitaiḥ /
viṣṇor ārādhanaṃ kāryaṃ tīrtha-sthair athavā gṛhe // 32 //
brāhmaṇaḥ kṣatriyo vaiśyaḥ strī śūdraś ca varânane /
anārādhya hṛṣīkeśaṃ nâpnoti paramāṃ gatim // 33 //
aiśvaryaṃ saṃtatiṃ śreṣṭhām ārogyaṃ dravya-saṃpadam /
dadāti bhagavān viṣṇur gatim agryāṃ sutoṣitaḥ // 34 //

pulastya uvāca *
evaṃ śaila-sutā prôktā svayaṃ devena śaṃbhunā /
pṛṣṭena samyak kathitaṃ bhavato 'pi mahāmune // 35 //
sarva-varṇais tathā strībhir anyair api janair hariḥ /
ārādhanīyo nâtuṣṭe viṣṇau saṃprâpyate gatiḥ // 36 //

---

31c - D-mss.,N3,6: -dharmâśrayaṃ
* B: om.
35d - DC,N3,5: mayā mune
36b - B: api narair

na durgatiṃ rauravâdīn narakāṃś ca na gacchati /
yam ārādhyêśvaraṃ vandyaṃ kas taṃ viṣṇum na pūjayet // 37 //
tasmād āmuṣmikān kleśān narake yāś ca yātanāḥ /
sadâivôdvijatā dālbhya samārādhyo janārdanaḥ // 38 //

// iti viṣṇudharmeṣu strīdharmaḥ //

37a - D-mss.,N1,5: 'na' om..
37c - D-mss.: -êśvaraṃ viṣṇuṃ
38c - D-mss.,N2,5: -vijitā; B: sa devas tripadām ādyaḥ
Col. - D-mss.: -dharmo vrataṃ nāma

23

dālbhya uvāca

bhagavan yātanā ghorāḥ śrūyante narakeṣu yāḥ /
tāsāṃ svarūpam atyugraṃ yathāvad vaktum arhasi // 1 //

pulastya uvāca

śṛṇu dālbhyâtighorāṇāṃ pātanānāṃ mayôditam /
svarūpaṃ nārakair yat tu narakeṣv anubhūyate // 2 //
yojanānāṃ sahasrāṇi rauravo narako dvija /
aṅgāra-pūrṇa-madhyo 'sau jvālā-mālā-pariṣkṛtaḥ // 3 //
tan-madhye patito yāti yojanāni sahasraśaḥ /
satyahānyânṛtī yāti tatra pāpa-ratir naraḥ // 4 //
rauravād dviguṇaś caîva mahā-raurava-saṃjñitaḥ /
tapta-tāmra-puṭâṅgāra-jvalat-pāvaka-saṃvṛtaḥ // 5 //
parôpatāpinas tatra patanti narake narāḥ /
nâścaryaṃ dvija-śārdūla varṣa-lakṣa-yutāni ca // 6 //
kālasūtreṇa chidyante cakrârūḍhāś ca mānavāḥ /
kālâṅguli-sthena sadā āpāda-tala-mastakāt // 7 //
kāla-sūtra iti khyāto ghoraḥ sa narakôttamaḥ /
tatrâpi vañcakā yānti ye caîvôtkoca-jīvinaḥ // 8 //
tapta-kumbhas tathaîvânyo narako bhṛśa-dāruṇaḥ /
taila-kumbheṣu pacyante tatrâpy agni-bhṛteṣu te // 9 //
deva-veda-dvijātīnāṃ ye nindāṃ kurvate sadā /
saṃśṛṇvanti ca ye mūḍhā ye ca matsariṇo 'dhamāḥ // 10 //
karambha-vālukā-kumbha-saṃjñaṃ ca narakaṃ śṛṇu /
para-dāra-ratā ye tu patanti narake 'dhamāḥ // 11 //

---

2a - D-mss.: dālbhya sughorāṇāṃ

4cd - D-mss.: satyahatyânṛtī; N10: -ânyo 'nṛtī yo 'sti tatra; B: tasyânte tāmasā yānti tathā pāpa-; N3,4,6,9: pāpamatir

6d - N1,5: viṣamya kṣayabhāvanaiḥ, N1 corr. corresponding to other mss.

7 - N1,2,5: om., N1: inserted in margin

10ab - D-mss.: vedadeva-; N1,2,5,B: yo nindāṃ kurute

11cd - D-mss.: ye ca; N1,2,5: yatra....narake narāḥ

hṛtaṃ yaiś ca jalaṃ te 'pi tasmin yānti narâdhamāḥ /
go-nipāneṣu vighnāni mūḍhā ye câpi kurvate /
karambha-vālukā-kumbha-narake te patanti vai // 12 //
andhe tamasi duṣpāre śītârti-parikampitāḥ /
bhrāmyante mānavā gātraiḥ samastaiḥ sphuṭitâsthibhiḥ // 13 //
go-vadhaḥ strī-vadhaḥ pāpaiḥ kṛtaṃ yaiś ca gavânṛtam /
te tatrâtimahā-bhīme patanti narake 'dhamāḥ // 14 //
utpāṭyate tathā jihvā saṃdaṃśair bhṛśa-dāruṇaiḥ /
ākrośakānāṃ duṣṭānāṃ sadâivâbaddha-bhāṣiṇām // 15 //
kara-patraiś ca pāṭyante yamasya puruṣais tathā /
para-dāra-para-dravya-hiṃsakāḥ puruṣâdhamāḥ // 16 //
āyasīṃ ca śilāṃ taptām aśeṣâṅgais tathā narāḥ /
para-dāra-ratā evaṃ samāliṅganti pāpinaḥ // 17 //
sarvâṅgair vikṛtair raktam udgiranto 'tipīḍitāḥ /
yantreṣv anyeṣu pīḍyante jantu-pīḍā-karā narāḥ // 18 //
vṛkaiḥ saṃbhakṣyate pṛṣṭhaṃ narāṇāṃ pāpa-kāriṇām /
janasya pṛṣṭha-māṃsaṃ yair bhakṣitaṃ pāpa-kāribhiḥ // 19 //
asipatravanair ghoraiś chidyante pāpa-karmiṇaḥ /
sad-bhāva-pravaṇā yais tu bhagnā viśrambhiṇo janāḥ // 20 //
ayo-mukhaiḥ kha-gair bhagnāḥ khaṇḍa-khaṇḍaṃ tathâparaiḥ /
vrajanti pāpa-karmāṇaḥ śva-sṛgālais tathâparaiḥ // 21 //
sūṣāyām api dhāsyante jvalad-agni-cayâvṛtāḥ /
pāṣāṇa-peṣye piṣyante tathânye pāpa-karmiṇaḥ // 22 //

---

12a - DB,DL: yaiś ca dhanaṃ

12ef - D-mss.: -vālaka-kumbhe

13b - D-mss.,N1,4,5: -parikalpitāḥ; B: -paripīḍitāḥ

14d - N-mss.,B: narake narāḥ

19cd - DB,DL,DN: pṛṣṭhamāṃsāni bhakṣyante

20ab - N1,2,B: -vane ghore; N3,5,6,8,9: -vane ghoraiś; B: chidyante durātmabhiḥ

20d - N1,5: duṣṭā vi-; N3,4,6,9: drugdhā vi-

22cd - D-mss.: peṣyante ye narā; N1,2,5: tathā vai

devatâtithi-bhṛtyāṇām adattvā bhuñjate tu ye /
mṛṣā-gatās tathâivôktvā trapuṣā sīsakena ca /
pacyante puruṣās tailaiḥ kvāthyante vai punaḥ punaḥ // 23 //
varṇa-dharma-parityāge nâikyaṃ ye puruṣā gatāḥ /
te 'pi pāpa-samācārā varṇa-saṃkara-kāriṇaḥ // 24 //
svarūpaṃ nārakasyâgneḥ śṛṇuṣva kathayāmi te /
muktas tato 'nya-vahni-sthaḥ śete saṃprâpya nirvṛtim // 25 //
śastra-dhārās tathâivâitā mṛṇāla-prastaraṃ naraḥ /
manyate nārakaiḥ śastrair vikṣato dvija-sattama // 26 //
hima-khaṇḍa-cayâchanno nivātaṃ manyate naraḥ /
vimukto nārakāc chītāt prakāśaṃ tamasas tamaḥ // 27 //
prôtā gudeṣu bhinnâṅgā ārtā rāva-virāvinaḥ /
śūleṣu loheṣv apare triśūleṣu tathâpare // 28 //
yājyôpâdhyāya-dāṃpatya-suhṛn-mitra-sutâdiṣu /
kṛto bhedo dur-ācārair yair alīkôkti-bhāṣibhiḥ // 29 //
āyasāḥ kaṇṭakās tīkṣṇā narake kūṭa-śālmalau /
teṣu prôtā dur-ātmānaḥ para-dāra-bhujo narāḥ // 30 //
kṛmi-kīṭa-jalâukâdi-tīkṣṇa-daṃṣṭrâsya-vikṣatāḥ /
bhrāmyante cândha-tāmisre vṛthā-māṃsâśino hi ye // 31 //
etāṃś cânyāṃś ca narakāñ śataśo 'tha sahasraśaḥ /
karmântaraṃ jano bhuṅkte pariṇāmāṃś ca cetasaḥ // 32 //
yādṛk karma manuṣyāṇāṃ tādṛg viṣaya-rūpavat /
pariṇāmaṃ mano yāti śubhâśubha-mayaṃ dvija // 33 //

// iti viṣṇudharmeṣu narakâdhyāyaḥ //

---

23c - N1,2,5: pūjāgatās; DC,N2: tathâivôktaṃ; N1,5: tathâivêccha; N3,4,6,8,9,B: tathâivâikyaṃ

23e - D-mss.: pacanti; N3,4,6,8,9,B: prayānti

23f - N3,4,6,8,9: kāthyante 'nye; B: kāthyante te mahāmune

24b - DB,DL,DN: śakyaṃ ye

25a - D-mss.: naraka-

26ab - N1,5: om.

26c - N1,2,5: hanyate

Col. - N2: 'iti' om.; D-mss.: -âdhyāyo nāma; N4: -âdhyāyaḥ samāptaḥ; B: narakavarṇanam

24

dālbhya uvāca

atîva-bhīṣaṇān itthaṃ śastrâgni-bhaya-dān naraḥ /
kathaṃ na gacchen narakān etan me vaktum arhasi // 1 //
aho 'tikaṣṭa-pāpānāṃ vipāko naraka-sthitaiḥ /
puruṣair bhujyate brahmaṃs tan-mokṣaṃ vada sattama // 2 //

pulastya uvāca

puṇyasya karmaṇaḥ pākaḥ puṇya eva dvijôttama /
cetasaḥ pariṇāmôtthaḥ svarga-sthair bhujyate naraiḥ // 3 //
tathâiva pākaḥ pāpānāṃ puruṣair naraka-sthitaiḥ /
bhujyate tāvad akhilaṃ yāvat pāpaṃ kṣayaṃ gatam // 4 //
yadā tu pāpasya jayaḥ kṣīyate sukṛtaṃ tadā /
śubhasya karmaṇo vṛddhau kṣayam āyāty aśobhanam // 5 //
jaye yateta puruṣas tasmāt sukṛta-karmaṇā /
pāpa-karma vinā nâiva naraka-prâptir iṣyate // 6 //
jayāya dvādaśī śastā nṛṇāṃ sukṛta-karmaṇām /
yām upôṣya dvija-śreṣṭha na yāti narakaṃ naraḥ // 7 //
phālgunâmala-pakṣasya ekādaśyām upôṣitaḥ /
dvādaśyāṃ tu dvija-śreṣṭha pūjayen madhusūdanam // 8 //
ekādaśyāṃ samuddiṣṭaṃ viṣṇor nāmânukīrtanam /
pūjāṃ vā vāsudevasya kurvīta susamāhitaḥ // 9 //
namo nārāyaṇāyêti vācyaṃ ca svapatā niśi /
krodhaḥ prapañca īrṣyā ca dambho lobhaś ca varjitaḥ // 10 //
kāmo droho madaś câpi māna - mātsaryam eva ca /
sarvam etat parityajya viṣṇu-bhaktena cetasā // 11 //

---

2 - D-mss.: -kaṣṭaṃ....bhujyate karma

3c - D-mss.: pariṇāmâkhyaḥ; B: pariṇāmo 'yaṃ

9c - all mss. except N1,2,5: pūjāyāṃ vāsu-

10-11 - B: om. (10ab inserted below)

10d - all mss. except N1,5 have 'varjayet', probably metri causa for 'varjyeta', cf. also insertion *(15).

11a - N1,2,5: kāmaḥ krodhaś ca mohaś ca

asāratāṃ ca loke 'smin saṃsāre bhāvayen matim / *
tathâiva kuryād dvādaśyāṃ nāmnām uccāraṇaṃ dvija // 12 //
yava-pātrāṇi pūrvaṃ tu dadyān māsa-catuṣṭayam /
āṣāḍhâdi dvitīyaṃ tu pāraṇaṃ yan mahā-mate /
tatrâpi ghṛta-pātrāṇi dadyāc chraddhā-samanvitaḥ // 13 //
kārttikâdiṣu māseṣu māghânteṣu tathā tilān /
viprāya dadyāt pātra-sthān pratimāsam upôṣitaḥ // 14 //
nāma-trayam aśeṣeṣu māsi māsi dina-dvayam /
tathâivôccārayed dadyād dvādaśyāṃ ca yavâdikam /
praṇamya ca hṛṣīkeśaṃ kṛtvā pūjāṃ prasādayet // 15 //
visṇo namas te jagataḥ prasūte
om̐ vāsudevāya namo namas te /
nārāyaṇa tvāṃ praṇato 'smy acintya
jayo 'stu me śāśvata-puṇya-rāśeḥ // 16 //
prasīda puṇye jayam astu viṣṇo
oṃ vāsudeva rddhim upâitu puṇyam /
nārāyaṇôṃ bhūtim upâitu puṇyaṃ
prayātu câśeṣam aghaṃ vināśam // 17 //
viṣṇo puṇyôdbhavo me 'stu vāsudevâstu me śubham /
nārāyaṇâstu dharmo me jahi pāpam aśeṣataḥ // 18 //
aneka-janma-janitaṃ bālya-yauvana-vārddhike /
puṇyaṃ vivṛddhim āyātu yātu pāpaṃ tu saṃkṣayam // 19 //
ākāśâdiṣu śabdâdau śrotrâdau mahad-ādiṣu /
prakṛtau puruṣe câiva brahmaṇy api ca sa prabhuḥ /
yathâika eva sarvâtmā vāsudevo vyavasthitaḥ // 20 //

---

12a - B: om.

*(15) insertion in N1(in margin), N3,4,6,8,9,B:
kāmaṃ krodhaṃ ca lobhaṃ ca dambham īrṣyāṃ ca varjayet/
mānadrohâdidoṣāṃś ca sarvān dhanamadôdbhūtān /
bhāvayed viṣṇubhaktaś ca saṃsārâsāratāṃ tathā /
evaṃ bhāvitacittena prāṇināṃ hitam icchatā /

additional insertion following in B only:
namo nārāyaṇāyêti vācyaṃ ca svapatā niśi /
( = 10ab )

13a - DB,DL,DN: pañcapātrāṇi; DC: pibapātrāṇi

15c - D-mss.: -ôccārayan

17-19ab - N4: om.

tena satyena me pāpaṃ narakârti-pradaṃ kṣayam /
prayātu sukṛtasyâstu mamânudivasaṃ jayaḥ /
pāpasya hāniḥ puṇyaṃ ca vṛddim abhyetv anuttamāṃ // 21 //
evam uccārya viprāya dattvā yat kathitaṃ tava /
bhuñjīta kṛta-kṛtyas tu pāraṇe pāraṇe gate // 22 //
pāraṇânte ca devasya prīṇanaṃ śaktito dvija /
kurvītâkhila-pāṣaṇḍair ālāpaṃ ca vivarjayet // 23 //
ity etat kathitaṃ dālbhya sukṛtasya jayâvahā /
dvādaśī narakaṃ martyo yām upôṣya na paśyati // 24 //
nâgnayo na ca śastrāṇi na ca loha-mukhāḥ khagāḥ /
narakās taṃ prabādhante matir yasya janārdane // 25 //
nāmôccāraṇa-mātreṇa viṣṇoḥ kṣīṇo 'gha-saṃcayaḥ /
bhavaty apâsta-pāpasya narake gamanaṃ kutaḥ // 26 //
namo nārāyaṇa hare vāsudevêti kīrtayet /
na yāti narakaṃ martyaḥ saṃkṣīṇâśeṣa-pātakaḥ // 27 //
tasmāt pāṣaṇḍi-saṃsargam akurvan dvādaśīm imām /
upôṣya puṇyôpacayī na yāti narakaṃ naraḥ // 28 //

// iti viṣṇudharmeṣu narakadvādaśī nāma //

---

23cd - B: om.
27b - N5,9,B: kīrtayan
28c - N2,5,B: -cayān
Col. - B: -dharme sugatidvādaśīkalpaḥ

## 25

dālbhya uvāca
pāṣaṇḍibhir asaṃsparśam asaṃbhāṣaṇam eva ca /
viṣṇor ārādhana-parair naraiḥ kāryam upôṣitaiḥ // 1 //
kiṃ brūhi lakṣaṇaṃ teṣāṃ yādṛṣān varjayed vratī /
kathaṃcid yadi saṃlāpa-darśana-sparśanâdikam // 2 //
upôṣitānāṃ pāṣaṇḍair narāṇāṃ vipra jāyate /
kiṃ tatra vada kartavyaṃ yenâkhaṇḍaṃ vrataṃ bhavet // 3 //

pulastya uvāca
śruti-smṛty-uditaṃ dharmaṃ varṇâśrama-vibhāga-jam /
ullaṅghya ye pravartante svêcchayā kūṭa-yuktibhiḥ // 4 //
vikarmâbhiratā mūḍhā yukti-prāgalbhya-durmadāḥ /
pāṣaṇḍinas te duḥśīlā narakârhā narâdhamāḥ // 5 //
tāṃs tu pāṣaṇḍinaḥ pāpān vikarma-sthāṃś ca mānavān /
vaiḍāla-vratikāṃś caîva nityam eva tu nâlapet // 6 //
saṃbhāṣyaîtāñ śuci-padaṃ cintayed acyutaṃ budhaḥ /
idaṃ côdāharet samyak kṛtvā tat-pravaṇaṃ manaḥ // 7 //
    śārīram antaḥ-karaṇôpaghātaṃ
        vācaś ca viṣṇur bhagavān aśeṣam /
    śamaṃ nayatv astu mamêha śarma
        pāpād anante hṛdi saṃniviṣṭe // 8 //
antaḥ-śuddhiṃ bahiḥ-śuddhiṃ śuddho 'ntar mama yo 'cyutaḥ /
me karotv amale tasmiñ śucir evâsmi sarvadā // 9 //
bāhyôpaghātād anagho boddhā ca bhagavān ajaḥ /
śuddhiṃ nayatv anantâtmā viṣṇuś cetasi saṃsthitaḥ // 10 //
etat saṃbhāṣya japtavyaṃ pāṣaṇḍibhir upôṣitaiḥ /
namaḥ śuci-padêty uktvā sūryaṃ paśyeta vîkṣitaiḥ // 11 //

---

1ab - N1,2,5: asaṃsargaṃ
2ab - N2,5,B: om., N5: inserted in margin
3b - D-mss.: vai prajā-
5cd - DB,DL,DN: om.
7a - B: pratipadam
9b - D-mss.: śuddho dharmamayo

śrūyate ca purā martyāḥ svêcchayā svarga-gāminaḥ /
babhūvur anaghāḥ sarve svadharma-paripālanāt // 12 //
devāś ca balino martyair varṇa-karmaṇy anuvrataiḥ /
yajñâdhyayana-dāneṣu vartamānaiś ca mānavaiḥ // 13 //
daiteyāś ca parā-bhāvam atuṣṭāv asurā yayuḥ /
tataś ca ṣaṇḍo markaś ca daityêndrāṇāṃ purohitau /
cakratuḥ karma devānāṃ vināśāyâtibhīṣaṇam // 14 //
tatrôtpanno 'tikṛṣṇâṅgas tamaḥ-prāyo 'tidāruṇaḥ /
dambhâdhāraḥ śāṭhya-sāro nidrā-prakṛtir ulvanaḥ // 15 //
mahāmoha iti khyātaḥ kṛtyā-rūpo vibhīṣaṇaḥ /
caturdhā sa vibhaktaś ca tābhyām atra mahīyate // 16 //
veda-deva-dvijātīnām ekâṃśena sa nindanam /
karoty anyena na ratiṃ yoga-karmasu vindati // 17 //
vikarmaṇy apareṇâpi saṃyojayati mānavān /
jñānâpahāram anyena karoti dvija-sattama // 18 //
jñāna-buddhyā tathâjñānaṃ gṛhṇāty ajñāna-mohitaḥ /
veda-vāda-virodhena yā kathā sâsya rocate // 19 //
evaṃ sa tu mahāmohaḥ ṣaṇḍa-markôpapāditaḥ /
dambhâdi-dūṣito 'dharma-svarūpo 'tibhayaṅ-karaḥ // 20 //
sa lokān vividhôpâyair lokeṣv eva vyavasthitaḥ /
mohâbhibhava-niḥsārān karoti dvija-sattama // 21 //
tan-mohitānām acirād viveko yāti saṃkṣayam /
kṣīna-jñānā vikarmāṇi kurvanty ahar-aho dvija // 22 //
nija-varṇâtmakaṃ dharmaṃ parityajya vimohitāḥ /
dharma-buddhyā tataḥ pāpaṃ kurvanty ajñāna-durmadāḥ // 23 //
jñānâvalepas tatrâiva tatas teṣāṃ prajāyate /
suhṛdbhir vāryamānās te paṇḍitaiś ca dayālubhiḥ /
prayacchanty uttaraṃ mūḍhāḥ kūṭa-yukti-samanvitam // 24 //
tatas te svayam ātmānam anyaṃ câlpa-matiṃ naram /
vikarmaṇā yojayantaś cyāvayanti svadharmataḥ // 25 //
pāṣaṇḍino durācārāḥ parânna-guṇa-vādinaḥ /
asaṃskṛtânna-bhoktāro vrātyāḥ saṃskāra-varjitāḥ // 26 //

---

13b - B: varṇakarmavyavasthitaiḥ

17c - metre ! N2,DC: karoty anena; B: karoty anyo'nyam aratim

pāṣaṇḍāḥ pāpa-saṃkalpā dāmbhikāḥ śaṭha-buddhayaḥ /
varṇa-saṃkara-kartāro dharma-vyājôpajīvinaḥ /
niḥśaucā vakra-matayo nânyad-astîti-vādinaḥ // 27 //
evaṃ vidhās te san-mārgād veda-prôktād bahiḥ-sthitāḥ /
kriyā-kalāpaṃ nindato ṛg-yajuḥ-sāma-saṃjñitam /
ātmānaṃ ca parāṃś caîva kurvanti naraka-sthitān // 28 //
teṣāṃ darśana-saṃbhāṣa-sparśanāni naraiḥ sadā /
parityājyāni dṛṣṭe ca prôktaḥ saṃbhāṣaṇe ca yaḥ /
saṃsparśe ca budhaḥ snātvā śuciḥ śuci-ṣadaṃ smaret // 29 //
bhavaty ataḥ sadaîvaîṣām ālāpa-sparśanaṃ tyajet /
puṇya-kāmo mahā-bhāgaḥ kiṃ punar yad upôṣitaḥ // 30 //
yato hi nindite karmaṇy abhyāso ratir eva ca /
pāṣaṇḍinām aśeṣāṇām aprītir veda-karmaṇi /
te hy adho-gāminaḥ prôktā āsuraṃ bhāvam āśritāḥ // 31 //

// iti viṣṇudharmeṣu pāṣaṇḍâlāpaprāyaścittam //

---

27c - N3,4,6,B: māyā-vyājôpa-
27e - DB,DL,DN: niḥsārā
31ef - N1,2,5,7,B: om., N1: inserted in margin
Col. - N1,5: -prāyaścittavratam; B: pāṣaṇḍinindā;
DC: marginal gloss after '-dharmeṣu':
pāṣaṇḍasvarūpavarṇanam

## 26

dālbhya uvāca

aprâptir na tathā duḥkham aiśvaryâder dvijôttama /
yathā mano-rathair labdhair vicyutir dharma-hāni-jā // 1 //
aiśvaryād vittato vâpi saṃtater deva-lokataḥ /
abhîṣṭād anyato vâpi padād yena na vicyutim // 2 //
prâpnoti puruṣo brahman nārī vâpuṇya-saṃkṣayāt /
tan mamâcakṣva viprarṣe duḥkham ebhyo hi vicyutiḥ // 3 //

pulastya uvāca

satyam etan mahā-bhāga duḥkhaṃ prâptasya saṃkṣayaḥ /
aiśvaryād atha vittasya bandhu-varga-sukhasya vā // 4 //
tad etac chrūyatāṃ dālbhya yathā nêṣṭāt paricyutiḥ /
svargâder jāyate samyag upavāsavatāṃ satām // 5 //
dvādaśa-rkṣāṇi viprarṣe pratimāsaṃ tu yāni vai /
tan-nāmāny acyutaṃ teṣu samyak saṃpūjayed budhaḥ // 6 //
puṣpair dhūpais tathâmbhobhir abhîṣṭair aparais tathā /
āditaḥ kṛttikāṃ kṛtvā kārttike muni-puṅgava // 7 //
naivedyaṃ kṛsaraṃ pūrvam annaṃ māsa-catuṣṭayam /
nivedayet kārttikâdi saṃyāvaṃ ca tataḥ param // 8 //
āṣāḍhâdau ca devāya pāyasaṃ vai nivedayet /
tenâivânnena viprarṣe brāhmaṇān bhojayed budhaḥ // 9 //
pañca-gavya-jala-snātas tasyâiva prâśanāc chuciḥ /
naivedyaṃ svayam aśnīyān naktaṃ saṃpūjite 'cyute // 10 //
evaṃ saṃvatsarasyânte tataḥ suptôtthite 'cyute /
saṃyak saṃpūjya viprarṣe tam eva puruṣôttamam /
praṇamya prârthayed vidvāñ śuciḥ snāto yathā-vidhi // 11 //

namo namas te 'cyuta saṃkṣayo 'stu
pāpasya vṛddhim samupâitu puṇyam /
aiśvarya-vittâdi sadâkṣayaṃ me
'kṣayā ca me saṃtatir acyutâstu // 12 //

---

2d - DB,DL,DN: sukhaṃ yena; N1,5: yad yad yena na vidyate; N2: padād yena na vidyate

3ab - B: om.

12ab - N2,5,6,9,B: me 'kṣayo 'stu puṇyasya

12d - N-mss.: kṣayaṃ ca mā saṃtatir acyutâitu; B: kṣayaṃ ca mā saṃtatir abhyupâitu

yathâcyutas tvaṃ parataḥ parasmāt
sa brahma-bhūtāt parataḥ parâtman /
tathâcyutaṃ me kuru vāñchitaṃ yan
mayā padaṃ pāpa-harâprameya // 13 //
acyutânanta govinda prasīda yad abhîpsitam /
tad akṣayam ameyâtman kuruṣva puruṣôttama // 14 //
evam ante samabhyarcya prârthayitvā tathâśiṣaḥ /
yathāvan muni-śārdūla cyutiṃ nâpnoti mānavaḥ // 15 //
saṃtateḥ svarga-vittâder aiśvaryasya tathā mune /
yad vâbhimatam atyarthaṃ tato na cyavate naraḥ // 16 //
tasmāt sarva-prayatnena māsa-nakṣatra-pūjane /
yatetâkṣaya-kāmas tu sadâiva muni-puṅgava // 17 //

// iti viṣṇudharmeṣu māsarkṣapūjā //

---

13b - N1,2: parâtmā

16c - N1,3,4,9: atyantam

Col. - D-mss.,N4: -pūjā nāma; N1,5: māsanakṣatrapūjāvratam;
B: -dharme māsanakṣatrapūjā

27

pulastya uvāca
atrâpi śrūyate siddhā kācit svarge mahā-vratā /
nārī tapo-dhanā bhūtvā prakhyātā śāṃbharāyaṇī /
samasta-saṃdeha-harā sadā svargâukasāṃ hi sā // 1 //
kasyacit tv atha kālasya deva-rājaḥ śatakratuḥ /
pūrvêndra-caritaṃ brahman papracchêdaṃ bṛhaspatim // 2 //
pūrvêndrāt parataḥ pūrve ye babhūvuḥ surêśvarāḥ /
teṣāṃ caritam icchāmi śrotum āṅgirasāṃ vara // 3 //

*pulastya uvāca
evam uktas tadā tena devêndreṇâmala-dyutiḥ /
prâha dharma-bhṛtāṃ śreṣṭhaḥ paramarṣir bṛhaspatiḥ // 4 //
nâhaṃ cirantanān vedmi devarāja surêśvarān /
ātmanaḥ sama-kālīnaṃ mām avâihi surêśvara // 5 //
tataḥ papraccha devêndraḥ ko 'smābhir muni-puṅgava /
praṣṭavyo 'tra mahā-bhāga kṛtâdi-vasatir divi // 6 //

pulastya uvāca
bṛhaspatiś ciraṃ dhyātvā punar āha śacī-patim /
tapasvinīṃ mahā-bhāgāṃ smṛtvâsau śāṃbharāyaṇīm // 7 //
na devā na ca gandharvā na cânye cira-saṃsthitāḥ /
cirantanānāṃ cariteṣv abhijñā tridaśêśvara // 8 //
ekâiva cira-kāla-jñā dharma-jñā śakra kevalam /
jānāty akhila-devêndra-caritaṃ śāmbharāyaṇī // 9 //

ity uktas tena devêndraḥ kautūhala-samanvitaḥ /
yayau yatra mahā-bhāgā tāpasī śāmbharāyaṇī // 10 //
sā tau dṛṣṭvā samāyātau devarāja-bṛhaspatī /
samyag arghyeṇa saṃpūjya praṇipatya śubha-vratā // 11 //

śāmbharāyaṇy uvāca
namo 'stu devarājāya tathâivâṅgirase namaḥ /
yad vāṃ kāryaṃ mahā-bhāgau sakalaṃ tad ihôcyatām // 12 //

---

* insertion in B

bṛhaspatir uvāca
āvām abhyāgatau draṣṭuṃ tvām atrâtivivekinīm /
yac ca kāryaṃ mahā-bhāge tat pṛṣṭā kathayêha nau // 13 //
yadi smarasi kalyāṇi pūrvêndra-caritāni nau /
tadâkhyāhi mahā-bhāge devêndrasya kutūhalāt // 14 // *(16)

śāmbharāyaṇy uvāca
yo vai pūrvaḥ surêndrasya tataś ca prathamo hi yaḥ /
tasmāt pūrvataro yaś ca tasyâpi prathamāś ca ye // 15 //
teṣāṃ pūrvatarā ye ca vedmi tān akhilān aham /
teṣāṃ ca caritaṃ kṛtsnaṃ jānāmy āṅgirasāṃ vara // 16 //
manvantarāṇy anekāni sṛṣṭiṃ ca tridivâukasām /
saptarṣīn subahūn devān manūnāṃ ca sutān nṛpān /
tat pṛccha tvaṃ vadāmy eṣāṃ pūrvêndra-caritaṃ mune // 17 //

pulastya uvāca
evam ukte tatas tābhyāṃ pṛṣṭā sā śāmbharāyaṇī /
yathāvad ācaṣṭa tayoḥ pūrvêndra-caritaṃ dvija // 18 //
svāyambhuve yas tu manau manau svārociṣe tu yaḥ /
uttame tāmase câiva raivate cākṣuṣe tathā // 19 //
yo yo babhūva devêndras tasya tasya tapasvinī /
tayor jagāda caritaṃ yathāvac chāmbharāyaṇī // 20 //
tataḥ kautūhala-paro deva-rājas tapasvinīm /
uvāca jānāsi kathaṃ tvam evaṃ śāmbharāyaṇi // 21 //

śāmbharāyaṇy uvāca
sarva eva hi devêndrāḥ svarga-sthā ye manīṣiṇaḥ /
babhūvur etac caritam eteṣāṃ vedmi tena vai // 22 //

indra uvāca
kiṃ kṛtaṃ vada dharma-jñe tvayā yenêyam akṣayā /
svar-loke vasatiḥ prâptā yathā nânyena kenacit // 23 //
aho sarva-vratānāṃ tad upôṣitaṃ mahad vratam /
pradhānataram atyarthaṃ svarga-saṃvāsa-daṃ matam // 24 // *(17)

---

*(16) insertion in N3,4,6,8,9:
yadi śakyaṃ mayā kartuṃ tat kariṣye vimṛṣyatu /

22ab - D-mss.: evam evaṃ hi devêndrāḥ svargasthāne manīṣiṇaḥ

*(17) insertion in N3,4, N5(in margin), N6,8,9:
caritaṃ ca mayā teṣāṃ śrutaṃ dṛṣṭaṃ tathâiva ca /

pulastya uvāca
evam uktā tatas tena devêndreṇa yaśasvinī /
pratyuvāca mahā-bhāgā yathāvac chāmbharāyaṇī // 25 //

śāmbharāyaṇy uvāca
māsarkṣeṣv acyuto devaḥ pratimāsaṃ surêśvara /
yathôkta-vratayā samyak sapta varṣāṇi pūjitaḥ // 26 //
tasyêyaṃ karmaṇo vyuṣṭir acyutârādhanasya me /
deva-lokād abhimatā devarāja yad acyutiḥ // 27 //
svargaṃ dravya-mayaîśvaryaṃ saṃtatiṃ vâpi yo 'cyutām /
naro vāñchati tenêtthaṃ toṣaṇīyo 'cyutaḥ prabhuḥ // 28 //
etat te pūrva-devêndra-caritaṃ sakalaṃ mayā /
svarga-vāsâkṣayatvaṃ ca māsarkṣâcyuta-pūjanāt // 29 //
yathāvat kathitaṃ deva pṛcchatas tridaśêśvara /
dharmârtha-kāma-mokṣāṃs tu vāñchatāṃ vibudhâdhipa /
viṣṇor ārādhanān nânyat paramaṃ siddhi-kāraṇam // 30 //

pulastya uvāca
tasyās tad vacanaṃ śrutvā devarāja-bṛhaspatī /
tāṃ tathêty ūcatuḥ sādhvīṃ ceratuś câpi tad vratam // 31 //
tasmād dālbhya prayatnena pratimāsaṃ samāhitaḥ /
māsarkṣâcyutapūjāyāṃ bhavethās tan-manāḥ sadā // 32 //

// iti viṣṇudharmeṣu māsarkṣapūjāpraśaṃsā //

---

Col. - N2,5: 'iti' om.; B: -dharme nakṣatrapūjāmāhâtmyam

## 28

dālbhya uvāca

bhagavan prāṇinaḥ sarve viṣa-rogâdy-upadravaiḥ /
duṣṭa-grahôpaghātaiś ca sarva-kālam upadrutāḥ // 1 //
abhicāraka-kṛtyābhiḥ sparṣa-rogaiś ca dāruṇaiḥ /
sadā saṃpīḍyamānās tu tiṣṭhanti munisattama // 2 //
yena karma-vipākena viṣa-rogâdy-upadravāḥ /
na bhavanti nṛṇāṃ tan me yathāvad vaktum arhasi // 3 //

pulastya uvāca

vratôpavāsair yair viṣṇur nânya-janmani pūjitaḥ /
te narā muni-śārdūla graha-rogâdi-bhāginaḥ // 4 //
yair na tat-pravaṇaṃ cittaṃ sarvadâiva naraiḥ kṛtam /
viṣa-graha-jvarāṇāṃ te manuṣyā dālbhya bhājanāḥ // 5 //
ārogyaṃ paramām ṛddhiṃ manasā yad yad icchati /
tat tad āpnoty asaṃdigdhaṃ paratrâcyuta-toṣa-kṛt // 6 //
nâdhīn prâpnoti na vyādhīn na viṣa-graha-bandhanam /
kṛtyā-sparśa-bhayaṃ vâpi toṣite madhusūdane // 7 //
sarva-duṣṭa-śamas tasya saumyās tasya sadā grahāḥ /
devānām apradhṛṣyo 'sau tuṣṭo yasya janārdanaḥ // 8 //
yaḥ samaḥ sarva-bhūteṣu yathâtmani tathâpare /
upavāsâdinā tena toṣyate madhusūdanaḥ // 9 //
toṣite tatra jāyante narāḥ pūrṇa-mano-rathāḥ /
arogāḥ sukhino bhogaṃ bhoktāro muni-sattama // 10 //
na teṣāṃ śatravo nâiva sparsa-rogâbhicārakam /
graha-rogâdikaṃ vâpi pāpa-kāryaṃ na jāyate // 11 //
avyāhatāni kṛṣṇasya cakrâdīny āyudhāni tam /
rakṣanti sakalâpadbhyo yena viṣṇur upôṣitaḥ // 12 //

dālbhya uvāca

anārādhita-govindā ye narā duḥkha-bhāginaḥ /
teṣāṃ duḥkhâbhibhūtānāṃ kartavyaṃ yad dayālubhiḥ // 13 //

---

4b - N3,6: nânyaj janmani
8a - N3,4,6,DC: -duṣṭavaśas; B: sarve duṣṭās samās
9ab - N1,5: yaḥ samyak sarva-; N3,4,6: 'yaḥ' om., samaḥ sarveṣu bhūteṣu....tathâhitaḥ

paśyadbhiḥ sarva-bhūta-sthaṃ vāsudevaṃ mahāmune /
sama-dṛṣṭibhir īśêśaṃ tan mama brūhy aśeṣataḥ // 14 // *(18)

pulastya uvāca
oṃ namaḥ paramârthāya puruṣāya mahâtmane /
arūpa-bahu-rūpāya vyāpine paramâtmane / *(19)
niṣkalmaṣāya śuddhāya sarva-pāpa-harāya ca // 15 //
namas-kṛtvā pravakṣyāmi yat tat sidhyatu me vacaḥ // 16 //
varāha-narasiṃhāya vāmanāya mahâtmane / *(20)
trivikramāya rāmāya vaikuṇṭhāya narāya ca // 17 //
namas-kṛtvā pravakṣyāmi yat tat sidhyatu me vacaḥ // 18 //
varāha-narasiṃhêśa vāmanêśa trivikrama /
hayagrīvêśa sarvêśa hṛṣīkeśa harâśubham // 19 // *(21)
aparājita-cakrâdyaiś caturbhiḥ paramâyudhaiḥ /
akhaṇḍita-prabhāvais tvaṃ sarva-duṣṭa-haro bhava // 20 //
harâmukasya duritaṃ duṣkṛtaṃ durupôṣitam /
mṛtyu-bandhârti-bhaya-daṃ duriṣṭasya ca yat phalam // 21 //
parâpadhyāna-sahitaṃ prayuktaṃ câbhicārikam /
para-sparśa-mahā-roga-prayogaṃ jarayâjara // 22 //
oṃ namo vāsudevāya namaḥ kṛṣṇāya śārṅgiṇe /
namaḥ puṣkara-netrāya keśavāyâdicakriṇe // 23 //

---

*(18) insertion in N1, s. appendix A

*(19) insertion in N1,9:
namas te devadevāya suraśūra namo 'stu te /
lokâdhyakṣa jagatpūjya paramâtman namas te /

16b - B: dhyānayogavatāya (!) ca

17b - N2,5: 'mahâtmane' om., replaced by 'trivikrama' of 19b (see below)

*(20) insertion in N1,3,4, N5(in margin), N6,8,9:
namaskṛtvā pravakṣyāmī yat tat sidhyatu me vacaḥ /
( = 16)
for additional insertion in N1 s. appendix A

17cd-19ab - N2,5: om., N5: inserted in margin; both mss. replace 'trivikrama' of 19a for 'mahâtmane' in 17b.

*(21) insertion in N1:
namaskṛtvā pravakṣyāmi yat tat sidhyatu me vacaḥ /

20a - N1-5,9: aparājitasya cakrâ- (metre!)

22a - N-mss., DC: -sahitaiḥ

namaḥ kamala-kiñjalka-pīta-nirmala-vāsase /
mahâhava-ripu-skandha-ghṛṣṭa-cakrāya cakriṇe // 24 //
daṃṣṭrôddhṛta-kṣiti-bhṛte trayī-mūrtimate namaḥ /
mahā-yajña-varāhāya śeṣa-bhogôruśāyine // 25 //
tapta-hāṭaka-keśāya jvalat-pāvaka-locana /
vajrâdhika-nakha-sparśa divya-siṃha namo 'stu te // 26 // *
kāśyapāyâtihrasvāya ṛg-yajuḥ-sāma-bhūṣita /
tubhyaṃ vāmana-rūpāya sṛjate gāṃ namo namaḥ // 27 //
varāhâśeṣa-duṣṭāni sarva-pāpa-harāṇi vai /
marda marda mahā-daṃṣṭra marda marda ca tat-phalam // 28 //
narasiṃha karālâsya danta-prântânalôjjvala /
bhañja bhañja ninādena duṣṭāny asyârti-nāśana // 29 //
ṛg-yajuḥ-sāma-garbhābhir vāgbhir vāmana-rūpa-dhṛk /
praśamaṃ sarva-duḥkhāni nayatv asya janārdanaḥ // 30 //
ekâhikaṃ dvyāhikaṃ ca tathā tri-divasa-jvaram /
cāturthikaṃ tathâtyugraṃ tathâiva satata-jvaram // 31 //
doṣôtthaṃ saṃnipātôtthaṃ tathâivâgantukaṃ jvaram /
śamanaṃ yātu govinda chittvā chittvā tu vedanām // 32 //
netra-duḥkhaṃ śiro-duḥkhaṃ duḥkhaṃ côdara-saṃbhavam /
anucchvāsam atiśvāsaṃ paritāpaṃ savepathuṃ // 33 //
guda-ghrāṇâṃhri-rogāṃś ca kuṣṭha-rogaṃ tathā kṣayam /
kāmalâdīṃs tathā rogān pramehāṃś câtidāruṇān // 34 //
bhagaṃdarâtisārāṃś ca mukha-rogaṃ savartulim /
aśmarī-mūtra-kṛcchrāṃś ca rogān anyāṃś ca dāruṇān // 35 //

---

25a - N-mss.: -kṣitidhṛte

26a - N-mss.: -keśânta

*(22) insertion in B:
kapila hemâśvaśīrṣa atiriktavilocana /
vidyutsphuritadaṃṣṭrâgra divyasiṃha namo 'stu te /

27b - N2-6,9,DC: -bhūṣitaḥ; B: -bhāṣiṇe; N1: -rūpiṇe

32d - B: chindi chindy asya vedanām; N3,4,6,9: chinda chindâsya

33b - B: côdarasaṃbhavaṃ tu tat

34b - N3,4,6,9: câtidurdharān

35b - N1: -rogān sakarṇakān; N2: -rogān savarṇali; N3,4,6,9: -rogāṃś ca varṇulim

ye vāta-prabhavā rogā ye ca pitta-samudbhavāḥ /
kaphôdbhavāś ca ye kecid ye cânye sāṃnipātikāḥ // 36 //
āgantavaś ca ye rogā lūtā-visphoṭakâdayaḥ /
te sarve praśamaṃ yāntu vāsudevâpamārjitāḥ // 37 //
vilayaṃ yāntu te sarve viṣṇor uccāraṇena ca /
kṣayaṃ gacchantu câśeṣās te cakrâbhihatā hareḥ // 38 //
acyutânanta-govinda-nāmôccāraṇa-bheṣajāt /
naśyantu sakalā rogāḥ satyaṃ satyaṃ vadāmy aham // 39 //
sthāvaraṃ jaṅgamaṃ vâpi kṛtrimaṃ câpi yad viṣam /
dantôdbhavaṃ nakha-bhavam ākāśa-prabhavaṃ viṣam // 40 //
lūtâdi-prabhavaṃ yac ca viṣam atyanta-duḥkha-dam /
śamaṃ nayatu tat sarvaṃ kīrtito 'sya janārdanaḥ // 41 //
grahān prêta-grahāṃś caîva tathā vai ḍakinī-grahān /
vetālāṃś ca piśācāṃś ca gandharvān yakṣa-rākṣasān // 42 //
śakunī-pūtanâdyāṃś ca tathā vaināyaka-grahān /
mukhamaṇḍinikāṃ krūrāṃ revatīṃ vṛddharevatīm // 43 //
vṛddhikâkhyāṃ grahāṃś côgrān tathā mātṛ-grahān api /
bālasya viṣṇoḥ caritaṃ hantu bālagrahān imān // 44 //
vṛddhānāṃ ye grahāḥ kecid ye ca bālagrahāḥ kvacit /
narasiṃhasya te dṛṣṭyā dagdhā ye câpi yauvane // 45 //
saṭā-karāla-vadano narasiṃho mahā-ravaḥ /
grahān aśeṣān niḥśeṣān karotu jagato hitaṃ // 46 //
narasiṃha mahāsiṃha jvālā-mālôjjvalânana /
grahān aśeṣāṇ sarvêśa khāda khādâgni-locana // 47 //
ye rogā ye mahôtpātā yad viṣaṃ ye mahā-grahāḥ /
yāni ca krūra-bhūtāni graha-pīḍāś ca dāruṇāḥ /
śatra-kṣateṣu ye doṣā jvālā-gardabhakâdayaḥ // 48 // *

---

37a - D-mss.,B: āgantukāś

37d - D-mss.,N2,5: -âparājitāḥ

39b - N-mss.,B: -bhīṣitāḥ; DC: -bhāṣitāḥ

42cd-44ab - B: om.

43b - N-mss.: tathā caîvânyakagrahān
B: tathaîvânyakā

*(23) insertion in N1:
yāni căryāṇi bhūtāni prāṇipīḍākarāṇi vai /

tāni sarvāṇi sarvâtman paramâtman janārdana /
kiṃcid rūpaṃ samāsthāya vāsudeva vināśaya // 49 //
kṣiptvā sudarśanaṃ cakraṃ jvālā-mālaṃ vibhīṣaṇam /
sarva-duṣṭôpaśamanaṃ kuru devavarâcyuta // 50 // *(24)
sudarśana mahā-jvāla chindi chindi mamârayaḥ /
sarva-duṣṭāni rakṣāṃsi kṣapayâtivibhīṣaṇa // 51 // *(25)
prācyāṃ pratīcyāṃ ca diśi dakṣiṇôttaratas tathā /
rakṣāṃ karotu sarvâtmā narasiṃhaḥ svagarjitaiḥ // 52 //
bhūmy-antarikṣe ca tathā pṛṣṭhataḥ pārśvato 'grataḥ / *(26)
rakṣāṃ karotu bhagavān bahu-rūpī janārdanaḥ // 53 //
yathā viṣṇur jagat sarvaṃ sadevâsura-mānavam /
tena satyena duṣṭāni śamam asya vrajantu vai // 54 //
yathā viṣṇau smṛte samyak saṃkṣayaṃ yāti pātakam /
satyena tena sakalaṃ duṣṭam asya praśāmyatu // 55 //
paramâtmā yathā viṣṇur vedânteṣv abhidhīyate /
tena satyena sakalaṃ duṣṭam asya praśāmyatu // 56 //
yathā yajñeśvaro viṣṇur vedeṣv api tu gīyate /
tena satyena sakalaṃ yan mayôktaṃ tathâstu tat // 57 // *(27)
śāntir astu śivam câstu praśāmyatv asukhaṃ ca yat /
vāsudeva-śarīrôtthaiḥ kuśair nirmārjitaṃ mayā // 58 //

---

49d - N2,3,4,6,9: vāsudevâśu nāśaya

50a - N3,4,6,9: -mālā-vibhīṣaṇam

*(24,25) for insertions following in N1 s. appendix A

53b - N3,4,9: pārśvataḥ pṛṣṭhato

*(26) insertion in B:
vyāghrasiṃhavarāheṣu andi(?)corabhayeṣu ca /

54a - N1,B: -mānuṣam

55cd - B: tena satyena sakalaṃ yan mayôktaṃ tathâstu tat /

56b - N1,3-6,9: abhigīyate

56d-57c - DN,N6: om.

57d - DC: tathā stutam; B: duṣṭam asya praśāmyatu (=55d)

*(27) insertion in B:
yathā yajñêśvaro viṣṇur yajñânte api gīyate /
tena satyena sakalaṃ yan mayôktaṃ tathâstu tat /

58b - N1,2,3,5,6,9: praṇaśyatv; B: duṣṭam asya praśāmyatu

58d - N-mss.,B,DC: nirṇāṣitam

apâmārjati govindo naro nārāyaṇas tathā /
tavâstu sarva-duḥkhānāṃ praśamo vacanād dhareḥ // 59 // *(28)
śāntiṃ samasta-rogās te grahāḥ sarve viṣāṇi ca /
bhūtāni ca prayāntv īśe saṃsmṛte madhusūdane // 60 //
etat samasta-rogeṣu bhūta-graha-bhayeṣu ca /
apamārjanakaṃ śastaṃ viṣṇu-nāmâbhimantritam // 61 //
ete kuśā viṣṇu-śarīra-saṃbhavā
janārdano 'haṃ svayam eva câgataḥ /
hataṃ mayā duṣṭam aśeṣam asya
svastho bhavaty eṣa vaco yathā hareḥ // 62 //
śāntir astu śivaṃ câstu duṣṭam asya praśāmyatu /
yad asya duritaṃ kiṃcit tat kṣiptaṃ lavaṇârṇave // 63 //
svāsthyam asya sadâivâstu hṛṣīkeśasya kīrtanāt /
yata evâgataṃ pāpaṃ tatrâiva pratigacchatu // 64 //
etad rogâdi-pīḍāsu jantūnāṃ hitam icchatā /
viṣṇu-bhaktena kartavyam apamārjanakaṃ param // 65 //
anena sarva-duṣṭāni praśamaṃ yānty asaṃśayam /
sarva-bhūta-hitârthāya kuryāt tasmāt sadâiva hi // 66 // *(29)

// iti viṣṇudharmeṣu sarvabādhāpraśamanaṃ nāma //

---

*(28) insertion in N1, N5(in margin):
idaṃ śāstraṃ paṭhed yas tu saptâhan niyataḥ śuciḥ /

62c - one syllable missing!

*(29) for insertion following in N1 s. appendix A

Col. - N3,4,6,9: sattvavādhā- ; N2,5: 'iti' om., N5: sarvapāpaśamanaṃ nāma; DC (marginal gloss inserted after '-dharmeṣu'): apāmārjanaṃ; B: -dharme 'pamārjanakam; N1: -dharmeṣu pulastyadālbhyasaṃvāde viṣṇor apāmārjanakaṃ sarvabādhāpraśamanaṃ samāptam

## 29

dālbhya uvāca
surūpatā manuṣyāṇāṃ strīṇāṃ ca dvija-sattama /
karmaṇā jāyate yena tan mamâkhyātum arhasi // 1 //
surūpāṇāṃ sugātrāṇāṃ suveṣāṇāṃ tathā mune /
nyūnaṃ tathâdhikaṃ vâpi kiṃcid aṅgaṃ prajāyate // 2 //
samastaiḥ śobhanair aṅgair narāḥ kecit tathā dvija /
kāṇāḥ kubjāś ca jāyante sphuṭita-śravaṇās tathā // 3 //
narāṇāṃ yoṣitāṃ caîva samastâṅga-surūpatā /
karmaṇā yena bhavati tat sarvaṃ kathayâmala // 4 //
lāvaṇya-gati-vākyāni sati rūpe mahā-mate /
prayānti cārutāṃ rūpaṃ tenôktaḥ paramo guṇaḥ // 5 //
vākya-lāvaṇya-saṃskāra-vilāsa-lalitā gatiḥ /
viḍambanā kurūpāṇāṃ strī-puṃsām abhijāyate // 6 //
rūpa-kāraṇa-bhūtāya yateta matimāṃs tataḥ /
karmaṇā tan mamâcakṣva karma yac cāru-rūpa-dam // 7 //

pulastya uvāca
samyak pṛṣṭaṃ tvayā hîdam upavāsâśritaṃ dvija /
kathayāmi yathā prôktaṃ vasiṣṭhena mahâtmanā // 8 //
vasiṣṭham ṛṣim āsīnaṃ saptarṣi-pravaraṃ patim /
papracchârundhatī praśnaṃ yad etad bhavatā vayam // 9 //
tasyāḥ sa paripṛcchantyā jagāda muni-sattamaḥ /
yat tac chṛṇuṣva dharma-jña mamêha vadato 'khilam // 10 //

vasiṣṭha uvāca
śrūyatāṃ mama yat pṛṣṭas tvayâhaṃ brahma-vādini /
surūpatā nṛṇāṃ yena yoṣitāṃ côpajāyate // 11 //
anabhyarcya yathā-nyāyam anārādhya ca keśavam /
rūpâdikā guṇāḥ kecit prâpyante kena karmaṇā // 12 //
tasmād ārādhanīyo vai viṣṇur eva yaśasvini /
paratra prâptu-kāmena rūpa-saṃpat-sutâdikam // 13 //

---

7d - N1,2,5: karma cārusvarūpadam

13cd - N3,B: pāratrya-; DC: pāratryaṃ;
N1,5: rūpaṃ sarva-sukhâdikam

yas tu vāñchati dharma-jñe rūpaṃ sarvâṅga-śobhanam /
nakṣatra-puruṣas tena saṃpūjyaḥ puruṣôttamaḥ // 14 //
nakṣatrâṅgaṃ yathâhāraḥ samupôṣyati yo harim /
surūpair akhilâṅgaiś ca rūpavān abhijāyate // 15 //
yoṣitā ca paraṃ rūpam icchantyā jagataḥ patiḥ /
sa evârādhanīyo 'tra nakṣatrâṅgo janārdanaḥ // 16 //

arundhaty uvāca
nakṣatra-rūpī bhagavān pūjyate puruṣôttamaḥ /
mune yena vidhānena tan mamâkhyātum arhasi // 17 //

vasiṣṭha uvāca
caitra-māsaṃ samārabhya viṣṇoḥ pādâdi-pūjanam /
yathā kurvīta rūpârthī tan niśāmaya tattvataḥ // 18 //
nakṣatram ekam ekaṃ vai snātaḥ samyag upôṣitaḥ /
nakṣatra-puruṣasyâṅgaṃ pūjayet sādhvi cakriṇaḥ // 19 //
mūle pādau tathā jaṅghe rohiṇyām arcayec chubhe /
jānunī câśvinī-yoga āṣāḍhe côru-saṃjñite // 20 //
phālgunī-dvitaye guhyaṃ kṛttikāsu tathā kaṭim /
pārśve bhādrapada-yugme dve kukṣī revatīṣu ca // 21 //
anurādha uraḥ pṛṣṭhaṃ śraviṣṭhāsv abhipūjayet /
bhuja-yugmaṃ viśākhāsu haste caîva kara-dvayam // 22 //
punarvasāv aṅgulīṃś ca āśleṣāsu tathā nakhān /
jyeṣṭhāyāṃ pūjayed grīvaṃ śrāvaṇe śravaṇe tathā // 23 //
puṣye mukhaṃ tathā svātau daśanān abhipūjayet /
hanvau śatabhiśā-yoge maghā-yoge ca nāsikām // 24 //
mṛgôttamâṅge nayane pūjayed bhaktitaḥ śubhe /
citrā-yoge lalāṭaṃ ca bharaṇyāṃ ca tathā śiraḥ /
saṃpūjanīyā vidvadbhiś câdrāsu ca śiro-ruhāḥ // 25 //
nakṣatra-yogeṣv eteṣu pūjito jagataḥ patiḥ /
nakṣatra-puruṣâkhyo 'yaṃ yathāvat puruṣôttamaḥ // 26 //

---

16a - N1,5: evârādhanīyo 'sau; N2,3,DC: -rādhanīyo 'gre
20b - N-mss.,B: rohiṇīṣv
23a - D-mss. N2: punarvasuṃ phālgunī
24ab - B: om.
24c - N3: hanū
25cd - B: om.

pāpâpahāraṃ kurute samyac chraddhāvatāṃ satām /
aṅgôpâṅgāni caîvâsya pāpâdīni yaśasvini // 27 //
surūpāṇy abhijāyante sapta janmântarāṇi vai /
sarvāṇi caîva bhadrāṇi śarīrârogyam uttamam // 28 //
saṃtatiṃ manasaḥ prītiṃ rūpaṃ câtîva-śobhanam /
vāṅ-mādhūryaṃ tathā kāntiṃ yac cânyad abhivāñchitam // 29 //
dadāti nakṣatra-pumān pūjitaś ca janārdanaḥ /
upôṣya samyag eteṣu krameṇa ṛkṣeṣu śobhane // 30 //
saṃpūjanīyo bhagavān nakṣatrâṅgo janārdanaḥ / *
prati nakṣatra-yoge ca bhojanīyā dvijôttamāḥ // 31 //
nakṣatra-jñāya viprāya dadyād dānaṃ ca śaktitaḥ /
pārite ca punar dadyāt strī-pūṃsāṃ cāru-hāsini // 32 //
chattrôpānad-yugaṃ caîva sapta-dhānyaṃ sakāñcanam /
ghṛta-pātraṃ ca dharma-jñe yac cânyad ativallabham // 33 //
strī vā sādhvī sadā viṣṇor ārādhana-parâyaṇā /
anenaîva vidhānena saṃpūjyaîtad avâpnuyāt // 34 //

// iti viṣṇudharmeṣu nakṣatrapuruṣavrataṃ nāma //

---

29d - DB,DL,DN,N2: kīrtiṃ yac; N-mss.,B: abhivāñchati

*(30) insertion in B:
gandhapuṣpâdisaṃyuktaṃ pūjayitvā yathāvidhi /
jānubhyāṃ dharaṇīṃ gatvā idaṃ côdāharet tataḥ /
svarūpam ārogyam atîva varcasaṃ
susaṃtatiṃ tv asthitabhaktim acyutām /
api sarvam etaṃ prôtaṃ sūtre maṇigaṇā iva /
ekapuruṣa mahāpuruṣa ṛkṣapuruṣa namo 'stu te (!) /

31d - B: bhojanīyo dvijôttamaḥ

Col. - N1: 'nāma' om.; N2,5: -puruṣaḥ / ;
N3,6: -puruṣapūjā

30

dālbhya uvāca

sarva-kāmān avâpnoti samārādhya janārdanam /
prakārair bahubhir brahman yān yān icchati cetasā // 1 //
nṛṇāṃ strīṇāṃ ca viprarṣe nânyac chokasya kāraṇam /
apatyād adhikaṃ kiṃcid vidyate hy atra janmani // 2 //
aputratā mahad duḥkham atiduḥkham kuputratā /
aputraḥ sarva-duḥkhānāṃ hetu-bhūto mato mama // 3 //
dhanyās te ye sutaṃ prâpya sarva-duḥkha-vivarjitāḥ /
śastaṃ praśāntaṃ balinaṃ parāṃ nirvṛtim āgatāḥ // 4 //
svakarma-nirataṃ nityaṃ deva-dvija-parâyaṇam /
śāstra-jñaṃ dharma-tattva-jñaṃ dīnânātha-janâśrayam // 5 //
vinirjitâriṃ sarvasya mano-hṛdaya-nandanam /
devânukūlatā-yuktaṃ yuktaṃ samyag guṇena ca // 6 //
mitra-svajana-sammāna-labdha-nirvāṇam uttamam /
yaḥ prâpnoti sutaṃ tasmān nânyo dhanyataro bhuvi // 7 //
so 'ham icchāmi tac chrotuṃ tvattaḥ karma mahāmune /
yenêdṛg-lakṣaṇaḥ putraḥ prâpyate bhuvi mānavaiḥ // 8 //

pulastya uvāca

evam etan mahābhāga pitroḥ putra-samudbhavam /
duḥkhaṃ prayāty upaśamaṃ tena yenêha kenacit // 9 //
atrâpi śrūyatāṃ vṛttaṃ yat pūrvam abhavan mune /
utpattau kārtavīryasya haihayasya mahâtmanaḥ // 10 //
kṛtavīryo mahīpālo haihayānām abhūt purā /
tasya śīladhanā nāma babhūva vara-varṇinī /
patnī sahasra-pravarā mahiṣī śīla-maṇḍanā // 11 //

---

2c - B: anapatyâdikaṃ
3b - B: kuputratâtiduḥkhataḥ
3c - DB,DL,DN: kuputraḥ; DC,N2: satputraḥ
4b - N1,5: bandha-duḥkha-, N1 corr. corresponding to other mss.; N1,2,3,6,DC: -vivarjitaṃ
6d - D-mss.: saṃyuktaṃ sadguṇena ca
7cd - B: ye 'pnuvanti sutaṃ te 'nyo dhanyo dhanyataro bhuvi
9d - N1,5: kasyacit; B: karmaṇā
11ef - B: om.

sā tv aputrā mahābhāga maitreyīṃ paryapṛcchata /
guṇavat-putra-lābhāya kṛtâsana-parigrahām // 12 //
tayā ca pṛṣṭā vai samyag maitreyī brahma-vādinī /
kathayām āsa paramaṃ nāmnânanta-vrataṃ vratam // 13 //
sarva-kāma-phalâvâpti-kārakaṃ pāpa-nāśanam /
tasyāḥ sā putra-lābhāya rāja-putryās tapasvinī // 14 //

maitreyy uvāca
yo 'yam icchen naraḥ kāmaṃ nārī vā varavarṇini /
sa taṃ samārādhya vibhuṃ samāpnoti janārdanam // 15 //
mārgaśīrṣe mṛgaśiro bhīru yasmin dine bhavet /
tasmin saṃprâśya go-mūtraṃ snāto niyata-mānasaḥ // 16 //
puṣpair dhūpais tathā gandhair upahāraiḥ svaśaktitaḥ /
vāma-pādam anantasya pūjayed vara-varṇini // 17 //
anantaḥ sarva-kāmānām anantaṃ bhagavān phalam /
dadāty anantaṃ ca punas tad evâstv anya-janmani // 18 //
ananta-puṇyôpacayaṃ karoty etan mahā-vratam /
yathâbhilaṣitâvâptiṃ kurvan mā kṣayam etu ca // 19 //
ity uccāryâbhipūjyâinaṃ yathāvad vidhinā naraḥ /
samāhita-manā bhūtvā praṇipāta-puraḥsaram // 20 //
viprāya dakṣiṇāṃ dadyād anantaḥ prīyatām iti /
samuccārya tato naktaṃ bhuñjīyāt taila-varjitam // 21 //
tataś ca pauṣye puṣyarkṣe tathâiva bhagavat-kaṭim /
vāmām abhyarcayet kṛtvā go-mūtra-prâśanaṃ budhaḥ // 22 //
anantaḥ sarva-kāmānām iti côccārayed budhaḥ /
bhojayec ca tathā vipraṃ vācayitvā yathā-vidhi // 23 // *
māghe maghāsu tadvac ca bāhuṃ devasya pūjayet /
skandhaṃ ca phālgunī-yoge phālgune māsi bhāmini // 24 //
caturṣv eteṣu go-mūtra-prâśanaṃ nṛpa-nandini /
brāhmaṇāya tathā dadyāt tilān kanakam eva ca // 25 //

---

12-13ab - B: om.

16b - B: ṛkṣaṃ yasmin

18d - B: kāmāṃs tv anya-

19d - DB,DL,DN: kurvan mokṣaṃ prayacchatu; N5: kuruṣvâkṣayam eva ca; B: kurvan māsacatuṣṭayam

23c - N3,6: bhuñjīta; B: viprān

*(31) insertion in B:
brāhmaṇāya tathā dadyāt tilān kanakam eva ca /
(=25cd)

devasya dakṣiṇa-skandhaṃ caitre citrāsu pūjayet /
tathâiva prâśanaṃ câtra pañca-gavyam udāhṛtam // 26 //
vipre vācanake dadyād yavān māsa-catuṣṭayam /
vaiśākhe ca viśākhāsu bāhuṃ saṃpūjya dakṣiṇam // 27 //
tathâivôkta - yavān dadyāt tadvan naktaṃ bhuji-kriyā /
kaṭi-pūjāṃ ca jyeṣṭhāsu jyeṣṭha-mūle śubha-vrate // 28 //
āṣāḍhāsu tathâṣāḍhe kuryāt pādârcanaṃ śubhe /
pada-dvayaṃ ca śravaṇe śrāvaṇe subhru pūjayet // 29 //
ghṛtaṃ viprāya dātavyaṃ prâśanīyaṃ tathā dadhi /
kārttikânteṣu māseṣu prâśanaṃ dānam eva ca /
etad eva samākhyātaṃ devaṃ tadvac ca pūjayet // 30 //
guhyaṃ prôṣṭhapadā-yoge māsi bhādrapade 'rcayet /
tadvad āśvayuje pūjyaṃ hṛdayaṃ câśvinīṣu vai // 31 //
kuryāt samāhita-manāḥ snāna-prâśana-śaucavān /
ananta-śirasaḥ pūjāṃ kārttike kṛttikāsu ca // 32 //
yasmin yasmin dine pūjā tatra tatra tadā dine /
nāmânantasya japtavyaṃ kṣuta-praskhalitâdiṣu // 33 //
ghṛtenânantam uddiśya pūrva-māsa-catuṣṭayam /
kurvīta homaṃ caitrâdau śālinā kula-nandini // 34 //
kṣīreṇa śrāvaṇâdau tu homaṃ māsa-catuṣṭayam /
śastaṃ tu sarva-māseṣu haviṣyânnaṃ ca bhojanam // 35 //
evaṃ dvādaśabhir māsaiḥ pāraṇaṃ tritayaṃ śubhe / *
pārite samavâpnoti sarvān eva mano-rathān // 36 //
putrârthibhir vitta-kāmair bhṛtya-dārān abhîpsubhiḥ /
prârthayadbhiś ca kartavyam ārogya-bala-saṃpadaḥ // 37 //

---

27ab - B: viprāya kanakaṃ dadyād yāvan māsa-
28b - B: tad annaṃ ca bhujikriyāṃ
29a - N-mss.: āṣāḍheṣu
30c - N1,5: kārttike kṛttikânteṣu; N2,DC: kārttikeṣu ca
31c - N3,6: pūjāṃ; N1,5: pūjā
34c - all mss. except B: caitrâdi

*(32) insertion in B:
etad eva samākhyātaṃ devaṃ tadvac ca pūjayet /
( = 30ef )

37a - B: putrârthavittakāmais tu

etad vrataṃ mahā-bhāge puṇyaṃ svastyayana-pradam /
ananta-vrata-saṃjñaṃ vai sarva-pāpa-praṇāśanam // 38 //
tat kuruṣvâiva devi tvaṃ vrataṃ śīladhane varam /
viśiṣṭaṃ sarva-lokasya yadi putram abhîpsasi // 39 //

pulastya uvāca
iti śīladhanā śrutvā maitreyī-vacanaṃ śubham /
cacārâitad vrata-varaṃ susamāhita-mānasā // 40 //
putrârthinyās tatas tasyā vratenânena suvrata /
viṣṇus tutoṣa tuṣṭe ca viṣṇau sā suṣuve sutam // 41 //
tasya vai jāta-mātrasya pravavāv anilaḥ śivaḥ /
nī-rajaskam abhūd vyoma mudaṃ prâpâkhilaṃ jagat // 42 //
deva-dundubhayo neduḥ puṣpa-vṛṣṭiḥ papāta ca /
prajagur divi gandharvā nanṛtuś câpsaro-gaṇāḥ /
dharme manaḥ samastasya dālbhya lokasya câbhavat // 43 //
tasya nāma pitā cakre tanayasyârjunêti vai /
kṛtavīrya-sutatvāc ca kārtavīryo babhūva saḥ // 44 //
tenâpi bhagavān viṣṇur dattātreya-svarūpavān /
ārādhito 'timahatā tapasā dālbhya bhū-bhṛtā // 45 //
tasya tuṣṭo jagannāthaś cakra-varti-tvam uttamam /
dadau śaurya-bale câti-sakalāny āyudhāni ca // 46 //
sa ca vavre varaṃ deva vadhas tvatto bhaved iti /
purânusmaraṇaṃ jñānaṃ bhūtānāṃ cârti-nāśanam /
smaraṇād upakāritvaṃ jagato 'sya jagatpate // 47 //
tam āha devadevêśaḥ puṇḍarīka-nibhêkṣaṇaḥ /
sarvam etan mahā-bhāga tava bhūpa bhaviṣyati // 48 //
yaś ca prabhāte rātrau ca tvāṃ naraḥ kīrtayiṣyati /
namo 'stu kārtavīryāyêty abhidhāsyati câiva yaḥ /
tila-prastha-pradānasya sa naraḥ puṇyam āpsyati // 49 //
anaṣṭa-dravyatā câiva tava nāmâbhikīrtanaiḥ /
bhaviṣyati mahī-pālêty uktvā taṃ prayayau hariḥ // 50 //

---

38b - B: puṇyaṃ ca tanaya-pradam

39ab - B: kuruṣvâitad; N1,3,5,6: param

47ab - N2: vadho deva mama tvatto bhaved iti; DB,DL,DN,N6: deva mama tvatto

49f - B: naraḥ puṇyam avâpsyati

sa câpi varam āsādya prasannād garuḍa-dhvajāt /
pālayām āsa bhū-pālaḥ sapta-dvīpāṃ vasuṃ-dharām // 51 //
tenêṣṭaṃ vividhair yajñaiḥ samāpta-vara-dakṣiṇaiḥ /
jitvâri-vargam akhilaṃ dharmataḥ pālitāḥ prajāḥ // 52 //
ananta-vrata-māhâtmyād āsādya tanayaṃ ca tam /
pitroḥ putrôdbhavaṃ duḥkhaṃ nâsīt svalpam api dvija // 53 //
evam etat samākhyātam anantâkhyaṃ vrataṃ tava /
yac cīrtvā rāja-patnī sā kārtavīryam asūyata // 54 //
yaś caîtac chṛṇuyāj janma kārtavīryasya mānavaḥ /
strī vā duḥkham apatyôtthaṃ sapta janmāni nâśnute // 55 //

// iti viṣṇudharmeṣu anantavrataṃ nāma //

---

51b - all mss. except B: prasanna-

53b - D-mss.,N1,5: tanayaṃ ca tat

Col. - N2,5: 'iti' om.; N1,2,5: 'nāma' om.; N3,6: nāmâkhyam; B: -dharme anantavratakalpaḥ

31

dālbhya uvāca
rūpa-saṃpat samākhyātā strī-puṃsāṃ jāyate śubhā /
samupôṣya jagannāthaṃ nakṣatra-puruṣaṃ harim // 1 //
vāso-'tiśobhanaṃ cāru-vastrâdy-ābharaṇôjjvalam /
gṛhaṃ sarva-guṇôpêtam aśeṣôpaskarânvitam // 2 //
karmaṇā yena viprarṣe toṣito madhusūdanaḥ /
dadāti bhagavan karma tan no vistarato vada // 3 //

pulastya uvāca
yan māṃ pṛcchasi dālbhya tvaṃ gṛhôpaskara-bhūṣaṇam /
narāṇāṃ jāyate yena tat sarvaṃ kathayāmi te // 4 //
nandā bhadrā jayā riktā pūrṇā ca dvija-sattama /
tithayo vai samākhyātāḥ pratipat-krama-saṃjñayā // 5 //
pañcamī daśamī caîva tathā pañca-daśī tithiḥ /
pūrṇā etāḥ samākhyātās tithayo muni-sattama // 6 //
mṛdā dhātu-vikārair vā varṇakair go-mayena vā /
viṣṇor āyatane tāsu yaḥ karoty upalepanam // 7 //
pravātâvāta-guṇavad varṣāsv atimanoramam /
anuliptaṃ śubhâkāraṃ sugṛhaṃ labhate mune // 8 //
pūrṇaṃ dhānya-hiraṇyâdyair maṇi-muktā-phalôjjvalam /
pratyāsanna-jalâbhogaṃ gṛham āpnoti śobhanam // 9 //
sāmanta-sva-janānāṃ ca sarveṣām uttamôttamam /
tad āpnoti gṛhaṃ brahman anulepanakṛn naraḥ // 10 //
yenôpalipte tiṣṭhanti viṣṇv-āyatana-bhū-tale /
brāhmaṇāḥ kṣatriyā vaiśyāḥ śūdrāḥ sādhvyas tathā striyaḥ /
tasya puṇya-phalaṃ dālbhya śrūyatāṃ yat prajāyate // 11 //
apsaro-gaṇa-saṃkīrṇaṃ muktâhāra-gaṇôjjvalam /
śreṣṭhaṃ sarva-vimānānāṃ svarge dhiṣṇyam avâpnute // 12 //
yāvatyas tithayo liptaṃ divyâbdās tāvato dvija /
tasmin vimāne sa naraḥ strī vā tiṣṭhati sattama // 13 //

---

8a - DB,DL,DN: praśāntavāta-; B: purato 'thavā guṇavad
8cd-10 - B: om.
11c - N-mss.,DC: brāhmaṇaḥ kṣatriyaḥ vaiśyaḥ

sugandha-gandha-sadvastra-sarva-bhūṣaṇa-bhūṣitaḥ /
gandharvâpsarasāṃ saṃghaiḥ pūjyamānaḥ sa tiṣṭhati // 14 //
liptaṃ ca yāvato hastān viṣṇor āyatanaṃ dvija /
tāvad-yojana-vistīrṇa-svarga-sthānâdhipo hi saḥ // 15 //
pūjyamānaḥ sura-gaṇaiḥ śītôṣṇâdi-vivarjitaḥ /
manojña-gātro viprêndras tiṣṭhaty astâgha-saṃhatiḥ // 16 //
cyutas tasmād ihâgamya viśiṣṭe jāyate kule /
tato 'sya sad-gṛha-varaṃ martya-loke 'bhijāyate // 17 //
na tatra tāvad dāridryaṃ nôpasargā na vā kaliḥ /
na câpi mṛta-niṣkrāntir yāvaj jīvaty asau dvija // 18 //
viṣṇuḥ samasta-bhūtāni sasarjaîtāni yāni vai /
teṣāṃ madhye jagaddhātur aticeṣṭā vasuṃdharā // 19 //
kṛte saṃmārjane tasyās tathaîvôparilepane /
prayāti paramaṃ toṣaṃ vaiṣṇavīyaṃ mahī yataḥ // 20 //

dālbhya uvāca
brahman yena vidhānena devâgārôpalepanam /
kartavyaṃ puruṣaiḥ samyak strībhir vā tad udīraya // 21 //

pulastya uvāca
riktāyās tu tither madhye kuryāt saṃkalpam ātmanaḥ /
upalepana-kṛd vipro viṣṇor āyatane bhuvi // 22 //
dvitīye 'hni tato devaṃ praṇamya yata-mānasaḥ /
dharaṇī-pitaraṃ viṣṇum idaṃ vākyam udīrayet // 23 //
tvaṃ sarva-bhūta-prabhavo jagatpate
tvayy etad īśêśa jagat pratiṣṭhitam /
tvam eva bhūtāni yatas tato 'haṃ
tvāṃ pūjayāmy adya mahī-svarūpam // 24 //
tvaṃ mahī jagatāṃ nātha sarva-nātha namo 'stu te /
suśrūṣitaḥ prasīdêśa bhuvo lepana-karmaṇā // 25 //

---

14a - N1,2: -sragvastra-
15a - N1,2,3,9: hastā; DB,DL,DN: hastān
15d - DB,DL,DN: svargyaṃ sthānaṃ prayāti saḥ
16d - D-mss.,N2: astrâdy-asaṃhatiḥ; B: anaghasaṃhatiḥ
20d - D-mss.,B: mahīyate
25c - N1,2,5: prasādena

ity uccārya kṣitau kṣiptvā prathamaṃ dharaṇī-tale /
puṣpāṇi vā dvija-śreṣṭha yaḥ karoty upalepanam /
na tasya jāyate bhaṅgo gārha-sthyasya kadācana // 26 //
yā ca nārī karoty evaṃ yathāvad anulepanam /
nâpnoti sā ca vaidhavyaṃ gṛha-bhaṅgaṃ kadācana // 27 //
kṛtvôpalepanaṃ bhūyaḥ praṇipatya janārdanam /
snāto viṣṇuṃ samabhyarcya idaṃ vākyam udīrayet // 28 //
prasīda bhū-dharânanta mayā yad upalepanam /
kṛtaṃ tena samastaṃ me nāśam abhyetu pātakam // 29 //
evaṃ saṃpūjya bhuñjīyād aparâhne dvijôttama /
svanulipte mahībhāge bhuktvā limpec ca tat punaḥ // 30 //
pakṣe pakṣe trirātraṃ tu yaḥ karoty upalepanam /
sarva-pāpa-vinirmuktaḥ svargaṃ gacchaty asaṃśayam // 31 //
tat-kṣayāt svarga-loke tu jāto gṛha-varaṃ yathā /
samāpnoti yathâkhyātaṃ tat sarvaṃ tava sattama // 32 //
sarvâbharaṇa-saṃpūrṇaṃ sarvôpaskara-dhānyavat /
go-mahiṣy-ādi-saṃbhogaṃ gṛham āpnoti mānavaḥ // 33 //
tasmād abhîpsatā samyag gārhasthyam avikhaṇḍitam /
viṣṇor āyatane kāryaṃ sarvadaîvôpalepanam // 34 // *
alpôpalepanād yasya māndhātā sakalāṃ mahīm /
avâpa viṣṇv-āyatanaṃ nôpalimpeta ko hi tat // 35 //

// iti viṣṇudharmeṣu devagṛhalepanavidhiḥ //

---

26a - N-mss.: kṣatāṃ
26d - N1,2,3,5: anulepanam
32c - N1,5: mayâkhyātam
33a - N2,B: sarvâbharaṇapūrṇâṅgam
34b - DB,DL,DN: sampad gṛhastham avināḍitam

*(33) insertion in N1(in margin), N3,6,9:
saptadvīpavatīṃ kṛtsnāṃ yathêndras tridivaṃ tathā /

Col. - N2,5: 'iti' om.; N1,2,5: -lepanam; D-mss.:-vidhir nāma; B,N7: dharme(ṣu) upalepanamāhâtmyam

32

pulastya uvāca
dīpaṃ prayacchati naro viṣṇor āyatane hi yaḥ /
sadakṣiṇasya yajñasya phalaṃ prâpnoty asaṃśayaḥ // 1 //
kārttike tu viśeṣeṇa kaumude māsi dīpakam /
dattvā yat phalaṃ āpnoti dālbhya tat tena labhyate // 2 //
dālbhyânyad api vakṣyāmi purā-vṛttam idaṃ śṛṇu /
vidarbha-rāja-tanayā lalitā yad uvāca ha // 3 //

vidarbha-rāṭ citraratho babhūvâstra-viśāradaḥ /
tasya putra-śataṃ rājño jajñe pañca-daśôttaram // 4 //
ekâiva kanyā dālbhyâsīl lalitā nāma-nāmataḥ /
sarva-lakṣaṇa-saṃpūrṇā bhrātṝṇāṃ pitur eva ca // 5 //
samasta-bhṛtya-vargasya mātṝṇāṃ svajanasya ca /
tathâiva paura-vargasya yaś cânyo dadṛśe śubhām /
tasya tasyâticārv-aṅgī babhūvêṣṭā dvijottama // 6 //
tāṃ dadau kāśi-rājāya saḥ pitā cāruvarmane /
upayeme ca tāṃ subhrūṃ cāruvarmā mahī-patiḥ // 7 //
śatāny anyāni bhāryāṇāṃ trīṇy āsan cāruvarmaṇaḥ /
tāsāṃ madhye 'gra-mahiṣī lalitā tasya câbhavat // 8 //
sā ca nityaṃ jagad-dhātur devadevasya cakriṇaḥ /
dīpa-varti-parā tadvat tailasyâharaṇôdyatā // 9 //
viṣṇor āyatane tasyāḥ sahasraṃ dvija-sattama /
dīpānāṃ vai prajajvāla divā-rātrim atandritam // 10 //
tasyā dyuti-parā-bhūtās tasyā lāvaṇya-nirjitāḥ /
sarvāḥ sapatnyo lalitāṃ papracchur idam āditaḥ // 11 //

sapatnya ūcuḥ
lalite vada bhadraṃ te bhadraṃ te lalite vada /
kautūhala-parāḥ sarvā yat pṛcchāmas tad ucyatām // 12 //

---

4b - D-mss.: babhūvârtha-
9d - N1,2,5,B: tailâdyāha-
10a - N2,5,B,DC: pradīpānāṃ prajajvāla

lalitôvāca
viṣaye sati vaktavyaṃ yan mayā tad ihôcyatām /
nâhaṃ mat-sariṇī bhadrā na ca rāgâdi-dūṣitā // 13 //
bhavatyo mama sarvāsāṃ bhavatīnām ahaṃ tathā /
apṛthag-bhartṛ-sāmānyā deva-lokâbhikāmukāḥ // 14 // *

sapatnya ūcuḥ
na tathā puṣpa-dhūpeṣu na tathā dvija-pūjane /
prayatnaṃ tava paśyāmo viṣṇor āyatane śubhe // 15 //
yathâhani tathā rātrau yathā rātrau tathâhani /
tava dīpa-pradānāya yathā subhru sadôdyamaḥ // 16 //
tad etat kathayâsmākaṃ lalite kautukaṃ param /
manyāmo dīpa-dānasya bhavatyā viditaṃ phalam // 17 //

pulastya uvāca
evam uktā tatas tābhir lalitā lalitaṃ vacaḥ /
vyājahāra sapatnīs tā na kiṃcid api bhāminī // 18 //
punaḥ punaś ca sā tābhir bahuśo dālbhya coditā /
dākṣiṇya-sārā lalitā kathayām āsa bhāminī // 19 //

kautukaṃ bhavatīnāṃ ced atîvâlpe 'pi vastuni /
tad eṣā kathayāmy etad yad vṛttaṃ mama śobhanāḥ // 20 //
sauvīra-rājasya purā maitreyo 'bhūt purohitaḥ /
tena câyatanaṃ viṣṇoḥ kāritaṃ devikā-taṭe // 21 //
ahany ahani śuśrūṣāṃ puṣpa-dhūpôpalepanaiḥ /
dīpa-dānâdibhiś caîva cakre tatra sa vai dvijaḥ // 22 //
kārttike dīpako brahman pradattas tena vai tadā /
āsīn nirvāṇa-bhūyiṣṭho devârcā-purato niśi // 23 //
devatâyatane câsaṃ tatrâham api mūṣikā /
pradīpa-varti-haraṇe kṛta-buddhir varânanāḥ // 24 //
gṛhītā ca mayā vartir vṛṣa-daṃśo nanāda ca /
naṣṭā câhaṃ tadā tasya mārjārasya bhayāturā // 25 //

---

15d - N1,2,5: -lokâbhigāmikāḥ

*(34) insertion in N3,6:
pūrvaṃ yūyam ahaṃ caîva bhavatīnāṃ sadharmiṇī /

23b - N1,2,5: tena caîkadā

23d - N1,2,5: devârcanapuro

varti-prântena naśyantyā sa dīpaḥ prêrito mayā /
jajvāla pūrvavad dīptyā tasminn āyatane punaḥ // 26 //
mṛtâhaṃ ca tato jātā vaidarbhī rāja-kanyakā /
jāti-smarā kāntimatī bhavatīnāṃ samā guṇaiḥ // 27 //
eṣaḥ prabhāvo dīpasya kārttike māsi śobhanāḥ /
dattasya viṣṇv-āyatane yasyêyaṃ vyuṣṭir uttamā // 28 //
asaṃkalpitam apy asya prêraṇaṃ yat kṛtaṃ mayā /
viṣṇv-āyatana-dīpasya yasyêdaṃ bhujyate phalam // 29 //
lobhâbhibhūtā hartuṃ taṃ pradīpam aham āgatā /
avaśenâiva tad-vartyā prêraṇaṃ tatra me kṛtam // 30 //
tato jāti-smṛtir janma mānuṣyaṃ śobhanaṃ vapuḥ /
vaśyaḥ patiḥ pṛthivîśaḥ kiṃ punar dīpa-dāyinām // 31 //
etasmāt kāraṇād dīpān aham etān ahar-niśam /
prayacchāmi harer dhāmni jñātam asya hi yat phalam // 32 //
bhavatīnām idaṃ satyaṃ mayôktaṃ keśavâlaye /
mūṣikatvād ahaṃ yena karmaṇā siddhim āgatā // 33 //

pulastya uvāca
eṣa prabhāvo dīpasya kārttike māsi sattama /
viṣṇv-āyatana-dattasya jagāda lalitā yathā // 34 //
dine dine jagannātha keśavêti samāhitaḥ /
dadāti kārttike yas tu viṣṇv-āyatana-dīpakam // 35 //
jāti-smaratvaṃ prajñāṃ ca prākāśyaṃ sarva-vastuṣu /
avyāhatêndriyatvaṃ ca saṃprâpnoti na saṃśayaḥ // 36 //
śeṣa-kāle ca cakṣuṣmān medhāvī dīpa-do naraḥ /
jāyate narakaṃ vâpi tamaḥ-saṃjñaṃ na paśyati // 37 //
ekādaśīṃ dvādaśīṃ vā pratipakṣaṃ ca yo naraḥ /
dīpaṃ dadāti kṛṣṇāya tasyâpi śṛṇu yat phalam // 38 //
suvarṇa-maṇi-muktâḍhyaṃ mano-jñam atiśobhanam /
dīpa-mālâkulaṃ divyaṃ vimānaṃ so 'dhirohati // 39 //

---

30cd - D-mss.: avaśena ca sadvarṇāḥ pravanaṃ
31c - N2,3,5,6,B: pṛthivyeśaḥ; D-mss.: pṛṣivyeṣṭaḥ
32a - D-mss.: tat tasmāt

tasmād āyatane viṣṇor dadyād dīpaṃ dvijôttama /
tāṃś ca dattān na hiṃseta na ca taila-viyojitān /
kurvīta dīpa-hartā tu mūko 'ndho jāyate yataḥ // 40 // *

andhe tamasi duṣpāre narake patitān kila /
vikrośamānān kṣut-kṣāmān jagāda yama-kiṃkaraḥ // 41 //
vilāpair alam atrâpi kiṃ vo vilapite phalam /
yadā pramādibhiḥ pūrvam ātmâtyantam upêkṣitaḥ // 42 //
pūrvam ālocitaṃ naîtat kim apy ante bhaviṣyati /
idānīṃ yātanā-bhogaḥ kiṃ vilāpaḥ kariṣyati // 43 //
dehā dināni svalpāni viṣayāś câtidurdharāḥ /
etat ko na vijānāti yena yūyaṃ pramādinaḥ // 44 //
jantu-janma-sahasrebhya etasmin mānuṣyo yadi /
tatrâpy ativimūḍhatvāt kiṃ bhogān abhidhāvati // 45 //
viruddha-viṣayâsvāda-muditair hasitaṃ ca yat /
bhavadbhir āgataṃ duḥkhaṃ vilāpa-pariṇāmikam // 46 //
adya-kālikayā buddhyā yad āgāmi na cintitam /
paritāpāya taj jātaṃ duḥkhaṃ karma-vipāka-jam // 47 //
svalpam āyur manuṣyāṇāṃ tad-ante para-tantratā /
bhujyate ca kṛtaṃ pūrvam etat kiṃ vo na cintitam // 48 //
yad abhūt para-dāreṣu prītaye 'ṅga-kucâdikam /
yātanā-duḥkha-rūpāya narake ca tad āgatam // 49 //
para-dāra-mano-hāri yad bhavadbhir agīyata /
hā māta ity-ādi rutaṃ tad idānīṃ vilapyate // 50 //
saṃdigdha-para-lokānām aihike nihatâtmanām /
mṛtānāṃ svakṛtaṃ karma paścāt-tāpāya kevalam // 51 //
muhūrtârdha-sukhâsvāda-lubdhānām akṛtâtmanām /
aneka-varṣa-koṭīṣu duḥkha-daṃ karma jāyate // 52 //

---

*(35) insertion in B:
jāyate narakaṃ câpi tapaḥ-saṃjñaṃ sa paśyati /
42a - B: vivādair alam evâtra
44a - N2: dehān idānīm; N1,5: deho; DB,DL: dehāvinyatisv-
47c - D-mss.,N1,5: taj jñātam
49c - N3,6: yātanā-rūpi-duḥkhāya; B: -rūpa-duḥkhāya
51d - N1,2,5,B: -tāpāya jāyate
52 - B: om.

hā mātas tāta tātêti bhavadbhiḥ kiṃ vilapyate /
śubhâśubhaṃ nijaṃ karma tad adya hy atra bhujyate // 53 //
putra-dāra-gṛha-kṣetra-hitāya satatôdyatāḥ /
na kurvanti kathaṃ mūḍhāḥ svalpam apy ātmano hitam // 54 //
vañcito 'sau mayā labdham idam asmād upâyataḥ // 55 //
na vetti kaścid ātmârthaṃ vetti prakramato naraḥ // 56 //
na vetti sūrya-candrâdīn kālam ātmānam eva ca /
sâkṣī-bhūtān aśeṣasya śubhasyêhâśubhasya ca // 57 //
janmāny anyāni jāyante putra-dārâdi dehinām /
tad-arthaṃ yat kṛtaṃ karma tasya janma-śatāni tat // 58 //
aho mohasya māhâtmyaṃ mama-tvaṃ narakeṣv api /
krandate mātaraṃ tātaṃ pīḍyamāno 'pi yat svayam // 59 //
evam ākṛṣṭa-cittānāṃ viṣayâsvāda-tarṣulaiḥ /
nṛṇāṃ na jāyate buddhiḥ paramârthâvalokinī /
tathā ca viṣayâsaktiṃ karoty aviratam manaḥ // 60 //
ko 'tibhāro harer nāmni jihvāyāḥ parikīrtane // 61 //
varti-taile 'lpa-maulye 'pi yad agnir labhyate mudhā /
ato 'dhikataro lobhaḥ ko vaś citte 'bhavat tadā // 62 //
yenâyaṃ teṣu hasteṣu svātantrye sati dīpakaḥ /
mahā-phalo viṣṇu-gṛhe na datto narakâpahaḥ // 63 //
na vo vilapite kiṃcid idānīṃ dṛśyate phalam /
asvātantrye vilapatāṃ svātantrye 'tipramādinām // 64 //
avaśyaṃ-pātinaḥ prāṇā bhoktā jīvo hy ahar-niśam /
dattaṃ ca labhate bhoktā samaye viṣayān iti // 65 //
etat svātantryavadbhir vo yuktam āsīt parîkṣitum /
idānīṃ kiṃ vilāpena sahadhvaṃ yad upâgatam // 66 //
yady etad anabhîṣṭaṃ vo yad duḥkhaṃ samupasthitam /
tad bhūyo 'pi matiḥ pāpe na kartavyā kathaṃcana // 67 //

---

53d - N-mss.,B,DC: tair apy anyatra bhujyate
55b - DB,DL,DN: upâhitaḥ
56ab - N1,2,5,B: ātmānaṃ
59c - N1,5: kurvate māta tātêti
60e - N3,6: viṣayâsaṅge; N1,5: -âsaṅgā
65a - N1,2,B: avaśyaṃ prāṇinaḥ
65d - N1,2,5: viṣayânvitam

kṛte 'pi pāpake karmaṇy ajñānād agha-nāśanam /
kartavyam avyavasthitaṃ smaradbhir madhusūdanam // 68 //

pulastya uvāca
nārakās tad-vacaḥ śrutvā tam ūcur atiduḥkhitāḥ /
kṣut-kṣāma-kaṇṭhās tṛṣayā parisphuṭita-tālukāḥ // 69 //

bho bhoḥ sādho kṛtaṃ karma yad asmābhis tad ucyatām /
naraka-sthair vipāko 'yaṃ bhujyate yasya dāruṇaḥ // 70 //

kiṃkara uvāca *
yuṣmābhir yauvanônmāda-muditair avivekibhiḥ /
dyūtôdyotāya govinda-gṛhād dīpaḥ purā hṛtaḥ // 71 //
tenâsmin narake ghore kṣut-tṛṣṇā-paripīḍitāḥ /
bhavantaḥ patitās tīvra-śīta-vāta-vidāritāḥ // 72 //

pulastya uvāca
etat te dīpa-dānasya pradīpa-haraṇasya ca /
puṇyaṃ pāpaṃ ca kathitaṃ keśavâyatane dvija // 73 //
sarvatraîva hi dīpasya pradānaṃ dvija śasyate /
viśeṣeṇa jagaddhātuḥ keśavasya niveśane // 74 //

ye 'ndhā mūkā niḥśrutā nirvivekā
hīnās tais taiḥ sādhanair vipra-varya /
tais tair dīpāḥ sādhu-loka-pradattā
devâgārād anyato vipraṇītāḥ // 75 //

// iti viṣṇudharmeṣu dīpadānavidhir nāma //

---

70a - N1,5,6,B: sādhu

* D-mss.,N1,2,6,B: kiṃkarā ūcuḥ

75a - all mss. except N1: ye tv āmūkā

75b - N1,5,B: sādhu-lokaiḥ

Col. - N1,2,5: -vidhir, 'nāma' om.; B:-dharme dīpadānamāhātmyam

## 33

dālbhya uvāca

āhlādaṃ cakṣuṣaḥ prītiṃ karoti manasas tathā /
keṣāṃcid darśanaṃ brahman manuṣyāṇām aharniśam // 1 //
udvejanīyā bhūtānām animittaṃ tathâpare /
vadante vipriyaṃ naîva prītiṃ kurvanti mānavāḥ // 2 //
etad yasya phalaṃ brahman dānasya tapaso 'thavā /
upavāsasya vā tan me yathāvad vaktum arhasi // 3 //
aprīti-dasya viprarṣe vipāko yasya karmaṇaḥ /
manuṣyāṇām aśeṣaṃ vai tan mamâcakṣva sattama // 4 //

pulastya uvāca

deva-brāhmaṇa-vedeṣu yajñeṣu ca narâdhamaiḥ /
yair jugupsā kṛtā dālbhya manasâpy atimānibhiḥ // 5 //
teṣāṃ saṃdarśanāt sarvo na sukhaṃ vindate dvija /
vadantv apy anukūlāni na teṣu prīyate janaḥ // 6 //
sparśād udvijate lokaḥ kaṭu teṣāṃ ca darśanam /
saṃbhāṣaṇaṃ ca nindā vai kṛtā veda-dvijātike // 7 //
tasmān na nindāṃ vedâdau na jugupsāṃ ca paṇḍitaḥ /
yajñâdau ca naraḥ kuryād ya(d) icchec chreya ātmanaḥ // 8 //
yais tu prītiḥ samasteṣu veda-deva-dvijātiṣu /
yajñâdike caîva kṛtā dālbhya tad-darśanaṃ nṛṇām // 9 //
āhlādaś cakṣuṣaḥ prītir manaso nirvṛtiḥ parā /
saṃbhāṣaṇe tathâhlādaḥ sarva-lokasya jāyate // 10 //

---

5d - DB,DL,DN: manasā yatimānibhiḥ

6b - N2: na duḥkhaṃ; N1,5: sarvam asukhaṃ; B: sarvan na duḥkham

6c - N1: vacaṃsi pratikūlāni,(corr. corresponding to other mss.); B: yad abhyetya sukūlāni

7d - N1,5,B: -dvijātiṣu

8cd - N1,5: yajñâdau vacanaṃ; '-d' of 'yad' probably inserted to extinguish sandhi-hiatus.

9c - B: kṛtā yajñâdike caîva

stutāḥ praśastāḥ saṃprītyā pūjitā bahu-mānataḥ /
śreyaḥ paraṃ prayacchanti devā vedā makhā dvijāḥ // 11 //
lokadvaye 'pi câprītiṃ paśu-putra-dhana-kṣayam /
kurvanti dvija-śārdūla eta eva vininditāḥ // 12 //
eta eva samākhyātāḥ stavâdi-grahaṇe guṇāḥ /
nindāyāḥ śravaṇe doṣa eteṣām evam eva hi // 13 //
tasmāt stavyāḥ praśaṃsyāś ca devā vedā dvijātayaḥ /
yajñāś ca manasâpy eṣāṃ na nindām ācared budhaḥ // 14 //

// iti viṣṇudharmeṣu devadvijâdipraśaṃsā //

---

11d - D-mss.: vedā devā

12a - all mss. except N2,B: lokadvayoś ca suprītiṃ

14b - D-mss.: devā vedā makhā dvijāḥ

Col. - D-mss.:-praśaṃsā nāma: N3: devavedadvijâdipraśaṃsā; N1: -dharmeṣu dvijātipraśaṃsā; N2,5: 'iti' om.; B: -dharme vedâdinindāśrutiphalam

34

dālbhya uvāca
anāyāsena bhagavan dānenânyena kenacit /
pāpaṃ praśamam āyāti yena tad vaktum arhasi // 1 //

pulastya uvāca
śṛṇu dālbhya mahā-puṇyāṃ dvādaśīṃ pāpa-nāśanīm /
yām upôṣya paraṃ puṇyaṃ prâpnute śraddhayânvitaḥ // 2 //
māgha-māse tu saṃprâpta āṣāḍhārkṣaṃ bhaved yadi /
mūlaṃ vā kṛṣṇa-pakṣasya dvādaśyāṃ niyatas tadā // 3 //
gṛhṇīyāt puṇya-phala-daṃ vidhānaṃ tasya me śṛṇu /
devadevaṃ samabhyarcya susnātaḥ prayataḥ śuciḥ // 4 //
kṛṣṇa-nāmnā ca saṃstūya ekādaśyāṃ mahāmate /
upôṣito dvitīye 'hni punaḥ saṃpūjya keśavam // 5 //
saṃstūya nāmnā ca tataḥ kṛṣṇâkhyena punaḥ punaḥ /
dadyāt tilāṃs tu viprāya kṛṣṇo me prīyatām iti /
snāna-prâśanayoḥ śastās tathā kṛṣṇa-tilā mune // 6 //
tila-prarohe jāyante yāvat-saṃkhyās tilā dvija /
tāvad-varṣa-sahasrāṇi svarga-loke mahīyate // 7 //
jātaś cêhâpy arogo 'sau naro janmani janmani /
nândho na badhiraś cêha na kuṣṭhī na jugupsitaḥ /
bhavaty etām uṣitvā tu tilâkhyāṃ dvādaśīṃ naraḥ // 8 //
viṣṇoḥ prīṇanam atrôktaṃ samāpte varṣa-pāraṇe /
pūjāṃ ca kuryād viprāya bhūyo dadyāt tathā tilān // 9 //
anena dālbhya vidhinā tila-dānād asaṃśayam /
mucyate pātakaiḥ sarvair nirāyāsena mānavaḥ // 10 // *
dāna-vidhis tathā śraddhā sarva-pātaka-śāntaye /
nârthaḥ prabhūto nâyāsaḥ śārīro munisattama // 11 //

// iti viṣṇudharmeṣu tiladvādaśī //

---

8e - N2,5,B: upôṣitvā ti-; N1,3: upôṣitvā tu ti-;
*(36) insertion in N3,6:
udbhṛtapulakaḥ sarvān nirāyāsena mānavaḥ /
N5 erroneously inserts 35.10-19 here (s.below)
Col. N2,5: 'iti' om.; D-mss.: -daśīvrataṃ nāma;
B: -dharme tiladvādaśīkalpaḥ

35

dālbhya uvāca
anantasyâprameyasya vyāpinaḥ paramâtmanaḥ /
nāmnāṃ nakṣatra-bhedena tithi-bhedena vā dvija // 1 //
dāna-bhedena câkhyāto vibhinna-phala-das tvayā /
viśeṣaḥ kṣetra-bhedena kathyatāṃ yadi vidyate // 2 //
yatha rkṣa-tithi-bhedena teṣām eva punaḥ punaḥ /
viśeṣaḥ kathito nāmnāṃ viśeṣa-phala-dāyakaḥ /
tathā kṣetra-viśeṣeṇa bhedaṃ nāma-kṛtaṃ vada // 3 //

pulastya uvāca
śṛṇu dālbhya yathâkhyātam arjunāya mahâtmane /
praṇipāta-prasannena viṣṇunā prabhaviṣṇunā // 4 //
kṛte bhārâvataraṇe nivṛtte bhārate raṇe /
āgamya śibiraṃ viṣṇū ratha-sthaḥ prâha phālgunam // 5 //
iṣudhī-gāṇḍivaṃ caîva samādāya tvarânvitaḥ /
avatīrya rathād vīra dūre tiṣṭha dhanaṃjaya // 6 //
avarokṣyāmy ahaṃ paścād avatīrṇe tatas tvayi /
etat kuru mahā-bāho mā vilambasva phālguna // 7 //

pulastya uvāca
evam uktas tathā cakre vākyaṃ pārtho gadādhṛtaḥ /
avarohan tataḥ paścāt svayam eva janārdanaḥ // 8 //
avatīrṇe jagannāthe sva-samutthena vahninā /
jajvāla sa rathaḥ sadyo bhasmī-bhūtaś ca tat-kṣaṇāt /
sôpaskara-patāko 'tha sa-dhvajaḥ saha vājibhiḥ // 9 //
sa-chattro vahninā sadyo ratho bhasma-lavī-kṛtaḥ /
vahninā ca yathā kāṣṭhaṃ sadyo bhasma-lavī-kṛtam // 10 //
tad adbhutaṃ mahad dṛṣṭvā pārthaḥ papraccha keśavam /
hṛṣṭa-romā dvijaśreṣṭha bhaya-vismaya-gadgadaḥ // 11 //

---

3c - N-mss.,B: kṣetravibhedena

10-19 - N5: om. because erroneously inserted after 34.10 (s. above), obviously through confusion of folls. of its original ms.
N1: om., 10cd-19 inserted in margin

10cd - N1,2,B: om.

arjuna uvāca
āścaryaṃ puruṣa-vyāghra kim etan madhusūdana /
vinâgninā ratho 'yaṃ me dagdhas tṛṇacayo yathā // 12 //

bhagavān uvāca
bhīṣma-droṇa-kṛpâdīnāṃ karṇâdīnāṃ ca phālguna /
dagdho 'strair vividhair eṣa pūrvam eva rathas tava // 13 //
mad-adhiṣṭhitatvāt kaunteya na śīrṇo 'yaṃ tadâbhavat /
pratyahan niśi cakreṇa mayā nyastena rakṣitaḥ // 14 //
so 'yaṃ dagdho mahā-bāho tvayy adya kṛta-karmaṇi /
mayâvatārite cakre mā pārtha kuru vismayam // 15 //

arjuna uvāca
kaṃ bhavantam ahaṃ vidyām atimānuṣa-ceṣṭitam /
karmaṇâtyadbhutenâgnir dhūmenaîvêha sūcitaḥ // 16 //

bhagavān uvāca
pūrvam eva yathâkhyātaṃ raṇârambhe tavârjuna /
kālo 'smi loka-nāśāya pravṛtto 'haṃ yathâdhunā // 17 //
tan mayā sādhitaṃ kāryaṃ tridaśānāṃ tathā bhuvaḥ /
bhārâvatāraṇârthāya mama janma mahī-tale // 18 //

pulastya uvāca
evam ukto 'rjunaḥ samyak praṇipatya janārdanam /
tuṣṭāva vāgbhir iṣṭābhir udbhūta-pulakas tataḥ // 19 //

arjuna uvāca
namo 'stu te cakra-dharôgra-rūpa
namo 'stu te śārṅga-dharâruṇâkṣa /
namo 'stu te 'bhyudyata-khaḍga raudra
namo 'stu vibhrānta-gadânta-kārin // 20 //

---

14a - hypermetric pāda with third vipulā; D-mss.,B,N5: madadhiṣṭhitaḥ kaunteya

15d - B: pārtha mā vismayaṃ kuru

bhayena sanno 'smi savepathena
nâṅgāni me deva vaśaṃ prayānti /
vācaḥ samuccārayataḥ skhalanti
keśā hṛṣīkeśa samucchvasanti // 21 //
kālo bhavān kāla-karāla-karmā
yenâitad evaṃ kṣayam āpa yānam /
kṣatraṃ samudbhūta-ruṣā samastaṃ
nītaṃ bhuvo bhāra-virecanāya // 22 //
prasīda kartar jaya loka-nātha
prasīda sarvasya ca kāla-rūpa /
sthitau samastasya ca pālanāya
kṛtôdyameśāna jayâvyayâtman // 23 //
na me dṛg eṣā tava rūpam etad
draṣṭuṃ samarthā kṣubhito 'smi cântaḥ /
pūrva-svabhāva-sthita-vigraho 'pi
saṃlakṣyase 'tyantam asaumya-rūpa // 24 //
smarāmi rūpaṃ tava viśva-rūpaṃ
yad darśitaṃ pūrvam abhūn mamâiva /
yasmin mayā viśvam aśeṣam āsīd
dṛṣṭaṃ sa-yakṣôraga-deva-daityam // 25 //
sā me smṛtir darśana-bhāṣaṇâdi-
prakurvato nātha gatā praṇāśam /
kālo 'ham asmîty udite tvayā tu
samāgatêyaṃ punar apy ananta // 26 //
kartā bhavān kāraṇam apy aśeṣaṃ
kāryaṃ ca niṣkāraṇa kartṛ-rūpa /
ādau sthitau saṃharaṇe ca deva
viśvasya viśvaṃ svayam eva ca tvam // 27 //
brahmā bhavān viśva-sṛg ādi-kāle
viśvasya rūpo 'si tathā visṛṣṭau /
viṣṇuḥ sthitau pālana-baddha-kakṣo
rudro bhavān saṃharaṇe prajānām // 28 //

---

22b - N-mss.,B,DC: kṣayam akṣayâtman
28b - B: tvaṃ viśvarūpo 'si

ebhis tribhir nātha vibhūti-bhedair
yaś cintyate kāraṇam ātmano 'pi /
vedânta-vedôditam asti viṣṇoḥ
padaṃ dhruvaṃ tat paramaṃ tvam eva // 29 //
yan nirguṇaṃ sarva-vikalpa-hīnam
anantam asthūlam arūpa-gandham /
paraṃ padaṃ veda-vido vadanti
tvam eva tac chabda-rasâdi-hīnam // 30 //
yathā hi mūle viṭapī mahā-drumaḥ
pratiṣṭhita-skandha-varôgra-śākhaḥ /
tathā samastâmara-martya-tiryag-
vyomâdi-śabdâdi-mayaṃ tvayîdam // 31 //
muñcāmi yāvat paramâyudhāni
vairiṣv anantâhava-durmadeṣu /
dṛṣṭā hi tāvat sahasā patanto
nūnaṃ tavaîvâcyuta sa prabhāvaḥ // 32 //
hatā hatās te bhavato dṛśaîva
mayā punaḥ keśava śastra-pūgaiḥ /
kaḥ karṇa-bhīṣma-pramukhān vijetuṃ
yuṣmat-prasādena vinā samarthaḥ // 33 //
triśūla-pāṇir mama yaḥ purastān
niṣūdayan vairi-balaṃ jagāma /
jñātaṃ mayā sāṃpratam etad īśa
tava prasādasya hi sā vibhūtiḥ // 34 //
yamêndra-vittêśa-jalêśa-vahni-
sūryâtmako yaś ca mamâstra-pūgaḥ /
nāśāya nâbhūt patito 'pi kāye
tvat-sannidhānasya hi so 'nubhāvaḥ // 35 //
bālye bhavān yāni cakāra deva
karmāṇy asahyāni surâsurāṇām /
tair eva jānīma na yat paraṃ tvāṃ
doṣaḥ sa nirdoṣa manuṣyatāyāḥ // 36 //

---

29a - B: nāmavibhūtibhedair

tālôcchritâgraṃ guru-bhāra-sāram
   āyāma-vistāravad adya-jātaḥ /
pādâgra-vikṣepa-vibhinna-bhāṇḍaṃ
   cikṣepa ko 'nyaḥ śakaṭaṃ yathā tvam // 37 //
anyena kenâcyuta pūtanāyāḥ
   prāṇaiḥ samaṃ pītam asṛg-vimiśram /
tvayā yathā stanyam atîva-bālye
   goṣṭhe ca bhagnau yamalârjunau tau // 38 //
viṣânalôṣṇâmbu-nipāta-bhīmam
   āsphoṭya ko vā bhuvi mānuṣo 'nyaḥ /
nanarta pādâbja-nipīḍitasya
   phaṇaṃ samāruhya ca kāliyasya // 39 //
surêśa-saṃdeśa-virodhavatsu
   varṣatsu megheṣu gavān nimittam /
dināni saptâsti ca kasya śaktir
   govardhanaṃ dhārayituṃ kareṇa // 40 //
pralamba-cāṇūra-mukhān nihatya
   kaṃsâsuraṃ yasya bibheti śakraḥ /
tam aṣṭa-varṣo nijaghāna ko 'nyo
   nirāyudho nātha manuṣya-janmā // 41 //
bāṇârtham abhyudyatam ugra-śūlaṃ
   nirjitya saṃkhye tripurârim ekaḥ /
sa-kārttikeya-jvaram astra-bāhum
   karoti ko bāṇam anacyuto 'nyaḥ // 42 //
kaḥ pārijātaṃ sura-sundarīṇāṃ
   sadôpabhogyaṃ vijitêndra-sainyaḥ /
svargān mahīm ucchrita-vīrya-dhairyaḥ
   samānayām āsa yathā prabho tvam // 43 //
hatvā hayagrīvam udāra-vīryaṃ
   niśumbha-śumbhau narakaṃ ca ko 'nyaḥ /
jagrāha kanyāpuram ātmano 'rthaṃ
   prāgjyotiṣâkhye nagare mahâtman // 44 //
sthitau sthitas tvaṃ paripāsi viśvaṃ
   tais tair upâyair avinīta-bhītaiḥ /
maitrī na yeṣāṃ vinayāya tāṃs tān
   sarvān bhavān saṃharate 'vyayâtman // 45 //

hitāya teṣāṃ kapilâdi-rūpiṇa
tvayânuśāstā bahavo 'nujīvāḥ /
yeṣāṃ na maitrī hṛdi te na neyā
viśvôpakārī vadha eva teṣām // 46 //
itthaṃ bhavān duṣṭa-vadhena nūnaṃ
viśvôpakārāya vibho pravṛttaḥ /
sthitau sthitaṃ pālanam eva viṣṇuḥ
karoti hanty anta-gato 'nta-rudraḥ // 47 //
etāni cânyāni ca duṣkarāṇi
dṛṣṭāni karmāṇi tathâpi satyam /
manyāmahe tvāṃ jagataḥ prasūtiṃ
kiṃ kurma māyā tava mohanîyam // 48 //
tvaṃ sarvam etat tvayi sarvam etat
tvattas tathâitat tava câitad īśa /
etat svarūpaṃ tava sarva-bhūtaṃ
vibhūti-bhedair bahubhis sthitasya // 49 //
prasīda kṛṣṇâcyuta vāsudeva
janārdanânanta nṛsiṃha viṣṇo /
manuṣya-sāmānya-dhiyā yadîśa
dṛṣṭo mayā tat kṣamasvâdideva // 50 //
na vedmi sad-bhāvam ahaṃ tavâdya
sad-bhāva-bhūtasya carâcarasya /
yo vai bhavān ko 'pi nato 'smi tasmai
manuṣya-rūpāya catur-bhujāya // 51 //
devadeva jagannātha sarva-pāpa-haro bhava /
hetu-mātras tv ahaṃ tatra tvayâitad upasaṃhṛtam // 52 //
prasīdêśa hṛṣīkeśa akṣâuhiṇyā daśâṣṭa ca /
tvayā grastā bhuvo bhūtyai hetu-bhūtā hi mad-vidhāḥ // 53 //

---

46a - hypermetric pāda !
47d - N1,5: 'tirudraḥ; N2: 'ntadaś ca; B: 'nukāle
48b - DB,DL,DN: tathâpi na tvam; DC,N2: tathâpi nityam
50d - N1,B: kṣamayâdideva

vayam anye ca govinda narāḥ krīḍanakās tava /
mad-vidhaiḥ karaṇair deva karoṣi sthiti-pālanam // 54 //
yad atra sad-asad vâpi kiṃcid uccāritaṃ mayā /
bhaktimān iti tat sarvaṃ kṣantavyaṃ mama keśava // 55 //

// iti viṣṇudharmeṣv arjunastavo nāma //

Col. - N2,5: 'iti' om.; B: -dharme; N1,2,5: 'nāma' om.

## 36

pulastya uvāca
evaṃ stutas tataḥ prâha prītimāṃs taṃ janārdanaḥ /
pariṣvajya mahābāhuṃ samāśvāsya ca phālgunam // 1 // *(37)
yas tvāṃ vetti sa māṃ vetti yas tvām anu sa mām anu /
abhedenâtmanā vedmi tvāṁ ahaṃ pāṇḍunandana // 2 //
mamâṃśas tvaṃ mahābāho jagataḥ pālanêcchayā /
bhuvo bhārâvatārârthaṃ pṛthak-kāryaṃ mayā kṛtam // 3 //
deva-daityôragā yakṣā gandharvāḥ kiṃnarâpsarāḥ /
rākṣasāś ca piśācāś ca paśu-pakṣi-sarīsṛpāḥ // 4 //
vṛkṣa-gulmâdayaḥ śailāḥ sarva-bhūtāni cârjuna /
mamâivâṃśāni bhūtāni viddhi sarvāṇy ariṃdama // 5 //

arjuna uvāca
bhagavan sarva-bhūtâtman sarva-bhūteṣu vai bhavān /
paramâtma-svarūpeṇa sthitaṃ vedmi tad avyayam // 6 //
kṣetreṣu yeṣu yeṣu tvaṃ cintanīyo mayâcyuta /
cetasaḥ praṇidhānârthaṃ tan mamâkhyātum arhasi // 7 //
yatra yatra ca yan nāma prītaye bhavataḥ stutau /
prasāda-sumukho nātha tan mamâśeṣato vada // 8 //

bhagavān uvāca
sarva-gaḥ sarva-bhūto 'haṃ na hi kiṃcid mayā vinā /
carâcare jagaty asmin vidyate kurusattama // 9 //
tathâpi yeṣu sthāneṣu cintanīyo 'ham arjuna /
stotavyo nāmabhir yais tu śrūyatāṃ tad vadāmi te // 10 //

puṣkare puṇḍarīkâkṣaṃ gayāyāṃ ca gadādharam /
lohadaṇḍe tathā viṣṇuṃ stuvaṃs tarati duṣ-kṛtam // 11 // *(38)

---

*(37) insertion in N2:
prôvāca bhagavān devaḥ prahṛṣṭenântarātmanā /

5a - N1,5: -âdayaḥ śākhā; N2: śeṣāḥ

5d - B: yāni bhūtāni bahūni

8c - N1,3,5,6: nāma; B: prasīda

11c - B: loladaṇḍe

*(38) insertion in B:
kṣvāmācye (?) kumāraṃ nepāle lokabhāvanam /

rāghavaṃ citrakūṭe tu prabhāse daityasūdanam /
vṛndāvane ca govindaṃ mā stuvan puṇya-bhāg bhavet // 12 // *(39)
jayaṃ jayantyāṃ tadvac ca jayantaṃ hastināpure /
vārāhaṃ kardamāle tu kāśmīre cakrapāṇinam // 13 //
janārdanaṃ ca kubjâmre mathurāyāṃ ca keśavam /
kubjake śrīdharaṃ tadvad gaṅgādvāre surôttamam // 14 //
śālagrāme mahāyogiṃ hariṃ govardhanâcale /
piṇḍārake caturbāhuṃ śaṅkhôddhāre ca śaṅkhinam // 15 //
vāmanaṃ ca kurukṣetre yamunāyāṃ trivikramam /
viśvêśvaraṃ tathā śoṇe kapilaṃ pūrvasāgare // 16 //
śvetadvīpapatiṃ câpi gaṅgā-sāgara-saṃgame / *(40)
bhūdharaṃ devikā-nadyāṃ prayāge caiva mādhavam // 17 //
nara-nārāyaṇâkhyaṃ ca tathā badarikâśrame /
samudre dakṣiṇe stavyaṃ padmanābhêti phālguna // 18 //
dvārakāyāṃ tathā kṛṣṇaṃ stuvaṃs tarati durgatim /
rāmaṃ nāma mahêndrâdrau hṛṣīkeśaṃ tathârbude // 19 //
aśvatīrthe hayagrīvaṃ viśvarūpaṃ himâcale /
nṛsiṃhaṃ kṛtasauce ca vipāśāyāṃ dvijapriyam // 20 //
naimiṣe yajñapuruṣaṃ jambūmārge tathâcyutam /
anantaṃ saindhavâraṇye daṇḍake śārṅgadhāriṇam // 21 //
utpalâvartake śauriṃ narmadāyāṃ śriyaḥ patim /
dāmôdaraṃ raivatake nandāyāṃ jalaśāyinam // 22 //
sarvayogêśvaraṃ caiva sindhusāgarasaṃgame /
sahyâdrau devadevêśaṃ vaikuṇṭhaṃ māgadhe vane // 23 //

---

12a - B: śrīrāmaṃ citra-

12c - N2,3,DC: 'māṃ' for enclitic 'mā'; N1,5: saṃstuvan

*(39) insertion in B:
mandodapāne vaikuṇṭhaṃ māhantre câcyutaṃ vibhuṃ /

13cd - B,N5: vārāhaṃ; N3,6: kāśmīre; B: kahlāre

17a - N1,6,B: śvetadvīpe

*(40) insertion in B:
vanamālaṃ ca kiṣkindhāyāṃ devaṃ raivatake dvija /
kāśījale mahāyogaṃ devaṃ câmitatejasam /
viśākhayūpe ajitaṃ virajāyāṃ viprakṣayam /

17d - N2,5,B: prayāge yogaśāyinam

20d - N3,5,6: pipāsāyāṃ

23d - B: mādhave

sarvapāpaharaṃ vindhye uḍreṣu puruṣôttamam /
hṛdaye vâpi kaunteya paramâtmānam ātmanaḥ // 24 //
vaṭe vaṭe vaiśravaṇaṃ catvare catvare śivam /
parvate parvate rāmaṃ sarvatra madhusūdanam // 25 //
naraṃ bhūmau tathā vyomni kaunteya garuḍadhvajam /
vāsudevaṃ ca sarvatra saṃsmaran jyotiṣāṃ patim // 26 //
arcayan praṇamaṃs tu tvaṃ saṃsmaraṃś ca dhanaṃjaya /
eteṣv etāni nāmāni naraḥ pāpaiḥ pramucyate // 27 //
sthāneṣv eteṣu man-nāmnām eteṣāṃ prīṇanaṃ naraḥ /
dvijānāṃ prīṇanaṃ kṛtvā svarga-loke 'bhijāyate // 28 //
nāmāny etāni kaunteya sthānāny etāni câtmavān /
jayaṃ vai pañca-pañcāśat tri-sandhyaṃ mat-parâyaṇaḥ // 29 //
trīṇi janmāni yat pāpam avasthā-tritaye kṛtam /
tat kṣālayaty asaṃdigdhaṃ jāyate ca satāṃ kule // 30 //
dviṣ-kālaṃ vā japann eva divā-rātrau ca yat kṛtam /
tasmād vimucyate pāpāt sad-bhāva-paramo naraḥ // 31 //
japtāny etāni kaunteya sakṛc-chraddhā-samanvitaṃ /
mocayanti naraṃ pāpād yat tatrâiva dine kṛtam // 32 //
dhanyaṃ yaśasyam āyuṣyaṃ jayaṃ kuru-kulôdvaha /
grahânukūlatāṃ câiva karoty āśu na saṃśayaḥ // 33 //
upôṣito mat-paramaḥ sthāneṣv eteṣu mānavaḥ /
kṛtâyatana-vāsaś ca prâpnoty abhimataṃ phalam // 34 //
utkrāntir apy aśeṣeṣu sthāneṣv eteṣu śasyate /
anya-sthānāc chata-guṇam eteṣv anaśanâdikam // 35 //
yas tu mat-paramaḥ kālaṃ karoty eteṣu mānavaḥ /
devānām api pūjyo 'sau mama loke mahīyate // 36 //

// iti viṣṇudharmeṣu pañcapañcāśan-nāmāni //

---

24b - DB,DL,DN: kuruṣu pu- ; N1,5: kaunteya pu-;
26d - B: saṃsmaran pūjyate divi
27a - B: praṇaman stuvan
27d - D-mss.: nāraiḥ pāpaiḥ
29b-32a - DC: om.
30a - B: trijanmani kṛtaṃ pāpam
31a - B,N5: trikālaṃ, N5 corrected corresponding to other mss.
Col. - N2,5: 'iti' om.; DC: marginal gloss inserted after '-dharmeṣu': sthānaviśeṣe pradhānāni viṣṇoḥ

37

dālbhya uvāca
yan na tāpāya vai puṃsāṃ bhavaty āmuṣmikaṃ kṛtam /
tāpāya yac ca bhavati tad ācakṣva mahāmune // 1 //
upavāsa-prabhāvaṃ ca kṛṣṇârādhana-kāṅkṣiṇaḥ /
kathayêha mama brahman na ca tṛpyāmi kathyate // 2 //

pulastya uvāca
śrūyatāṃ dālbhya yat pṛṣṭāḥ kautukād bhavatā vayam /
āmuṣmikaṃ na tāpāya yac ca tāpāya jāyate // 3 //
upôṣita-prabhāvaṃ ca kṛṣṇârādhana-kāṅkṣiṇaḥ /
kathayāmi yathā-vṛttaṃ pūrvam eva mahāmate // 4 //

vaidiśaṃ nāma nagaraṃ prakhyātam iha sattama /
tatra vaiśyo 'bhavat pūrvaṃ vīrabhadra iti śrutaḥ // 5 //
bhāryā-jā-mātṛ-duhitṛ-putra-pautras tuṣânvitaḥ /
prabhūta-bhṛtya-vargaś ca bahu-vyāpāra-kārakaḥ // 6 //
putra-pautrâdi-bharaṇe vyāsakta-matir eva ca /
para-lokaṃ prati matis tasya câtyanta-durmukhā // 7 //
cakārânudinaṃ so 'tha nyāyânyāyair dhanârjanam /
sarvatrânyatra niḥsnehaḥ para-sve câtitarṣulaḥ // 8 //
na juhoty udite kāle na dadāty atitṛṣṇayā /
babhūva côdyamas tasya putrâdi-bharaṇe paraḥ // 9 //
nitya-naimittikānāṃ ca hāniṃ cakre sva-karmaṇām /
tṛṣṇâbhibhūto viprarṣe sva-varga-bharaṇôddhṛtaḥ // 10 //
kālena gacchatā so 'tha mṛto vindhyâṭavī-taṭe /
yātanā-deha-bhṛt prêto grīṣma-kāle 'bhavan mune // 11 //

---

2b - D-mss.: -kāṅkṣiṇāṃ
2d - B: kathyatāṃ; N3,6: kathyate
4d - N1,2,5,B: mahāmune
5b - B: prakhyātaṃ puruṣarṣabha
6ab - B: bhāryayā mātṛduhitṛpitṛputrais; N1,2: -putrasamanvitaḥ
7d - DB,DL,DN: -durlabhā
10d - DB,DL,DN: -bharaṇôdyataḥ
11a - N3: kālenâgacchatā

taṃ dadarśa mahā-bhāgo divya-jñāna-samanvitaḥ /
veda-vedânta-vid vidvān pipīto nāma vai dvijaḥ // 12 //
bhāskarasyâṃśubhir dīptair dahyantam anivāraṇaiḥ /
pratapta-vālukā-madhye tṛṣā câtyanta-pīḍitam // 13 //
kṣut-kṣāma-kaṇṭhaṃ śuṣkâsyaṃ stabdhôdvṛtta-vilocanam /
niṣkrānta-jihvam aṅgeṣu visphoṭaiḥ sarvataś citam // 14 //
niśvāsâyāsa-khedena viralâsyam anādaram / *
nijena karmaṇā baddham asamarthaṃ palāyane // 15 //
taṃ tādṛśam atho dṛṣṭvā gārdabheyo mahāmuniḥ /
pipītaḥ prâha viprarṣiḥ kāruṇya-stimitaṃ vacaḥ // 16 //
jānann api tathā prâptaṃ tad-anuṣṭhāna-jaṃ phalam /
jantos tasyôpakārāya sarvato 'hlādayann iva // 17 //

pipīta uvāca
adhaḥ sūryâṃśubhis taptair bahubhiḥ patha-pāṃsubhiḥ /
upary arka-karair ugrais tṛṣā cârtas tathā kṣudhā // 18 //
anyais tathâdhibhir ghorair aviṣahyair avāraṇaiḥ /
kathayêha yathā-tattvam ekākī dahyase katham // 19 //

pulastya uvāca
tasyâitad vacanaṃ śrutvā pipītasya sa-vedanam /
yātanâstha uvācêdaṃ kṛcchrād ucchvasya mastakam // 20 //

vīrabhadra uvāca
brahman nâlocitaṃ pūrvaṃ katham ante bhaviṣyati /
aśāśvate śāśvata-dhīs tena dahyāmi dur-matiḥ // 21 //
dhanâpaṇa-gṛha-kṣetra-putra-dāra-hite rataḥ /
nâtmano 'haṃ hitârambhī tena dahyāmi dur-matiḥ // 22 //

---

13b - N2: dahyamānam ivâraṇe; D-mss.: anivâraṇam; B: atidāruṇaiḥ

*(41) insertion in B: śrāntaṃ makṣikayâkīrṇaṃ durdagdhaṃ câtidāruṇam /

18b - N1,3,5,6: yānapāṃsubhiḥ; B: bahubhiḥ pāṃsubhis tathā

19ab - D-mss.,B,N1,2: tathā vidhair; D-mss.,B: aviṣahyaiḥ sudāruṇaiḥ

22 - B: om.

idaṃ kariṣye kṛtvêdaṃ kariṣyāmy aparaṃ tv idam /
itîcchā-śata-saro 'haṃ tena dahyāmi dur-matiḥ // 23 //
juhomi yadi tan nâsti dadāmi yadi sīdati /
kuṭumbam iti mūḍho 'haṃ tena dahyāmi durmatiḥ // 24 //
śītôṣṇa-varṣâbhibhavaṃ lobhāt soḍhaṃ mayâśubham /
tad eva hi na dharmârthaṃ tena dahyāmi durmatiḥ // 25 //
pitṛ-deva-manuṣyāṇām adattvâpoṣitā hi ye /
te 'nyatra kvâpi vartante dahyāmy eko 'tra dur-matiḥ // 26 //
putra-bhṛtya-kalatreṣu mama tv ādṛta-mānasaḥ /
kṛtvā karmāṇy asādhūni dahyāmy eko 'tra dur-matiḥ // 27 //
mṛte mayi dhane tasminn anyāyôpârjite mayā /
nūnaṃ mamêti vartante dahyāmy eko 'tra dur-matiḥ // 28 //
na hi naḥ pūjitā gehān nirgatā dvija-sattamāḥ /
sva-varga-hita-kāmasya tena dahyāmy ahar-niśam // 29 //
yan me na pūjitā devāḥ kuṭumbaṃ poṣitaṃ param /
ekākī tena dahyāmi ye 'puṣṭās te 'nyato gatāḥ // 30 //
nitya-naimittikaṃ karma kṛte yeṣāṃ na me kṛtam /
ekākī tena dahyāmi tair manye kvâpi ramyate // 31 //
yan me parijanasyârthe kṛtaṃ karma śubhâśubham /
ekākī tena dahyāmi gatās te phala-bhoginaḥ // 32 //
dārāḥ putrāś ca bhṛtyāś ca pāpa-vyāptyā mayâidhitāḥ /
ekākī tena dahyāmi gatās te phala-bhoginaḥ // 33 //
putra-dārâdi-bhṛtyârthe mayânyāyârtha-saṃcayāḥ /
kṛtās tenâtra dahyāmi bhuñjate 'py anyato gatāḥ // 34 //

---

25b - D-mss.,N1,2,5: lobhaṃ mohaṃ mayâśubham

30cd - d) N1,2: gatās te phalabhoginaḥ (=32d and 33d); N2: whole line repeated at the beginning of insertion after 34ab, but here identical with other mss.

31 - N1,2: om., N1: inserted in margin, N2: inserted after 34ab
d) DB,DL,DN,N3,5 and N1,2(inserted): tair anyat kvâpi

32 - N1,2: om., N1: ins. in margin, N2: ins. after 34ab;
d) DB: om., inserted in margin (p.m. jumps over to next 'gatās').

33 - N2: om., inserted after 34ab;
a-c) DB: om., inserted in margin (s. above).
d) D-mss.: gatās tenêha bhāginaḥ

34ab - N2: repeated after insertion of 31-33;
b) D-mss.: mayā [ye (om.)] 'nye 'dhisaṃcayāḥ

kṛtaṃ pāpaṃ mayā bhuktam anyais tat-karma-saṃcitam /
dahyāmy eko 'ham atyantaṃ tyaktas taiḥ phala-bhogibhiḥ // 35 //
yan mamatvâbhibhūtena mayā dhanam upârjitam /
anyasya te 'dya kasyâpi kevalaṃ mama duṣ-kṛtam // 36 //
antar-duḥkhena dagdho 'ntar bahir dahyāmi bhānunā /
nântar-duḥkhaṃ na vā bhānuḥ pāpam eva dvidhā sthitam // 37 //
kaṃcit karma-samuddhāraṃ paśyasy asukha-sāgarāt /
mama yenâham āhlādam āpnuyāṃ muni-sattama // 38 //

pipīta uvāca
alpa-kālikam uddhāraṃ tava paśyāmy asaṃśayam /
prakṣīṇa-prâyam etat te sukṛtaṃ câsti te param // 39 //
atīte daśame janmany acyutârādhanêcchayā /
sukarma-jaya-dāṃ bhadra dvādaśīṃ tvam upôṣitaḥ // 40 //
tava tasyāḥ prabhāvena pāpam atyanta-durjayam /
alpair ahobhiḥ saṃkṣīṇaṃ nava-pātre yathā jalam // 41 //
yad anyaḥ kṣapayed varṣais tad dinair bhavataḥ kṣayam /
gataṃ pāpa-mayaṃ tasyāḥ prabhāvo 'tyanta-durlabhaḥ // 42 //
śamaṃ pāpasya kurute jayaṃ sukṛta-karmaṇaḥ /
satkarma-jaya-dā hy eṣā tato vai dvādaśī smṛtā // 43 //
yac caîtad vedanârthena bhavatā paridevitam /
tat tathā nâtra saṃdeho mamatā pāpa-hetukī // 44 //
pāpam atra kṛtaṃ prêtya bhadra tāpāya jāyate /
āhlādāya tathā puṇyam iha puṇya-kṛtāṃ nṛṇāṃ // 45 //

pulastya uvāca
vīrabhadraṃ samāśvāsya yayāv itthaṃ mahāmuniḥ /
so 'py alpenaîva kālena tato mokṣam avâptavān // 46 //
evaṃ dālbhya pare loke yad atrâsukṛtaṃ kṛtam /
tat tāpāya sukhāyôktaṃ yad atraîva śubhaṃ kṛtam // 47 //
upavāsa-prabhāvaś ca kathitas te mahāmune /
yenâlpair eva divasair bhūri pāpaṃ kṣayaṃ gatam // 48 //

---

36b - D-mss.,B,N2: mayā pāpam
37a - DB,DL,DN,B,N5: dagdho 'ham

tasmān nareṇa puṇyāya patitavyaṃ na pātake /
upavāsāś ca kartavyāḥ sadaîvâtma-hitaîṣiṇā // 49 //

// iti viṣṇudharmeṣu vīrabhadragītā
sukṛtadvādaśīprabhāvaḥ //

Col. - N2,5: 'iti' om.; D-mss.: -prabhāvo nāma;
B: -dharme sukṛtadvādaśī

## 38

dālbhya uvāca
saṃsārâsāratāṃ jñātvā viṣayāṃś câtitarṣulān /
kartavyaṃ yan mahābhāga puruṣeṇa tad ucyatām // 1 //

pulastya uvāca *
saṃsārâsāratāṃ jñātvā viṣayāṃś câtitarṣulān /
gṛddhis teṣv eva saṃtyājyā tat-tyāgo guṇakṛn nṛṇām // 2 //
yeṣāṃ abda-sahasrāṇāṃ sahasrair api yo naraḥ /
bhogāt tṛptiṃ samāpnoti kas tair bhogair virajyate // 3 //
yāvato vāñchate bhogān ahany ahani mānavaḥ /
teṣāṃ sahasra-bhāge 'pi dālbhya prâptiṃ na vindati // 4 //
atha cet tān avâpnoti sahasra-guṇitān naraḥ /
tathâpy atṛpta evântam anta-kāle gamiṣyati // 5 //
tṛptaye ye na saṃprâptāḥ prâpyante ye na vāñchitāḥ /
buddhimān indriyârtheṣu teṣv asaṅgī sadā bhavet // 6 //
yeṣāṃ tṛptir na bhogena tyāgaś caîvôpakārakaḥ /
upôṣita-vidhānena bhogântyâgas tato varaḥ // 7 //
kṛcchra-cāndrâyaṇâdīni narais tasmān mumukṣubhiḥ /
niṣkāmair dālbhya kāryāṇi phalāya ca phalêpsubhiḥ // 8 //
atrâpy udāharantîmaṃ munayo munisattama /
dasrābhyāṃ saha saṃvādam ailasya ca mahâtmanaḥ // 9 //

ailaḥ purūravāḥ pūrvaṃ babhūva manujêśvaraḥ /
cakame yaṃ mahābhāgam urvaśī sura-sundarī // 10 //
saṃtyajya tridaśâvāsaṃ rūpaûdārya-guṇânvitam /
bheje tam urvaśī dālbhya budhasya tanayaṃ nṛpam // 11 //
nāsatya-dasrau rūpeṇa devānām adhikau tataḥ /
urvaśī-lobhanaṃ tasya rūpaṃ draṣṭuṃ samutsukau // 12 //

---

* B: om.

2ab - N2: om.

2cd - N1,5: gṛhasthaiś caîva; N2: gṛddheṣv eva tu
N-mss.: guṇavān

3c - B: bhogais tṛptiṃ na câpnoti

3d-5a - N2,5: om., N5: inserted in margin

6a - B: tṛptaye na ca saṃprâptāḥ

7d - N1: bhogatyāgas; B: bhogatyāgaḥ parā gatiḥ

pratiṣṭhānaṃ puraṃ tasya budha-putrasya dhīmataḥ /
jagmatuḥ sumahā-bhāgau tasya dvā-stham athôcatuḥ // 13 //

aśvināv ūcatuḥ
kṣatto 'smad-vacanād ailaṃ brūhi tvaṃ vasudhâdhipam /
draṣṭuṃ tavâśvinau prâptau rūpa-saṃpad-guṇaṃ nṛpa /
tadêhy atra mahābhāga ihâsmān saṃpraveśaya // 14 //
āścarya-bhūtaṃ lokeṣu urvaśī-lobhanaṃ vapuḥ /
tat kautukaṃ na kurute kasya pārthiva-puṅgava // 15 // *(42)

pulastya uvāca
dvā-sthas tathêti tāv āha praviveśa ca sa-tvaram /
ācacakṣe ca tad rājñe nāsatya-vacanaṃ dvija // 16 //
tac chrutvā vacanaṃ rājā dvā-stham āha muhūrtakam /
vilambyatāṃ mahābhāgau tau brūhi vacanaṃ mama // 17 //
vyāyāma-taila-saṃsarga-malino na vibhūṣitaḥ /
prasādhanaṃ ca kṛtvâhaṃ niṣkramāmi tvarânvitaḥ // 18 //

pulastya uvāca
niṣkramya sa tato dvā-stho yathôktaṃ bhū-bhṛtâkhilam /
samācaṣṭa tato dālbhya tau ca bhūyas tam ūcatuḥ // 19 //

aśvināv ūcatuḥ *
aprasādhitam evâśu bhavantaṃ vasudhâdhipa /
paśyāvas tava bhūyo 'pi drakṣyāvaḥ prasādhitam // 20 //

pulastya uvāca
ity ukto nirgatas tūrṇaṃ bhavanād avanī-patiḥ /
tailâbhyakta-tanur dālbhya vyāyāma-paridhāna-dhṛk // 21 //

---

14ab - N1: gatvâsmad, corr. corresponding to other mss.; B: ailaṃ brūhi mahābhāgaṃ dvāḥstha(ṃ) varyamahīpatim /

14f - B: tatrâsmāṃś ca pra-

*(42) insertion in N1,3,6: āvāṃ samāgatau tasmāt tvāṃ draṣṭuṃ manujôttama /

16a - B: dvāḥsthas tathêti tau prâha

17ab - DC: om.

17c - D-mss.: pratipālya mahā-; N2,5,B: pratipālyatāṃ N1: pratīkṣatāṃ

19a - B: tato niṣkramya dvāḥstho 'yaṃ

* B: om.

sa praṇamaṃ tayoḥ kṛtvā kiṃcin nata-śirā nṛpaḥ /
prôvāca yan mayā kāryaṃ bhavatos tad ihôcyatām // 22 //
sapta-dvīpavatī pṛthivī putra-dāra-balaṃ dhanam /
yac cânyad api tat sarvaṃ yuvayor me niveditam // 23 //

pulastya uvāca
ity udāhṛtam ākarṇya nṛpater aśvināv api /
aṅgôpâṅgâdikaṃ sarvaṃ śanakais tāv apaśyatām // 24 //
śiro-lalāṭa-bāhuṃ sa-nayanâdi-vilokanam /
dṛṣṭvā ca taṃ mahī-pālam ūcatus tāv idaṃ surau // 25 //

praviśya snāhi bhūpāla yathârhaiś ca vibhūṣaṇaiḥ /
vibhūṣitaṃ tu bhūyas tvāṃ drakṣyāvo 'vāṃ narêśvara // 26 //

pulastya uvāca
tathêti côktvā sa nṛpaḥ praviveśa mahāmune /
cakre ca sakalaṃ snātvā deha-prasādhanam // 27 //
snāto 'nuliptaḥ srag-dhārī suvastraḥ suvibhūṣitaḥ /
nāsatya-dasrayoḥ pārśvam iyāya vasudhâdhipaḥ // 28 //
bhūyo 'pi tau yathā pūrvam aṅgôpâṅga-vilokanam /
cakratur nṛpates tasya smita-bhinnâuṣṭha-saṃpuṭau // 29 //
tau sahāsau samālakṣya sa tadā vasudhâdhipaḥ /
hāsasya kāraṇaṃ deva-bhiṣajau tāv apṛcchata // 30 //
pṛcchantaṃ ca tato dālbhya nṛpatiṃ hāsya-kāraṇam /
yad ūcatur mahābhāgau tac chṛṇuṣva vadāmi te // 31 //

aśvināv ūcatuḥ
śṛṇu bhūpāla sakalaṃ hāsa - kāraṇam āvayoḥ /
yuṣmad-darśana-saṃbhūtaṃ kṣaṇâpacaya-hetukam // 32 //
asnātasyâbhavad bhūpa yādṛśī te surūpatā /
sāṃprataṃ tādṛśī nêyaṃ bhūṣitasyâpi bhūṣaṇaiḥ // 33 //
snātaḥ srag-dāma-dhārī tvaṃ svanuliptaḥ subhūṣitaḥ /
tathâpy asnāta eva prāc chobhano 'bhūn na sāṃpratam // 34 //

---

23c - B,N2: yac cânyan mama
26cd - B: vibhūṣitatatvaṃ bhūyas tvāṃ drakṣyāvau (!)
28cd-29cd - B: om.
30cd - B: devau bhūpatis tāv
31b - N2,B: hāsya-lakṣaṇam
32d - B: kṣaṇāt paśya ca hetukam
34b - N2: suliptaḥ suvibhūṣitaḥ

rājôvāca

kiṃtu tat-kāraṇaṃ yena vyāyāma-malinâmbaraḥ  /

śobhano 'ham abhūt pūrvam idānīṃ na vibhūṣitaḥ   // 35 //

aśvināv ūcatuḥ

divyena cakṣuṣā bhūpa kālasyâsya ca tasya ca  /

vayaḥ-pariṇatiṃ sūkṣmāṃ paśyavo 'pacaya-pradāṃ   // 36 //

yathā hi nāḍikā pūrṇā galaty avirataṃ nṛpa  /

nṝṇāṃ pariṇatis tadvac charīra-grahanād anu   // 37 //

janmato 'nantaraṃ bālyaṃ paugaṇḍatvaṃ tataḥ param  /

yauvanaṃ madhya-dehitvaṃ vārddhakaṃ ca jarā nṛṇām  /

sthūla-dṛṣṭyā prapaśyanti na tu te sūkṣma-darśinaḥ   // 38 //

nimeṣa-śata-bhāgasya sahasrâṃśa-kṣaṇo nṛpa  /

tasyâpy ayuta-bhāgâṃśo bhavaty apacayo nṛṇām   // 39 //

sūkṣmâtisūkṣmâpacayī bhavaty eṣa pumān nṛpa  /

pariṇāmaṃ kramād yāti tṛptiṃ vāri pibann iva   // 40 //

tad ahar jāta-bālyasya bālasyâpacayo hi saḥ  /

pratikṣaṇâṃśayā vṛddhir bālatvaṃ hīyate tayā   // 41 //

paugaṇḍe yauvane caîva vārddhake ca mahāmate  /

hāni-kramaḥ sa evôkto yo bālye kathitas tava   // 42 //

kāntir yā nṛpa bālasya pogaṇḍasya hi sā kutaḥ  /

tat-kānti-saukumāryâdyaiḥ śūnyam eva hi yauvanam   // 43 //

kānty-ādi-saṃpado hāniḥ paramā nṛpa vārddhake  /

tatrâpy anukṣaṇaṃ hānir hānir ā mṛtyuto nṛpa   // 44 //

evaṃ pratikṣaṇâṃśâṃśo nṝṇām apacaya-pradaḥ  /

kurvataḥ kimu kālas te mahā-snāna-prasādhanam   // 45 //

asmad-dṛṣṭo bhavān yāvat praviṣṭo nija-mandiram  /

tāvad dhānim anuprâptaḥ kimu yāmârdha-saṃsthitaḥ   // 46 //

yādṛśo 'dya bhavāṃs tādṛk tvaṃ na rūpī narêśvara  /

paraśvaḥ śvastanaṃ naîva caturthe 'hni ca tan-mayaḥ   // 47 //

evaṃ samasta-bhūtāni sthāvarāṇi carāṇi ca  /

pratikṣaṇâṃśâpacayaṃ  prâpnuvanti mahī-tale   // 48 //

---

35c  - 'abhūt'in all mss.!

39c  - B: tasyâpi śatabhāgâṃśair

41cd - DB,DL: pratikṣaṇaṃ śriyā vṛddhir bālasyâpacayo nṝṇām

44cd - B: om.

48d  - D-mss.,N1,5: mahīpate

tasmān na kautukaṃ kāryaṃ bhavatā tu narêśvara /
yat te rūpam abhūt pūrvam aprasādhita-śobhanam // 49 //

pulastya uvāca
rājā purūravā bhūyaḥ śrutvā vākyam idaṃ tayoḥ /
cintayitvā vacaḥ prâha saṃvegôtkampi-mānasaḥ // 50 //

rājôvāca
aho bhavadbhyāṃ kathitam anavasthita-saṃsthitam /
svarūpaṃ jagatāṃ devau yena trasto 'smi sāṃpratam // 51 //
ajñāna-timirândhānāṃ mad-vidhānāṃ bhavad-vidhāḥ /
pradīpa-bhūtāḥ saṃdeho vidyate nâtra kaścana // 52 // *
sadâpacaya-doṣeṇa duṣṭa-kāyaiḥ surôttamau /
yat kāryaṃ puruṣais tac ca kathyatāṃ hita-kāmyayā // 53 //

aśvināv ūcatuḥ
atimūḍho 'dhruve kāye sadâpacaya-dharmiṇi /
naras tad-upabhogyāni dhruvāṇi parimārgati // 54 //
āsanaṃ śayanaṃ yānaṃ paridhānaṃ gṛhâdikam /
vāṃchaty aho 'timohena susthiraṃ svayam asthiraḥ // 55 //
mūḍho 'dhruvaṃ dhruva-matiḥ kim ātmānaṃ na budhyate /
bālyāt paugaṇḍatāṃ gatvā yaḥ punar yauvanaṃ gataḥ // 56 //
bhuvaḥ śailaṃ samārūḍhaḥ samārūḍhas tato drumam /
ārohaṇaṃ sa kim anyad ṛkṣa-bhītaḥ kariṣyati // 57 //
bālyāt paugaṇḍatāṃ yāto yauvanād vṛddhatāṃ gataḥ /
vayo-'vasthā tataḥ kânyā yad bhogāya sthirêcchakaḥ // 58 //
tasmād etan manuṣyena vicāryâtma-hitâiṣiṇā /
śreyasy āmuṣmike yatnaḥ kartavyo 'har-niśaṃ nṛpa // 59 //

---

*(43) insertion in B:
mūḍho 'dhruve dhruvamatiḥ kim ātmānaṃ na budhyate /
(=38.56ab)

53ab - D-mss.: sadā parama-doṣeṇa; B: -kāyair narôttamaiḥ

53c - D-mss.: kāryaṃ tat puruṣais

54a - B,N2: asti mūḍho

54d - N1,2,5: dhruvāṇi paramāṃ gatim

56a - N3,6: 'dhruvaṃ dhruvam iti, N3 corrected corresponding to other mss.

57cd - all mss. except DB: -âśaṅkām anyām; DB: vṛkṣato 'taḥ kariṣyati

bhogeṣv asaktiḥ satataṃ tathâivâtmâvalokanam /
śreyaḥ paraṃ manuṣyāṇāṃ kapilaḥ prâha pārthivaḥ // 60 //
sarvatra sama-darśitvaṃ nirmamatvam asaṅgitā /
śreyaḥ paraṃ manuṣyāṇāṃ prâha pañcaśikho muniḥ // 61 //
āgarbha-janma-bālyâdi-vayo-'vasthâdi-vedanam /
śreyaḥ paraṃ manuṣyāṇām aṅgāriṣṭho 'bravīn nṛpaḥ // 62 //
adhyātmikâdi-duḥkhānām atyantâdi-pratikriyā /
śreyaḥ paraṃ manuṣyāṇāṃ janakaḥ prâha mokṣavit // 63 //
abhinnayor bheda-karaḥ pratyayo yaḥ parâtmanoḥ /
hiraṇyagarbhas tac-chāntiṃ śreyaḥ paramam abravīt // 64 //
kartavyam iti yat karma ṛg-yajuḥ-sāma-saṃjñitam /
kriyate tat paraṃ śreyo jaigīṣavyo 'bravīn muniḥ // 65 //
hāniṃ sarva-vidhitsānām ātmanaḥ sukha-hetukīm /
śreyaḥ paraṃ manuṣyāṇāṃ devalo 'py āha tattvavit // 66 //
yad yat tyajati kāmānāṃ tat sukhasyâbhipūryate /
etad eva paraṃ śreyo vijñānaṃ hita-kāminām // 67 //
kāmânusārī puruṣaḥ kāmān anu vinaśyati /
aśreyasaṃ paraṃ caîtad yad bhūpālâtikāmitā // 68 //
evaṃ vijñāta-tattvârthaḥ sanako yogināṃ varaḥ /
narêndra prâha viprāṇāṃ paramârtha-paraṃ-param // 69 //
kriyā-kalâpa-phala-dam ṛg-yajuḥ-sāma-saṃjñitam /
amuṣmin madhyamaṃ śreyaḥ prâhuḥ saptarṣayo nṛpa // 70 //
ihâiva phala-daṃ kāmyaṃ karma yat kriyate naraiḥ /
tad āhur aparaṃ śreyo ṛcīka-cyavanâdayaḥ // 71 //
dve karmaṇī nara-śreṣṭha brahmaṇā samudāhṛte /
pravṛttâkhyaṃ nivṛttaṃ ca svarga-mukti-phale hi te // 72 //

---

60d - N1,3,6: pārthiva

62d - D-mss.,B: maṅgāriṣṭo; N2,5: nṛpaḥ; D-mss.: muniḥ; B: 'bravīt tadā

63a - all mss. except N2: adhyātmakâdi-

63d - N-mss.: janako hy āha

64b - DC: prītyayor yaḥ surâtmanaḥ (?); N2: prītayo yaḥ parâtmanāḥ; DB: yaḥ sadâtmanaḥ

67b - D-mss.: sukhasyânubhūyate; B: sukhenâiva pūryate

67d - N3,6,B: hitakāmitā; N2,5: na hi kāmitā

68c - DB,N5: aśreyasa-paraṃ

70ab - B: phalaṃ kriyā-kalāpaṃ yad

pravṛttam api mokṣāya karma pārthiva jāyate /
karma svarūpato bhraṣṭam anākāṅkṣya phalaṃ kṛtam // 73 //
sāmānyaṃ câparaṃ śreyaḥ sarva-varṇâśrameṣu yat /
tac chṛṇuṣva mahī-pāla vadato mama tattvataḥ // 74 //

satyaṃ vaktavyaṃ nityaṃ maitreṇa bhāvyaṃ
kāryaṃ ca tyājyaṃ nityam āyāsa-kāri /
loke 'muṣmin yad dhitaṃ ca tathâsmiṃs
tasminn ātmā yojanīyo dhīraiḥ // 75 //
tīrtha-snānaiḥ sôpavāsair ajasraṃ
pātre dānair homa-jāpaiś ca nityam /
śuddhir neyo devatâbhyarcanaiś ca
śuddho 'py ātmā saṅga-doṣād aśuddhaḥ // 76 //
śuddhaṃ vastraṃ saṅga-doṣād aśuddhaṃ
bhūyaḥ śuddhiṃ śodhyamānaṃ prayāti /
etaj jñātvā na pramādo manuṣyaiḥ
śuddhe hy ātmany ātma-vidbhir vidheyaḥ // 77 //

pulastya uvāca
ity uktvā tau narêndraṃ taṃ tena cârghyâdinā pṛthak /
samyak saṃpūjitau yātau nāka-pṛṣṭham athâśvinau // 78 //
sa câpy anityatām eva avagamya narêśvaraḥ /
niṣkāmo 'nudinaṃ yajñair iyāja puruṣôttamam // 79 //
bhogâsaṅgi mano dālbhya yadâsīt tasya bhū-pateḥ /
tad eva bhagavad-dhyānaṃ paraṃ cakre mahāmune // 80 //
tatyājârtheṣu mamatām ahaṃ-kāraṃ tathâtmani /
samatāṃ sarva-bhūteṣu saṃprâpa pṛthivī-patiḥ // 81 //
yasyâtmany api viprarṣe nâhaṃ-māno 'sti kutracit /
madâvalepo rūpâdau tasya syād iti kā kathā // 82 //
evaṃ dālbhya manuṣyeṇa samatām anutiṣṭhatā /
sarva-bhogeṣu saṃtyājyo dhyeyaś ca puruṣôttamaḥ // 83 //

---

78a - N-mss., B: narêndraṃ tau
78c - B: samyak pūjitau yātau tau
80cd - D-mss.: tadâiva; N-mss.: dhyāna-paraṃ
83c - N1,5: sarva-bhūteṣu; B: manobhogeṣu saṃtyājyaṃ

kutra tiṣṭhati govindo bāhya-nivṛta-cetasi /
tasmān niḥsaṅga-cittena śakyaś cintayituṃ hariḥ // 84 //
prīti-dveṣâdayas tyaktvā maharṣe yasya cetasā /
priyâtithis tad-hṛdaye viṣṇur mokṣa-phala-pradaḥ // 85 //

// iti viṣṇudharmeṣv aśvinapurūravasaṃvādaḥ //

84b - DC,N2: -cetasaḥ; N3,5,6,B: bāhyârthakṛśacetasaḥ; N1: bāhyârthaphalacetasaḥ

Col. - B: om.; N1: -puruṣasaṃvādaḥ; D-mss.: -puraurava-saṃvādo nāma

## 39

dālbhya uvāca

kāryârambheṣu sarveṣu duḥsvapneṣu ca sattama /
amaṅgalyeṣu sarveṣu yaj japtavyaṃ tad ucyatām // 1 //
yenârambhāś ca siddhyanti duḥsvapnaṃ côpaśāmyati /
amaṅgalānāṃ sarveṣāṃ pratīghātaś ca jāyate // 2 //

pulastya uvāca

janārdanaṃ bhūta-patiṃ jagad-guruṃ
smaran manuṣyaḥ satataṃ mahāmune /
duṣṭāny aśeṣāṇy apahanti sādhayaty
aśeṣa-kāryāṇi tathā yadîcchati // 3 //
śṛṇuṣva cânyad vadato mamâkhilaṃ
vadāmi yat te dvija-varya maṅgalam /
sarvârtha-siddhiṃ pradadāti yaḥ sadā
nihanty aśeṣāṇi ca pātakāni // 4 //

pratiṣṭhitaṃ yatra jagac carâcaraṃ
jagac ca yo yo jagataś ca hetuḥ /
jagac ca pāty atti ca yaḥ sa sarvadā
mamâstu maṅgalya-vivṛddhaye hariḥ // 5 //
vyomâmbu-vāyv-agni-mahī-svarūpair
vistāravān yo 'ṇutaro 'ṇubhāgāt /
sa sthūla-sūkṣmaḥ satataṃ surêśvaro
mamâstu maṅgalya-vivṛddhaye hariḥ // 6 //
yasmāt parastāt puruṣād anantād
anādi-madhyād adhikaṃ na kiṃcit /
sa hetu-hetuḥ paramêśvarêśvaro
mamâstu maṅgalya-vivṛddhaye hariḥ // 7 //
hiraṇyagarbhâcyuta-rudra-rūpī
sṛjaty aśeṣaṃ paripāti hanti /
guṇâśrayī yo bhagavān sa sarvadā
mamâstu maṅgalya-vivṛddhaye hariḥ // 8 //

---

1c - B: duṣṭeṣu yaj
3d - B: sidhyanti kāryāṇi yadā
4a - B: śṛṇuṣva vākyaṃ gadato
6bc - N1,5: 'nuttaraś ca bhāgāt satatêśvarêśvaro; B: paramêśvarêśvaro

paraḥ surāṇāṃ paramo 'surāṇāṃ
paro munīnāṃ paramo yatīnām /
paraḥ samastasya ca yaḥ sa devo
mamâstu maṅgalya-vivṛddhaye hariḥ // 9 //
dhyāto yatīnām apakalmaṣair yo
dadāti muktiṃ paramêśvarêśvaraḥ /
manobhir ādyaḥ puruṣaḥ sa sarvadā
mamâstu maṅgalya-vivṛddhaye hariḥ // 10 //
surêndra-vaivasvata-vittapâmbupa-
svarūpa-rūpī paripāti yo jagat /
sa śuddha-sattvaḥ paramêśvarêśvaro
mamâstu maṅgalya-vivṛddhaye hariḥ // 11 //
yan-nāma-saṃkīrtanato vimucyate
aneka-janmârjita-pāpa-saṃcayaiḥ /
pāpêndhanâgniḥ sa sadaîva nirmalo
mamâstu maṅgalya-vivṛddhaye hariḥ // 12 //
yenôddhṛtêyaṃ dharaṇī rasā-talād
aśeṣa-sattva-sthiti-kāraṇād idam /
bibharti viśvaṃ jagataḥ sa mūlavān
mamâstu maṅgalya-vivṛddhaye hariḥ // 13 //
pādeṣu vedā jaṭhare carâcaraṃ
romasv aśeṣā munayo mukhe makhāḥ /
yasyêśvarêśasya sa sarvadā prabhur
mamâstu maṅgalya-vivṛddhaye hariḥ // 14 //
samasta-yajñâṅga-mayaṃ vapur vibhor
yasyâṅgam īśêśvara-saṃstutasya /
varāha-rūpo bhagavān sa sarvadā
mamâstu maṅgalya-vivṛddhaye hariḥ // 15 //
vikṣobhya sarvôdadhi-toya-saṃpadaṃ
dadhāra dhātrīṃ jagataś ca yôdbhavaḥ /
yajñêśvaro yajña-pumān sa sarvadā
mamâstu maṅgalya-vivṛddhaye hariḥ // 16 //

---

10 - N2: om.

13ab - D-mss.: pṛthivī, -kāraṇâdikam

14-15 - B: om.

16b - 'yôdbhavaḥ' (secondary sandhi!) in all mss. except : N2: yo 'vyayaḥ; DB,DL,DN: yo 'dvayaḥ; B: yo vibhuḥ

pātāla-mūlêśvara-bhogi-saṃhatau
    vinyasya pādau pṛthivīṃ ca bibhrataḥ /
yasyôpamānaṃ na babhūva so 'cyuto
    mamâstu maṅgalya-vivṛddhaye hariḥ // 17 //
vighargharaṃ yasya ca bṛṃhato muhuḥ
    sa-nandanâdyair jana-loka-saṃsthitaiḥ /
śrutaṃ jayêty-ukti-paraiḥ sa sarvadā
    mamâstu maṅgalya-vivṛddhaye hariḥ // 18 //
ekârṇavād yasya mahīyaso mahīm
    ādāya vegena samutpatiṣyataḥ /
nutaṃ vapur yogi-varaiḥ sa sarvadā
    mamâstu maṅgalya-vivṛddhaye hariḥ // 19 //
hato hiraṇyâkṣa-mahâsuraḥ purā
    purāṇa-puṃsā paramena yena /
varāha-rūpaḥ sa patiḥ prajāpater
    mamâstu maṅgalya-vivṛddhaye hariḥ // 20 //
daṃṣṭrā-karālaṃ sura-bhīti-nāśanaṃ
    kṛtvā vapur divya-nṛsiṃha-rūpiṇaṃ /
trātaṃ jagad yena sa sarvadā prabhur
    mamâstu maṅgalya-vivṛddhaye hariḥ // 21 //
daityêndra-vakṣaḥ-sthala-dāra-dāruṇaiḥ
    karo-ruhaiḥ śatru-rujânukāribhiḥ /
cicheda lokasya bhayāni câvyayo
    mamâstu maṅgalya-vivṛddhaye hariḥ // 22 //
dantânta-dīpti-dyuti-nirmalāṇi
    cakāra sarvāṇi diśāṃ mukhāni /
nināda-vitrāsita-dānavo hy asau
    mamâstu maṅgalya-vivṛddhaye hariḥ // 23 //
yan-nāma-saṃkīrtanato mahā-bhayād
    vimokṣam āpnoti na saṃśayaṃ naraḥ /
samasta-lokârti-haro nṛkesarī
    mamâstu maṅgalya-vivṛddhaye hariḥ // 24 //

---

18a - B: bibhrac ciraṃ yasya

19c - B: stutaṃ vapur; D-mss.,B: yoga-varaiḥ

20b - N1,2,5,B: -nṛsiṃha-rūpiṇā

22b - 'karo-ruhaiḥ' metri causa for 'kara-ruhaiḥ'

saṭā-kalâpa-bhramaṇânila-hatāḥ
  sphuṭanti yasyâmbu-dharāḥ samantataḥ /
sa divya-siṃhaḥ sphuritâkulêkṣaṇo
  mamâstu maṅgalya-vivṛddhaye hariḥ // 25 //
yad-īkṣaṇa-jyotiṣi raśmi-maṇḍalaṃ
  pralīnam eva na rarāja bhāsvataḥ /
kutaḥ śaśâṅkasya sa siṃha-rūpa-dhṛṅ
  mamâstu maṅgalya-vivṛddhaye hariḥ // 26 //
dravanti daityāḥ praṇamanti devatā
  naśyanti rakṣāṃsy apayānti cârayaḥ /
yat-kīrtanāt so 'dbhuta-rūpa-kesarī
  mamâstu maṅgalya-vivṛddhaye hariḥ // 27 //
aśeṣa-devêśa-narêśvarêśvaraiḥ
  sadā stutaṃ yac-caritaṃ mahâdbhutaṃ /
sa sarva-lokârti-haro mahā-harir
  mamâstu maṅgalya-vivṛddhaye hariḥ // 28 //
ṛk-kāritaṃ yo yajuṣâtiśāntimat
  sāma-dhvani-dhvasta-samasta-pātakaṃ /
cakre jagad vāmanakaḥ sa sarvadā
  mamâstu maṅgalya-vivṛddhaye hariḥ // 29 //
yat-pāda-vinyāsa-pavitratāṃ mahī
  yayau viyad ṛg-yajuṣām udīraṇāt /
sa vāmano divya-śarīra-dhṛk sadā
  mamâstu maṅgalya-vivṛddhaye hariḥ // 30 //
yasmin prayāte sura-bhū-bhṛto 'dhvaraṃ
  nanāma khedād avaniḥ sa-sāgarā /
sa vāmanaḥ sarva-jagan-mayaḥ sadā
  mamâstu maṅgalya-vivṛddhaye hariḥ // 31 //
mahā-dyutau daitya-pater mahâdhvaraṃ
  yasmin praviṣṭe kṣubhitaṃ mahâsuraiḥ /
sa vāmano 'nta-sthita-sapta-loka-dhṛṅ
  mamâstu maṅgalya-vivṛddhaye hariḥ // 32 //

---

25c - N1,2: sphuritânalêkṣaṇo; DB,DL: sa divyarūpo narasiṃharūpadhṛk
26 - DB,DL: om.
28c - D-mss.: sarvarogârti-
30 - N2: om.
32bc - D-mss.: surâsuraiḥ; B: 'ntaḥsthita; D-mss.: madhyaloka-

samasta-devêṣṭi-mayaṃ mahā-dyutir
dadhāra yo rūpam atîndriyaṃ prabhuḥ /
trivikramâkrānta-jagat-trayaḥ sadā
mamâstu maṅgalya-vivṛddhaye hariḥ // 33 //
saṅghaiḥ surāṇāṃ divi bhū-tale sthitais
tathā manuṣyair gagane ca khe-caraiḥ /
stutaḥ kramād yaḥ pradade sa sarvadā
mamâstu maṅgalya-vivṛddhaye hariḥ // 34 //
krāntvā dharitrīṃ gaganaṃ tathā divaṃ
marut-pater yaḥ pradadau triviṣṭapam /
sa devadevo bhuvanêśvarêśvaro
mamâstu maṅgalya-vivṛddhaye hariḥ // 35 //
anugrahaṃ câpi baler anuttamaṃ
cakāra yaś cêndra-padôpalakṣaṇaṃ /
surāṃś ca yajñasya bhujaḥ sa sarvadā
mamâstu maṅgalya-vivṛddhaye hariḥ // 36 //
rasā-talād yena purā samāhṛtāḥ
samasta-vedā vara-vāji-rūpiṇā /
sa kaiṭabhârir madhu-sūdano mahān
mamâstu maṅgalya-vivṛddhaye hariḥ // 37 //
niḥkṣatriyāṃ yaś ca cakāra medinīm
anekaśo bāhu-vanaṃ tathâchinat /
yaḥ kārtavīryasya sa bhārgavôttamo
mamâstu maṅgalya-vivṛddhaye hariḥ // 38 //
nihatya vāliṃ ca kapîśvaraṃ hi yo
nibadhya setuṃ jaladhau daśânanam /
jaghāna cânyān rajanī-carān asau
mamâstu maṅgalya-vivṛddhaye hariḥ // 39 //
cikṣepa bālaḥ śakaṭaṃ babhañja yo
yamalârjunau kaṃsam ariṃ jaghāna /
mamarda cāṇūra-mukhaṃ sa sarvadā
mamâstu maṅgalya-vivṛddhaye hariḥ // 40 //

---

34 - DC: om.
40 - DC: om.

prātaḥ sahasrâṃśu-marīci-nirmalaṃ
karеṇa bibhrad bhagavān sudarśanam /
kaumodakīṃ câpi gadām anuttamāṃ
mamâstu maṅgalya-vivṛddhaye hariḥ // 41 //
himêndu-kunda-sphaṭikâbhra-komalaṃ
mukhânilâpūritaṃ īśvarêśvaraḥ /
madhyâhna-kāle ca sa śaṅkham uttamaṃ
mamâstu maṅgalya-vivṛddhaye hariḥ // 42 //
tathâparâhne pravikāsi-paṅkajaṃ
vakṣaḥ-sthalena śriyam udvahad vibhuḥ /
vistāri-padmôtpala-patra-locano
mamâstu maṅgalya-vivṛddhaye hariḥ // 43 //
sarveṣu kāleṣu samasta-deśeṣv
aśeṣa-kāryeṣu tathêśvarêśvaraḥ /
sarvaiḥ svarūpair bhagavān anādimān
mamâstu maṅgalya-vivṛddhaye hariḥ // 44 //

etat paṭhan dālbhya samasta-pāpair
vimucyate viṣṇu-paro manuṣyaḥ /
sidhyanti kāryāṇi tathâsya sarvāṇy
arthān avâpnoti tathā yathêṣṭam // 45 //
duḥsvapnaṃ praśamam upaîti paṭhyamāne
stotre 'smin śravaṇa-vidhau sadôtthitasya /
prârambho drutam upayāti siddhim īśaḥ
pāpāni kṣapayati câsya vāsudevaḥ // 46 //
maṅgalyaṃ paramam idaṃ sadârtha-siddhiṃ
nirvighnaṃ tv adhika-phalaṃ sadā dadāti /
kiṃ loke tad iha paratra câsti puṃsāṃ
yad viṣṇu-pravaṇa-dhiyā na dālbhya sādhyam // 47 //
devêndras tribhuvanam artham ekapiṅgaḥ
sarvarddhiṃ tribhuvana-gāṃ ca kārtavīryaḥ /
vaidehaḥ parama-padaṃ prasādya viṣṇuṃ
saṃprâptaḥ sakala-phala-prado hi viṣṇuḥ // 48 //

---

44c - N-mss.: sarvasvarūpair
45d - N3,5,6: arthāni câpnoti
47b - B: nirvighnaṃ samaṃ adhikaṃ phalaṃ dadāti

sarvârambheṣu dālbhyaîtad duḥsvapneṣu ca paṇḍitaḥ /
japed eka-matir viṣṇau tathâmaṅgalya-darśane // 49 //
śamaṃ prayānti duṣṭāni graha-pīḍāś ca dāruṇāḥ /
karmârambhāś ca sidhyanti puṇyam āpnoti côttamam // 50 //
harir dadāti bhadrāṇi maṅgalya-stuti-saṃstutaḥ /
karoty akhila-rūpaiś ca rakṣām akṣata-śakti-dhṛk // 51 //

// iti viṣṇudharmeṣu maṅgalyastavaḥ //

Col. - N1,5: -stavo nāmaḥ; D-mss.: -stavaṃ nāma;
B: -stavaḥ samāptaḥ

40

dālbhya uvāca
kurvīta kiṃ pumān sthānaṃ kaḥ pumān brahmaṇo balam /
brahmaṇaś ca kathaṃ bhedo jñeyo 'bhinna-phala-pradaḥ // 1 //

pulastya uvāca
sva-karmaṇā dhanaṃ labdhvā nitya-naimittikāḥ kriyāḥ /
kurvīta śuddhim āsthāya svêcchayā ca tathā paraḥ // 2 //
tyaktvā rāgâdikān doṣān samaḥ sarvatra vai bhavet /
sarvatra maitrīṃ kurvīta dadyād iṣṭāni cârthinām // 3 //
kuryād dīneṣu karuṇāṃ duḥśīlāṃ parivarjayet /
muditā dharma-śīleṣu bhāvanā munisattama // 4 //
ekatra vā jagannāthe bhāvanā puruṣottame /
niḥśeṣârtha-malâpêtāṃ śuddhāṃ kurvīta paṇḍitaḥ // 5 //
śarīra-bāhyatāṃ śaśvad dhiṃsāṃ kurvīta na kvacit /
nindâvamānam anyeṣāṃ yac cânyad upaghātakam // 6 //
śarīra-vāṅ-manaḥ-śuddhiṃ kurvīta ca sadâtmanaḥ /
bhūtānām upakāraṃ ca tapobhiś câtma-karṣaṇam // 7 //
eṣa dharmaḥ samāsena dālbhyâkhyāto mayā tava /
adharmaś câyam evôkto viparîto manīṣibhiḥ // 8 //
ete yatra guṇāḥ pūrvaṃ kathitā jñāna-saṃyutāḥ /
brahmaṇaḥ sâśrayaḥ śuddha upacārāt tad eva saḥ // 9 //

ekasyâiva satas tasya brahmaṇo dvijasattama /
nāmnāṃ bahutvaṃ lokānām upakāra-karaṃ śṛṇu // 10 //

nimitta-śaktayo nāmno bhedatas tad-udīraṇāt /
vibhinnāny eva sādhyante phalāni kurunandana // 11 //

---

1b - N1,2,5,B: brahmaṇo malam
1d - N-mss.: -pradāḥ
2b - D-mss.: -naimittikāṃ kriyām
3a - N-mss.: duḥkharāgādikān
6a - N-mss.: śarīrabāhyato; B: śarīravāṅmanobhiś ca
7b - all mss. except B repeat 6b
9c - B: brahma tasya śreyaḥ
10a - N1,5,B: ekasyâiva samastasya
11d - N1,2,5: phalāni munipuṅgava

yac-chakti nāma tat tasya tat tasminn eva vastuni /
sādhakaṃ puruṣavyāghra saumya-krūreṣu vastuṣu // 12 //

vāsudevâcyutânanta-satyâjya-puruṣottamaiḥ /
paramâtmêśvarâdyaiś ca stuto nāmabhir avyayaḥ // 13 //
nimitta-bhāvaṃ bhagavān vimukter yāty adho'kṣajaḥ /
tathânya-kārya-saṃsiddhau yad yat tat tan niśāmaya // 14 //

dharmadhṛg dharmakṛd dharmī dharmâtmā viśvakṛc chuciḥ /
śuciṣad viṣṇur abjâkṣaḥ puṣkarâkṣo hy adho'kṣajaḥ /
śuciśravāḥ śipiviṣṭo yajñeśo yajñabhāvanaḥ // 15 //
nāmnām ity evam ādīnāṃ samuccāraṇato naraḥ /
dharmaṃ mahāntam āpnoti pāpa-bandha-kṣayaṃ tathā // 16 //
tathârtha-prâptaye brahman deva-nāmāni me śṛṇu /
yeṣāṃ samuccāraṇato vittam āpnoti bhaktimān // 17 //
śrīdaḥ śrîśaḥ śrīnivāsaḥ śrīdharaḥ śrīniketanaḥ /
śriyaḥ patiḥ śrīparamaḥ śrīmān śrīvatsa-lāñchanaḥ // 18 //
nṛsiṃho duṣṭadamano jayo viṣṇus trivikramaḥ /
stutaḥ prayacchate cârtham evam ādibhir acyutaḥ // 19 //
kāmyaḥ kāmapradaḥ kāntaḥ kāmapālas tathā hariḥ /
ānando mādhavaś caîva kāma-saṃsiddhaye nṛpa // 20 //
rāmaḥ paraśurāmaś ca nṛsiṃho viṣṇur eva ca /
vikramaś caîvam ādīni japyāny ari-jigīṣubhiḥ // 21 //
vidyām abhyasatā nityaṃ japtavyaḥ puruṣottamaḥ /
dāmodaraṃ bandha-gato nityam eva japen naraḥ // 22 //
keśavaṃ puṇḍarīkâkṣaṃ puṣkarâkṣaṃ tathā japet /
netra-bādhāsu sarvāsu hṛṣīkeśaṃ bhayeṣu ca // 23 //
acyutaṃ câmṛtaṃ caîva japed auṣadha-karmaṇi /
bhrājiṣṇum agni-hānau ca japed ālambane sthitam // 24 //
saṃgrāmâbhimukhaṃ gacchan saṃsmared aparājitam /
pātāla-narasiṃhaṃ ca jala-prataraṇe smaret // 25 //

---

15a - B: dharmakṛd dharmavid; all other mss except DB: dharmakṛd dharmakṛd

18b - D-mss.,N2: śrīgarbhaḥ

19d - B: ebhir nāmabhir acyutaḥ

20a - B: kāmyaḥ kāmaḥ kāmadevaḥ

23c - D-mss.: netravyathāsu

cakriṇaṃ gadinaṃ caîva śārṅginaṃ khaḍginaṃ tathā /
kṣemârthe pravasan rājan dikṣu prācyâdiṣu smaret // 26 //
ajitaṃ câdhikaṃ caîva sarvaṃ sarvêśvaraṃ tathā /
saṃsmaret puruṣo bhaktyā vyavahāreṣu sarvadā // 27 //
nārāyaṇaṃ sarva-kālaṃ kṣuta-praskhalitâdiṣu /
graha-nakṣatra-pīḍāsu deva-bādhâṭavīṣu ca // 28 //
dasyu-vairi-nirodheṣu vyāghra-siṃhâdi-saṃkaṭe /
andha-kāre ca tīvre ca narasiṃham anusmaret /
taraty akhila-durgāṇi tāpârto jalaśāyinam // 29 //
garuḍadhvajânusmaraṇād āpadbhyo mucyate naraḥ /
jvara-duṣṭa-śiro-roga - viṣa-vīryaṃ praśāmyati // 30 // *
snāne devârcane home praṇipāte pradakṣiṇe /
kīrtayed bhagavan-nāma vāsudevêti tat-paraḥ // 31 //
sthagane vitta-dhānyâder apadhyāne ca duṣṭaje /
kurvīta tanmanā bhūtvā anantâcyuta-kīrtanam // 32 //
nārāyaṇaṃ śārṅgadharaṃ śrīdharaṃ puruṣottamam /
vāmanaṃ khaḍginaṃ caîva duḥsvapneṣu ca saṃsmaret // 33 //
ekârṇavâhi-paryaṅkaśāyinaṃ ca naraḥ smaret /
vāyv-agnī-gṛha-dāhāya pravṛddhāv upalakṣya ca // 34 //
vidyârthī moha-vibhrānti - vegâghūrṇita-mānasaḥ /
manuṣyo muniśārdūla sadâśvaśirasaṃ smaret // 35 //
balabhadraṃ samṛddhârthī sīra-karmaṇi kīrtayet /
jagat-sūtim apatyârthī stuvan bhaktyā na sīdati // 36 //
japtavyaṃ suprajâkhyaṃ tu devadevasya sattama /
dampatyor ātma-saṃbandhe vivāhâkhye punaḥ punaḥ // 37 //
śrīśaṃ sarvâbhyudayike karmaṇi saṃprakīrtayet /
ariṣṭânteṣv aśeṣeṣu viśokaṃ ca sadā japet // 38 //

---

27ab - B: ajinarājitaṃ caiva sarvaṃ sarveśvaraṃ harim /
30a - hypermetric pāda with 2nd vipulā; B: garuḍadhvajasya
30bc - N1,2,5,B: om., N1: inserted in margin
*(44) insertion in N1:
jvaraduṣṭaśirorogaviṣavīryaṃ praśāmyati /
( =30cd )
34a - N1,5: ekārṇavāmbu-; N2,D: ekārṇavâdi-; B: ekārṇave hi
37d - D-mss.,N5,B: vivāhākhyaṃ; N1: viṣṇvākhyaṃ tu
38b - N-mss.: karmaṇī

marut-pratāpâgni-jala-bandhanâdiṣu mṛtyuṣu /
svātantrya-paratantreṣu vāsudevaṃ japed budhaḥ // 39 //
sarvârtha-śakti-yuktasya devadevasya cakriṇaḥ /
yad vâbhirocate nāma tat sarvârtheṣu kīrtayet // 40 //
sarvârtha-siddhim āpnoti nāmnām ekârthatā yataḥ /
sarvāṇy etāni nāmāni parasya brahmaṇo 'nagha // 41 //
evam etāni nāmāni devadevasya kīrtayet /
yaṃ yaṃ kāmam abhidhyāyet taṃ tam āpnoty asaṃśayaḥ /
sarvān kāmān avâpnoti samārādhya jagadgurum // 42 //

tan-mayatvena govindam ity etad dālbhya nânyathā /
tan-mayo vāñchitān kāmān yad avâpnoti mānavaḥ // 43 //
nimitta-śaktiḥ sā tasya na bhedo dālbhya mānasaḥ /
vāṅ-manaḥ-kāyikaṃ dveṣaṃ yac ca kurvan prayāty adhaḥ // 44 //
svarūpa-śaktiḥ sā tasya mati-bheda-kṛtaṃ na tad /
sa śākto nirguṇaḥ śuddho brahma-bhūto jagadguruḥ // 45 //

karmabhir nāmabhir jīvo dṛśyate dālbhya naîkadhā /
yathā ca gaṅgā-salilaṃ sitam atyanta-nirmalam // 46 //
eka-svarūpam adhyātmaṃ puṇyâpuṇya-vibhedibhiḥ /
bhrānti-jñānânvitair miśraṃ sitâsita-viceṣṭitaiḥ /
dṛśyate naîkadhā dālbhya prāṇibhir bhinna-buddhibhiḥ // 47 //
tāpârtās tāpa-śamanam atiprītyâtiśītalam /
kapha-doṣânvitair nâtiprīti-yuktair niraṃśubhiḥ // 48 //
strī-yogyam etan ṇêt[î]ti prīty-aprīti-samanvitaiḥ /
madhya-stha-buddhyā caîvânye nâtiśītâtitāpibhiḥ // 49 //
pavitram ity etad iti puṇya-buddhyā tathâparaiḥ /
mṛṣṭam etad itîty anyair matsyâḍhyam iti câparaiḥ // 50 //
tulya-buddhyâpi caîvânyair heya-buddhyā tathâparaiḥ /
nâtivegâtivegaṃ ca hṛṣṭôdvignais tathâparaiḥ // 51 //

---

39a - N3,6: -âgnijalād
40b - D-mss.: vāsudevasya
42e - D-mss.: kāmān sarvān
43d - N1: padam āpnoti; N5,D-mss.: padaṃ prâpnoti
47a - N-mss.,B: adhyātmā
48b - D-mss.: prati prītyâ-
49a - B: striyo 'py adharam anyonyam; all other mss.: nety eti
51a - N3,6: tulyâmbubuddhyā caivānyair

kim etenêti caîvânyaiḥ para-dārâbhilāṣibhiḥ /
dālbhya saṃdṛśyate cânyair jantubhir bhāya-kātaraiḥ /
tad eva pūyaṃ paśyanti pretâdyā hṛti-pāpinaḥ // 52 //
etaiś cânyaiś ca bahubhir viśeṣair bahu-jantubhiḥ /
viśeṣavat karma-bhedād ekam eva hi dṛśyate // 53 //
naîte gaṅgâmbhaso bhedāḥ prīty-aprīti-pradāyinaḥ /
prāṇināṃ cetaso bhedād dālbhyaîte karma-yonayaḥ // 54 //
samasta-karmaṇā dālbhya saṃkṣaye bhayam ety asau /
viśeṣa-kāraṇâbhāvād viśeṣâbhāva eva hi // 55 //
viṣṇv-ākhyam evaṃ tad brahma śuddham atyanta-nirmalam /
abhedaṃ bahudhā bhinnaṃ dṛśyate karma-bhedibhiḥ // 56 //
yogibhir dṛśyate śuddhaṃ rāgâdy-upaśamâmalaiḥ /
rāgibhir viṣayâkāraṃ tad eva brahma dṛśyate // 57 //
karma-mārgâśritaiḥ karma-bhoktṛtve ca tathêṣyate /
kim apy astîti caîvânyair avivekibhir ucyate // 58 //
sarvam etat tad evêti vadanty advaita-vādinaḥ /
pratyakṣaṃ dṛśyam evêti vadanty anye dur-uktibhiḥ // 59 //
vadanty anye tad evâhaṃ nâstîty anye vadanti tat /
tiryag-manuṣya-devâkhyaṃ tad anyair abhidhīyate // 60 //
vandya-buddhyā tu tat kaiścid dhyeya-bhuddhyā tathâparaiḥ /
gamya-buddhyā tathânyaiś ca labhya-buddhyā ca jantubhiḥ // 61 //
gṛhyate tat paraṃ brahma ripu-buddhyā tathâparaiḥ / *
ātma-putra-suhṛd-bhrātṛ-para-buddhyā ca naîkadhā // 62 //
prāṇibhiḥ karma-vaiṣamya-bhinna-buddhibhir avyayam /
tad brahma gṛhyate dālbhya paramârthaṃ nibodha me // 63 //

---

52f - DB: hṛdi pā-
53b - N2,B: vastujantubhiḥ
53cd - N1,5: viśeṣakarma bhedena hy ekam eva hi dṛśyate
55b - D-mss.: kṣayam ety
58b - D-mss.: -bhoktṛtvena
62ab - B: gṛhyam etat paraṃ brahma viṣṇubuddhyā
*(45) insertion in N2,3,5,6:
ātmaputrasuhṛdbhrātṛparabuddhyā tathâparaiḥ /
(cf. 62cd)

bhūtêndriyântaḥkaraṇa-pradhāna-puruṣâtmakam /
aparaṃ brahmaṇo rūpaṃ paraṃ dālbhya niśāmaya // 64 //
aheyam akṣaraṃ śuddham asaṃbhūti-nirañjanam /
viṣṇv-ākhyaṃ paramaṃ brahma yad vai paśyanti sūrayaḥ // 65 //

// iti viṣṇudharmeṣu brahmâkhyānakam //

---

Col. - D-mss.: -âkhyānakaṃ nāma; B: -dharme nānākarmanāma-kalpaḥ

41

dālbhya uvāca
yathâiva bhavatā prôktaṃ dharmârthâdes tu sādhanam /
patnī nṝṇāṃ muni-śreṣṭha yoṣitaś ca tathā naraḥ // 1 //
tac chrotum icche viprarṣe vidhavā strī na jāyate /
upôṣitena yenâgryā patnyā vara-hito naraḥ // 2 //

pulastya uvāca
aśūnya-śayanā nāma dvitīyāṃ śṛṇu tāṃ mama /
yām upôṣya na vaidhavyaṃ prayāti strī dvijôttama // 3 //
patnī-viyuktaś ca naro na kadācit prajāyate /
śete jagatpatiḥ kṛṣṇaḥ śriyā sârdhaṃ yathā dvija // 4 //
aśūnya-śayanā nāma tadā grāhyā hi sā tithiḥ /
kṛṣṇa-pakṣa-dvitīyāyāṃ śrāvaṇe dvijasattama // 5 //
idam uccārayen nāma praṇamya jagataḥ patim /
śrīvatsa-dhāriṇaṃ śrîśaṃ bhaktyâbhyarcya śriyā saha // 6 //
śrīvatsa-dhārin śrī-kānta śrī-dhāma śrī-pate 'cyuta /
gārha-sthyaṃ mā praṇāśaṃ me yātu dharmârtha-kāma-dam // 7 //
agnayo mā praṇaśyantu mā praṇaśyantu devatāḥ /
pitaro mā praṇaśyantu matto dāmpatya-bhedataḥ // 8 //
lakṣmyā viyujyate deva na kadācid yathā bhavān /
tathā kalatra-saṃbandho deva mā me vibhidya[tām] // 9 //
lakṣmyā na śūnyaṃ varada yathā te śayanaṃ sadā /
śayyā mamâpy aśūnyâstu tathâiva madhusūdana // 10 //
evaṃ prasādya pūjāṃ ca kṛtvā lakṣmyās tathā hareḥ /
phalāni dadyāc chayyāyām abhîṣṭāni jagatpateḥ // 11 //
naktaṃ praṇamyâyatane havir bhuñjīta vāg-yataḥ /
brāhmaṇāya dvitīye 'hni śaktyā dadyāc ca dakṣiṇām // 12 //

---

2a - D-mss.: devarṣe
4cd - N2: viṣṇu[ḥ] śriyā; B: sârdhaṃ dvijôttama
5c - N1,2,B: kṛṣṇapakṣe
7d - N1,5: syād dharmârthāya kāmadam
9d - all mss.: vibhidyatu
12ab - B: praṇamyâyatane naktam; N1,2,5: hariṃ bhuñjīta

evaṃ karoti yaḥ samyag naro māsa-catuṣṭayam /
tasya janma-trayaṃ dālbhya gṛha-bhaṅgo na jāyate // 13 //
aśūnya-śayanaś câsau dharma-kāmârtha-sādhakaḥ /
bhavaty avyāhataiś caryaḥ puruṣo nâtra saṃśayaḥ // 14 //
nārī ca dālbhya dharma-jñā vratam etad yathā-vidhi /
yā karoti na sā śocyā bandhu-vargasya jāyate // 15 //
vaidhavyaṃ durbhagatvaṃ vā bhartṛ-tyāgaṃ ca sattama /
nâpnoti janma-tritayam etac cīrtvā pati-vratā // 16 //

// iti viṣṇudharmeṣv aśūnyaśayanadvitīyā nāma //

---

14-15 - B: om.
16c - N5: janmatritaya

Col. - N2,5: 'iti' om.; N1,2,5,B: 'nāma' om.

42

dālbhya uvāca
upavāsâśritaṃ samyag loka-dvaya-phala-pradam /
kathitaṃ bhavatā sarvaṃ yat pṛṣṭo 'si mayā dvija // 1 //
anyad icchāmy ahaṃ śrotuṃ tad bhavān prabravītu me /
saṃsāra-hetuṃ muktiṃ ca saṃsārān munisattama // 2 //

pulastya uvāca
avidyā-prabhavaṃ karma hetu-bhūtaṃ dvijottama /
saṃsārasyâsya tan-muktiḥ saṃkṣepāc chrūyatāṃ mama // 3 //
svajāti-vihitaṃ karma lobha-dveṣa-vivarjitam /
kurvataḥ kṣīyate pūrvaṃ manyu-bandhaś ca nêṣyate // 4 //
apūrva-saṃbhavâbhāvāt kṣayaṃ yāty ādi-karmaṇi /
dālbhya saṃsāra-vicchedaḥ kāraṇâbhāva-saṃbhavaḥ // 5 //
bhavaty asaṃśayaṃ cânyac chrūyatām atra kāraṇam /
saṃsārān mucyate dālbhya samāsād vadato mama // 6 //
gṛhīta-karmaṇā yena puṃsāṃ jātir dvijottama /
tat-prāyaścitta-bhūtaṃ vai śṛṇu karma-kṣayâvaham // 7 //
brāhmaṇa-kṣatriya-viśāṃ śūdrântyānāṃ ca sattama /
svajāti-vihitaṃ karma rāga-dveṣâdi-varjitam // 8 //
jāti-pradasya kṣayadaṃ tad evâdyasya karmaṇaḥ /
jñāna-kāraṇa-bhāvaṃ ca tad eva pratipadyate // 9 //
pumāṃś câdhigata-jñāno bhedaṃ nâpnoti sattama /
brahmaṇā viṣṇu-saṃjñena parameṇâvyayâtmanā // 10 // *
etat te kathitaṃ dālbhya saṃsārasya samāsataḥ /
kāraṇaṃ bhava-muktiś ca jāyate yogino yathā // 11 //

// iti viṣṇudharmeṣu saṃsārahetumuktyākhyānakam //

---

4cd - B: kṣīyate karma pūrvabandhaś; all other mss have 'manyu-', probably for 'anya-'

6c - B,N2: saṃsāravicyute (!)

7ab - N3: gṛhītaḥ; N-mss.,DC: pumān jātir; B: pumān yāti

7d - B: pāpa-kṣayâvaham

8b - N1: śūdrâdīnāṃ

*(46) insertion in B:
gṛhītakarmaṇā yena pumān yāti dvijottama /
(=42.7ab)

Col. - D-mss.: -khyānakaṃ nāma; B: -dharme saṃsāramukti-kāraṇam

## 43

śukra uvāca

iti dālbhyaḥ pulastyena yathāvat pratibodhitaḥ /
ārādhayām āsa hariṃ lebhe kāmāṃś ca vāñchitān // 1 //
tathā tvam api daityêndra keśavârādhanaṃ kuru /
ārādhya taṃ jagannāthaṃ na kaścid avasīdati // 2 //

vasiṣṭha uvāca

iti śukra-vacaḥ śrutvā prahlādo madhusūdanam /
ārādhya prâptavān kṛtsnaṃ trailokaîśvaryam ūrjitam // 3 //
etan mayôktaṃ sakalaṃ tava bhūmipa pṛcchataḥ /
anārādhyâcyutaṃ devaṃ kaḥ kāmān prâpnute naraḥ // 4 //

śaunaka uvāca

ambarīṣo narapatir viṣṇor māhâtmyam uttamam /
śrutvā babhūva satataṃ keśavârpita-mānasaḥ // 5 //
evaṃ tvam api kauravya yadi muktim abhîṣyasi /
bhogān vā vipulān devāt tasmād ārādhayâcyutam // 6 //
dadāti vāñchitān kāmān sakāmair arcito hariḥ /
muktiṃ dadāti govindo niṣkāmair abhipūjitaḥ // 7 //

śatānīka uvāca

bhagavān avatīrṇo 'bhūn martya-lokaṃ janārdanaḥ /
bhārâvataraṇârthāya bhuvo bhūtapatir hariḥ // 8 //
mānuṣatve ca govindo mama pūrvapitāmahaiḥ /
cakāra prītim atulāṃ sāmānya-puruṣo yathā // 9 //
sārathyaṃ kṛtavāṃś caîva teṣāṃ sarvêśvaro hariḥ /
niṣtīrṇo yena bhīṣmo 'yaṃ kuru-sainya-mahôdadhiḥ // 10 //
upakārī mahābhāgaḥ sa teṣāṃ sarva-vastuṣu /
keśavaḥ pāṇḍu-putrāṇāṃ sutānāṃ janako yathā // 11 //
dhanyās te kṛta-puṇyāś ca mama pāṇḍu-sutā matāḥ /
viviśur ye pariṣvaṅge govinda-bhuja-pañjaram // 12 //
rājya-hetor arīn jaghnur akasmāt pāṇḍu-nandanāḥ /
sapta-lokaîkanāthena ye 'bhavann ekaśāyinaḥ // 13 //
ātmānam avagacchāmi bhagavan dhūta-kalmaṣam /
jātaṃ nirdhūta-pāpe 'smin kule viṣṇu-parigrahe // 14 //

evaṃ devavaras teṣāṃ prasāda-sumukho hariḥ /
pṛcchatāṃ kaścid ācaṣṭe kiṃcid guhyaṃ mahâtmanām // 15 //
guhyaṃ janārdanaṃ yāṃs tu dharmaputro yudhiṣṭhiraḥ /
papraccha dharmān akhilān tan mamâkhyātum arhasi // 16 //
dharmârtha-kāma-mokṣeṣu yad guhyaṃ madhusūdanaḥ /
teṣām avocad bhagavān śrotum icchāmi tat tv aham // 17 //

śaunaka uvāca
bahūni dharma-guhyāni dharmaputrāya keśavaḥ /
purā prôvāca rājêndra prasāda-sumukho hariḥ // 18 //
śara-talpa-gatād bhīṣmād dharmān śrutvā yudhiṣṭhiraḥ /
pṛṣṭavān yaj jagannāthaṃ tan me nigadataḥ śṛṇu // 19 //

// iti viṣṇudharmeṣu pulastyadālbhyasaṃvādaḥ //

---

16cd-17 - B: om.
17d - N1,5: tattvataḥ

Col. - D-mss., N5: -saṃvādo nāma; B: -dharme, rest om.

# APPENDIX A

## INSERTIONS IN Ms. N 1

*(18)

N1 inserts after 28.14cd:

pulastya uvāca
kuśa-mūla-sthito brahmā kuśa-madhye janārdanaḥ /
kuśâgre śaṅkaraṃ vidyāt trayo devā vyavasthitāḥ //
gṛhītvā ca sa mūlâgrān kuśān śuddhān upaspṛśet /
mārjayet sarva-gātrāṇi kuśâgrair dālbhya śānti-kṛt //
śarīre yasya tiṣṭhanti kuśa-stha-jala-bindavaḥ /
naśyanti tasya pāpāni garuḍenâiva pannagāḥ //
viṣṇu-bhaktā viśeṣeṇa . . cid-gata-mānasaḥ /
roga-graha-viṣârtānāṃ kuryāc chāntim imāṃ śubhām //
nārasiṃhaṃ samabhyarcya śucau deśe kuśâsane /
mantrair etair yathā liṅgaṃ kuryād dig-bandham ātmanaḥ //

vārāhaṃ nārasiṃhaṃ ca vāmanaṃ viṣṇum eva ca /
dhyātvā samāhito bhūtvā dikṣu nāmāni vinyaset //
pūrve nārāyaṇaḥ pātu vārijākṣas tu dakṣiṇe /
pradyumnaḥ paścimasyāṃ tu vāsudevas tathôttare //
īśānyām avatād viṣṇur āgneyyāṃ ca janārdanaḥ /
nairṛtyāṃ padmanābhaś ca vāyavyāṃ 'câiva mādhavaḥ //
ūrdhvaṃ govardhanadharo adharāyāṃ trivikramaḥ /
etābhyo daśa-digbhyas tu sarvataḥ pātu keśavaḥ //

aṅguṣṭhâgre tu govindaṃ tarjanyān tu mahīdharam /
madhyamāyāṃ hṛṣīkeśam anāmikyāṃ trivikramam //
kaniṣṭhāyāṃ nyased viṣṇuṃ kara-madhye tu mādhavam /
evaṃ nyāsaṃ purā kṛtvā paścād aṅgeṣu vinyaset //

---

line 8: one corrected akṣara cannot be deciphered, another akṣara is missing.

śikhāyāṃ keśavaṃ nyasya mūrdhni nārāyaṇaṃ nyaset /
cakṣur-madhye nyased viṣṇuṃ karṇayor madhusūdanam //
trivikramaṃ kapāla-sthaṃ vāmanaṃ karṇa-mūlayoḥ /
dāmodaraṃ danta-vaktrau vārāhaṃ cibuke nyaset //
uttarôṣṭhe hṛṣīkeśaṃ padmanābhaṃ tathâdhare /
jihvāyāṃ vāsudevaṃ ca tālvake garuḍadhvajam //
vaikuṇṭhaṃ kaṇṭha-madhya-stham anantaṃ nāsikôpari /
dakṣiṇe tu bhuje vipra vinyaset puruṣottamam //
vāma-bhuje mahābhāgaṃ rāghavaṃ hṛdi vinyaset /
pītāmbaraṃ sarva-tanau hariṃ nābhau tu vinyaset //
kare tu dakṣiṇe vipra tataḥ saṃkarṣaṇaṃ nyaset /
vāme vipra hariṃ vidyāt kaṭi-madhye 'parājitam //
pṛṣṭhe kṣitidharaṃ vidyād acyutaṃ skandhayor api /
mādhavaṃ bāhu-kukṣau tu dakṣiṇe yogaśāyinam //
svayaṃbhuvaṃ meḍhra-madhye ūrubhyāṃ tu gadādharam /
cakriṇaṃ jānumadhye tu jaṅghayor acyutaṃ nyaset //
gulpayor narasiṃhaṃ ca pāda-pṛṣṭhe 'mitaûjasam /
śrīdharaṃ câṅgulīṣu syāt padmâkṣaṃ sarva-sandhiṣu //
roma-kūpe guḍākeśaṃ kṛṣṇaṃ raktâsthi-majjāsu /
mano-buddhyor ahaṃkāreṣv evaṃ citte janārdanam //
nakheṣu mādhavaṃ caîva nyaset pāda-tale 'cyutam /
evaṃ nyāsa-vidhiṃ kṛtvā sâkṣān nārāyaṇo bhavet //

tanur viṣṇu-mayī tasya yāvat kiñcin na bhāṣate /
evaṃ nyāsaṃ tataḥ kṛtvā yat kāryaṃ śṛṇu tad dvija //

pāda-mūle tu devasya śaṅkhaṃ tatraîva vinyaset /
vana-mālāṃ tu vinyasya sarva-devâbhipūjitām //
gadāṃ vakṣa[ḥ]-sthale caîva cakraṃ caîva tu pṛṣṭhataḥ /
śrīvatsâṅgaṃ śiro-nyasya pañcâṅga-kavacaṃ nyaset /
āpādâmastake caîva vinyaset puruṣôttamam //

oṃ apâmārjanako nyāsaḥ sarvâdhi-vināśanaḥ /
viṣṇur ūrdhvam adho rakṣed vaikuṇṭho vidiśo diśa[ḥ] //

pātu māṃ sarvato rāmo dhanvī cakrī ca keśavaḥ /
oṃ namo bhagavate keśavāya sarva-kṛśôpahantre namo namaḥ //

// 41 //
// iti viṣṇudharme viṣṇor apāmārjananyāsakavacam //

pūjā-kāle tu devasya japa-kāle tathaîva ca /
homârambheṣu sarveṣu trisaṃdhyāsu ca nityaśaḥ //
āyur ārogyam aiśvaryaṃ jñānaṃ vittaṃ phalaṃ bhavet /
yad yat sukha-karaṃ prôktaṃ tat sarvaṃ prâpnuyān naraḥ /
abhayaṃ sarva-bhūtebhyo viṣṇu-lokaṃ ca gacchati //

oṃ apâmarjana-mantrasya pulastya ṛṣiḥ /
varāha-vāmanā nṛsiṃhā viṣṇu-devatā /
anuṣṭhup chandaḥ acyutânandêti śaktiḥ //
haro narasiṃhasya durita hrāṃ bījam /
hrīṃ tapta-hāṭaka-keśânta iti kīlakam //
jvalat-pāvaka-locanêti vedhakam /
sarva-pāpa-kṣayârthaṃ jape viniyogaḥ //
oṃ varāhāya hṛdayāya namaḥ /
śrīnṛsiṃhāya śirase svāhā //
oṃ śrīvāmanāya śikhāyai vaṣaṭ /
oṃ śrīnārāyaṇāya kavacāya huṃ //
oṃ śrījvalat-pāvaka-locanāya netra-trayāya vauṣaṭ /
oṃ śrīvāsudevāya astrāya phaṭ //

atha dhyānaṃ pravakṣyāmi sarva-pāpa-praṇāśanam /
vārāha-rūpiṇaṃ devaṃ saṃsmaraty aparājitam //
bṛhat-tanuṃ bṛhad-gātraṃ bṛhad-daṃṣṭra-suśobhanam /
samasta-veda-vedâṅgaṃ yuktâṅgaṃ bhūṣaṇair yutam //
uddhṛtya bhūmiṃ pātālād dhastābhyām upagṛhṇatām /
āliṅgya bhūmiṃ śirasi mūrdhni jighrantam āsthitam //

---

line 57: the scribe sums up the preceeding 14 verses of Adhyāya 28 and the 27 verses of this interpolation.

lines 64-76: this prose section has Daṇḍas according to the manuscript.

ratna-vaiḍūrya-mukhyābhir muktābhir upaśobhitam /
pītâmbara-dharaṃ devaṃ śukla-mālyânulepanam //
traya[s]-triṃśat-koṭi-devaiḥ stūyamānaṃ mudâniśam /
nṛtyadbhir apsarobhiś ca gīyamānañ ca kinnaraiḥ //
itthaṃ dhyātvā mahâtmānaṃ japen nityaṃ mahâtmanaḥ /
suvarṇa-maṇḍapânta-sthaṃ padmaṃ dhyāyet sa-kesaram //
sa-karṇika-dalair iṣṭair aṣṭabhiḥ paraśobhitam /
karaṃ karahitaṃ devaṃ pūrṇa-candrâpta-suprabham //
taḍit - sama-śaṭā-śobhi kaṇṭha-nālôpaśobhitam /
śrīvatsâṅkita-vakṣa[ḥ]-sthaṃ tīkṣṇa-daṃṣṭraṃ trilocanam //
javā-kusuma-saṃkāśaṃ rakta-hasta-talânvitam /
pīta-vastra-parīdhānaṃ śukla-vastrôttarīyakam //
karaṃ karahitaṃ devaṃ pūrṇa-candrâpta-suprabham //
kaṭi-sūtreṇa haime[na] nūpureṇa virājitam /
vanamālâdi-śobhâḍhyaṃ muktâhārôpaśobhitam //
aneka-sūrya-saṃkāśaṃ mukuṭâṭopa-mastakam /
śaṅkha-cakra-gṛhītābhyām udbāhubhyāṃ virājitam //
paṅkajâbhaṃ caturhastaṃ tat-patrâbha-sulocanam /
prātaḥ sūrya-sama-prakhya-kuṇḍalābhyāṃ virājitam //
keyūra-kānti-sasyarddhi-mu[kt]ikā-ratna-śobhitam /
jānûparinyasta-hastaṃ vara-ratna-nakhâṅkuram //
jaṅghâbharaṇa-sasyarddhi-visphuryat-kaṅkana-tviṣam /
muktā-phalâbha-sumahad-danta-paṅkti-virājitam //
campakā-mukula-prakhya-sunāsā-mukha-paṅkajam /
atiraktâuṣṭha-vadanaṃ vyāttâsyam atibhīṣaṇam //
vāmâṅka-sthāṃ śiva-bhakta-śānti-dāṃ sunitambinīm /
arhaṇīyāṃ sujātôruṃ sunāsāṃ śubha-lakṣaṇām //
subhrūṃ sukeśīṃ suśroṇīṃ suśubhāṃ sudvijânanām /
supratiṣṭhāṃ suvadanāṃ catur-hastāṃ vicintayet //
dukūle câiva cārv-aṅgīṃ hāriṇīṃ sarva-kāma-dām /
tapta-kañcana-saṃkāśāṃ sarvâbharaṇa-bhūṣitām //

---

line 90: the akṣara '-raṃ' has been corrected in the ms., but the correction is not clear (cf. line 95).

line 96: there is an ink-blot on 2 akṣaras following '-me'; for the 2nd one 'nū' is inserted in the lower margin.

suvarṇa-kalaśa-prakhya-pīnônnata-payo-dharām /
gṛhīta-padma-yugalaṃ udbāhubhyāṃ tathânyayoḥ //
gṛhīta-mātulaṅgâkhyaṃ jāmbū-nada-karān tathā /
evaṃ devīṃ nṛsiṃhasya vāmâṅkôpari saṃsmaret //

ativimala-sugātraṃ raupya-pātra-stham annaṃ
sulalita-dadhi-khaṇḍaṃ pāṇinā dakṣiṇena /
kalaśaṃ amṛta-pūrṇaṃ savya-haste dadhānaṃ
tad-atisakala-duḥkhaṃ vāmanaṃ bhāvayed yaḥ //
anyā bhāskara-saprabhābhir akhilair bhābhir diśo bhāsayan
bhīmâkṣa-sphurad-aṭṭa-hāsa-vilasād-daṃṣṭrâgra-dīptânanaḥ /
dorbhiś cakra-dharau gadâbja-mukulau trāsāṃś ca pāśâṅkuśau
bibhrat-piṅga-śiro-'ruhôddhata-saṭaś cakravidhāno hariḥ //
ātmāna ākāśaḥ saṃbhūta ity-ādi-smṛtibhogāṃ pañcāśat-
koṭi-vistīrṇa-pramāṇe aṣṭa-padma-sthāne virāṭ-rūpasya
śrīnṛsiṃha āvāhane viniyogaḥ //

oṃ laṃ bījaṃ pṛthivīṃ dhyātvā ṣaḍdale akāraṃ likhet //
upari brahmāṇaṃ pratiṣṭhāpya //
oṃ vaṃ bījaṃ apo dhyātvā aṣṭadale ukāraṃ likhet //
upari viṣṇuṃ pratiṣṭhāpya //
oṃ raṃ bījaṃ tejo dhyātvā daśadale makāraṃ likhet //
upari rudraṃ pratiṣṭhāpya //
oṃ yaṃ bījaṃ vāyuṃ dhyātvā ṣodaśadale nādaṃ likhet //
upari īśvaraṃ pratiṣṭhāpya //
oṃ haṃ bījaṃ ākāśaṃ dhyātvā sahasradale nādaṃ bindu likhet //
upari sadāśivaṃ pratiṣṭhāpya //

manobhūtānîndriyāṇi guṇāḥ sattvaṃ rajas tamaḥ /
trailokyasyêśvaraṃ sarvam ahaṃkāre pratiṣṭhitāḥ //
mano-buddhir ahaṃkāre '[r]pitas tad anantena taṃ jīvaṃ
pratiṣṭhāpya sarveṣāṃ devānāṃ mūrtiṃ dhyātvā pratyakṣaṃ
darśayati //
mama sarvâriṣṭa āpado parihārârthe apāmārjanastotra-
mantra-jape viniyogaḥ //

*(20)

N1 inserts after 28.17ab:

govinda-padmanābhāya vāmadevāya bhū[pa]te /
namaskṛtvā [pravakṣyāmi yat tat sidhyatu me vacaḥ] //
nārāyaṇāya devāya anantāya mahâtmane /
namaskṛtvā //
garuḍa-dhvajāya kṛṣṇāya pītâmbara-dharāya ca /
namaskṛtvā //
yogîśvarāya siddhāya guhyāya paramâtmane /
namaskṛtvā //
janārdanāya kṛṣṇāya upêndra-śrī-dharāya ca /
namaskṛtvā //
bhakta-priyāya vidhaye viṣvaksenāya śārṅgine /
namaskṛtvā //
hiraṇyagarbha-pataye hiraṇyakaśipu-chide /
namaskṛtvā //
cakra-hastāya śūlāya tarjanya-patrāya dhīmate /
namaskṛtvā //
ādityāya upêndrāya bhūtānāṃ jīvanāya ca /
namaskṛtvā //
vāsudevāya vandyāya varadāya mahâtmane /
namaskṛtvā //
viṣūvṛ[c-ch]ravase tasmai kṣīrâmbu-nidhi-śāyine /
namaskṛtvā //
adho'kṣajāya bhadrāya śrī-dharāyâdi-mūrtaye /
namaskṛtvā //
viśvêśa-dvāra-mūrtiś ca mṛtyur-āyo-hito 'sti saḥ /
namaskṛtvā //

---

line 2: The scribe gives the beginning of 28.16 the rest of which has to be supplied here and in every even line on this page.

nānā-rāgañ ca dakṣañ ca vikaṭāya mahā-bhītī /
jātu-patiṃ vyagra-hastaṃ vara-ratna-nakhā-karam //
jaṅghâbhareṇa

(fol. missing?)

-nsane /
namaskṛtvā * //
nārāyaṇāya viśvāya viśvêśāyâmbarāya ca /
namaskṛtvā * //
damôdarāya devāya anantāya mahâtmane /
namaskṛtvā * //

---

* The rest of 28.16 has to be supplied accordingly.

*(24)

N1 inserts after 28.50cd:

sudarśana mahācakra govindasya karâyudha /
jvalat-pāvaka-saṃkāśa sūrya-koṭi-sama-prabha /
trailokya-rakṣa-kartṛ tvaṃ duṣṭa-dānava-dāraṇa //
tīkṣṇa-dhāra mahāvega chindi chindi mahājvaram /
chindi chindi mahāvyādhiṃ chindi chindi mahāgrahān //
chindi vātañ ca dhūtañ ca chindi ghoraṃ mahāviṣam /
ruja-dāghañ ca śūlañ ca nimiṣa-jvāla-gardabham //

*(25)

N1 inserts after 28.51cd:

hāṃ hāṃ hūṃ hūṃ phaṭ-kāreṇa ṭha-dvayena hata-dviṣaḥ /
sudarśanasya mantreṇa grahā yānti diśo daśa //
oṃ namo bhagavate bho bho sudarśana
duḥkhaṃ dāraya /2/
duritaṃ hara /2/
pāpaṃ matha /2/
arogyaṃ kuru /2/
hāṃ hāṃ hūṃ hūṃ phaṭ ṭha ṭha hara /2/ dviṣaḥ /
trailokyasyâbhayaṃ kartum ājñāpaya janārdana /
sarva-duṣṭāni rakṣāṃsi kṣayaṃ yānti vibhīṣayā //

---

lines 4-8: The numbers seem to indicate repeated recitation.

*(29)

N1 inserts after 28.66cd:

sarvâparādha-śamanam apāmārjanakaṃ param /
etat stotram idaṃ puṇyaṃ paṭhed āyuṣya-vardhanam /
vināśāya ca rogāṇām avamṛtyu-kṣayāya ca //
vyāghrâpasmāra-kuṣṭhâdi piśācôraga-rākṣasāḥ /
tasya pārśvaṃ na gacchanti stotram etad yathā paṭhet //
smaran japann idaṃ stotraṃ sarva-vyādhi-vināśanam /
paṭhatāṃ śṛṇvatāṃ nityaṃ viṣṇulokaṃ sa gacchati //

## APPENDIX B

## CONCORDANCE OF PARALLELS AND CITATIONS

### Adhyāya 1: Kriyāyogapravṛttiḥ

ĀgneyaP 28-30, 61; Alberuni's India, vol. I, p.77f;

Vdha 1.14: VāmP 67.32.

Vdha 1.17: Vāmp 67.34; Gopālabhaṭṭa's Haribhaktiv., p.344

### Adhyāya 2: Acyutāmbarīṣasaṃvādaḥ

ĀgneyaP 28; Alberuni's India, vol. I, pp.113-115.

Vdha 2.77: Gopālabhaṭṭa's Haribhaktiv., p.333

### Adhyāya 3: Śukraprahlādasaṃvādaḥ

ĀgneyaP 29

### Adhyāya 4: Sugatidvādaśī

Vdha 4.37-56:
[cf. Kane, HDh, vol. V,1, p.449f, s.v. 'Sugatidv.']

Vdho III.215; Hemādri's Cat., vol. II,1, p.1081ff;
ĀgneyaP 32 (Sunāmadvādaśī).

### Adhyāya 5: Yāmyakleśamuktiḥ

(Col. of ms. B: Sitapañcadaśīkalpaḥ)

Vdha 5.1-18:
[cf. Kane, HDh, vol. V,1, p.397f, s.v. 'Lakṣmīnārāyaṇavrata', p.450, s.v. 'Sugatipauṣamāsīkalpa']

Vdho III.216 (Sugatipauṣamāsīkalpaḥ); Hemādri's Cat. , vol. II,2, p.164f (Lakṣmīnārāyaṇavrata, "Vdho")

Vdha 5.19-28
[cf. Kane, HDh, vol. V,1, p.328, s.v. 'Narakapūrṇimā']

Āgneya P 32 (Sunāmadvādaśī); Hemādri's Cat., vol. II,2, p.166f (Narakapūrṇimā. "Vdho"); Aparārka on Yājñ. I.154, p.200.

Adhyāya 6: Ekabhaktavidhiḥ

ĀgneyaP 29
Hemādri's Cat., vol. II,2:
Vdha 6.4 - p.784; Vdha 6.5 - p.786; Vdha 6.6 - p.796; Vdha 6.7 - p.797; Vdha 6.8 - p.748; Vdha 6.9 - p.749; Vdha 6.10 - p.750 ("MBh"); Vdha 6.11 - p.752 ("MBh"); Vdha 6.12ab - p.757; Vdha 6.13ab - p.758; Vdha 6.14ab - p.762; Vdha 6.15 - p.783; Vdha 6.16cd,17 - repeated at every instance.

Adhyāya 7: Varṣāmāsavratam

(Col. of ms. B: Kṛṣṇāṣṭamīcāturmāsyavratakalpaḥ)

Vdha 7.1-12:
[cf. Kane, HDh, vol. V,1, p.289, s.v. 'Kṛṣṇāṣṭamī (6)', p.438, s.v. 'Santānāṣṭamīvrata']

Hemādri's Cat., vol. II,1, p.819ff (Kṛṣṇāṣṭamī, "Vdho"); Vdho III.217 (Santānāṣṭamī); Hemādri's Cat., vol. II,1, p.846f (Santānāṣṭamī, "Vdho"); Caṇḍeśvara's Kṛtyaratnākara, p.51; Ballālasena's Dānasāgara, p. 57; ĀgneyaP 67.

Vdha 7.13-29:
[cf. Kane, HDh, vol. V,1, p.266, s.v. 'Asidhārāvrata']

Vdho III.218 (Svadhārāvratavarṇana); Hemādri's Cat., vol. II,2, p.825 (Asidhārāvrata, "Vdho")

Adhyāya 8: Kulāvāptidvādaśī

(Col. of ms. B: Anantadvādaśīkalpaḥ)

Vdha 8.1-15:
[cf. Kane, HDh, vol. V,1, p.258, s.v. 'Anantadvādaśī']

Vdho III.219 (Anantadvādaśīvrata).

Vdha 8.16-26:
[cf. Kane, HDh, vol. V,1, p.358, s.v. 'Brahmadvādaśī']

Vdho III.220 (Brahmadvādaśī)

Adhyāya 9: Vijayadvādaśī

[cf. Kane, HDh, vol. V,1, p.406, s.v. 'Vijayadvād. (1)']

Jīmūtavāhana's Kālaviveka, p.461; Caṇḍeśvara's Kṛtyaratnākara, p.287.

Adhyāya 10: Jayantyaṣṭamī

[cf. Kane, HDh, vol. V,1, p.132ff, p.302, s.v. 'Jayantīvrata'; A. Weber, Über Kṛṣṇajanmāṣṭamī]

ĀgneyaP 67; Hemādri's Cat., vol. III,2, p.129ff; Alberuni's India, vol. II, p.175; Gopālabhaṭṭa's Haribhaktiv., p.804.

Adhyāya 11: Ativijayaikādaśī

[cf. Kane, HDh, vol. V,1, p.257, s.v. 'Ativijayaikādaśī']

Hemādri's Cat., vol. II,1, p.1147 ("Vdho").

Adhyāya 13: Viṣṇuvratavidhiḥ

[cf. Kane, HDh, vol. V,1, p.414, s.v. 'Viṣṇuvrata (3)']

AgniP 177.15ff; Jīmūtavāhana's Kālaviveka, p.502; Hemādri's Cat., vol. II,2, p.458ff ("Vdho"); Alberuni's India, vol. II, p.174.

Adhyāya 14: Saṃprāptidvādaśī

[cf. Kane, HDh, vol. V,1, p.441f, s.v. 'Saṃprāptidvādaśī']

BhaviṣyottaraP 77; Hemādri's Cat, vol. II,1, p.1094f.

Adhyāya 15: Govindadvādaśī

BhaviṣyottaraP 78.

Adhyāya 16: Akhaṇḍadvādaśīvratam

[cf. Kane, HDh, vol. V,1, p.255, s.v. 'Akhaṇḍadvādaśī (2)']

BhaviṣyottaraP 79; AgniP 190; Hemādri's Cat., vol. II,1, p.1117ff.

Adhyāya 17: Puṣyarkṣaikādaśī

ĀgneyaP 39 (Pāpanāśanavṛṣadāna)

Adhyāya 18: Padadvayavratam

BhavP I.107 (Bhānupādadvayavrata)

Adhyāya 19: Manorathadvādaśī

[cf. Kane, HDh, vol. V,1, p.370, s.v. 'Manorathadvādaśī']

BhaviṣyottaraP 80; Hemādri's Cat., vol. II,1, p.1072ff ("PadmaP").

Adhyāya 20: Aśokapūrṇamāsīvratam

[cf. Kane, HDh, vol. V,1, p.265, s.v. 'Aśokapūrṇimā']

Bhaviṣyottara 105 (Viśokapūrṇimā); Hemādri's Cat., vol. II,2, p.162ff ("Vdho").

Adhyāya 21: Sukalatraprāptivratam

[cf. Kane, HDh, vol. V,1, p.448, s.v. 'Sukalatrapr.']

Hemādri's Cat., vol. II,2, p.628ff ("Vdho")

Adhyāya 22: Strīdharmaḥ

Vdha 22.20: Aparārka on Yājñ. I.77, p.102

Adhyāya 24: Narakadvādaśī

(Col. of ms. B: Sugatidvādaśī; Anukramaṇī's of mss. N3,6,DB,DL: Sukṛtadvādaśī)

[cf. Kane, HDh, vol. V,1, p.449, s.v. 'Sukṛtadvādaśī']

BhaviṣyottaraP 82.44ff (Sukṛtadvādaśī); Hemādri's Cat., vol. II,1, p.1079ff (Sukṛtadvādaśī).
[cf. Vdha 37]

Adhyāya 25: Pāṣaṇḍālāpaprayaścittam

Aparārka on Yājñ. I.130, p.171f; Ballālasena's Dānasāgara, p.57; Caṇḍeśvara's Kṛtyaratnākara, p.51; Gopālabhaṭṭa's Haribhaktiv., p.665.

Vdha 25.1: Hemādri's Cat., vol. II,1, p.1010, vol. III,2, p.199.

Adhyāya 26: Māsārkṣapūjā

(Col. of mss. B,N1,5: Māsanakṣatrapūjā(vratam))

[cf. Kane, HDh, vol. V,1, p.424, s.v. 'Śāmbharāyaṇīvrata']

BhaviṣyottaraP 107.1-26 (Śāmbharāyaṇīvrata), cited in Hemādri's Cat., vol. II,2, p.659ff (Śāmbh.);
AgniP 196.15ff (Nakṣatravrata, cf. Vdha 29).

Adhyāya 27: Māsarkṣapūjāpraśaṃsā

(Col. of ms. B: Nakṣatrapūjāmāhātmyam)

BhaviṣyottaraP 107.27ff (Śāmbharāyaṇīvrata), cited in Hemādri's Cat., vol. II,2, p.662ff; Vdho I.175-191.

Adhyāya 28: Sarvabādhāpraśamanam

(Col. of ms. B: Apamārjanakam)

AgniP 31 (Apāmārjanam); Vdho I.196 (Sattva(!)bādhāpraśamanam).

Adhyāya 29: Nakṣatrapuruṣavratam

AgniP 196 (Sāmbhavā(!)yanīvrata, cf. Vdha 26); BhaviṣyottaraP 108 (Nakṣatrapuruṣavrata); VāmP 54.3ff. [cf. also Varāhamihira's Bṛhatsaṃhitā 105.1ff]

Adhyāya 30: Anantavratam

[cf. Kane, HDh, vol. V,1, p.258, s.v. 'Anantavrata (1)']

Vdho I.173 (Anantavrata), 174 (Māsanakṣatrapūjanam); BhaviṣyottaraP 106; Hemādri's Cat., vol. II,2, p.667ff ("Vdho").

Vdha 30.49: Narasiṃha Vājapeyī's Nityācārapradīpa, p.496.

Adhyāya 32: Dīpadānavidhiḥ

BhaviṣyottaraP 130.40ff; Vdho I.166-167; AgniP 200; Gopālabhaṭṭa's Haribhaktiv., p.311,313.

Adhyāya 34: Tiladvādaśī

BhaviṣyottaraP 81; Hemādri's Çat., vol. II,1, p.1108ff.

Adhyāya 36: Pañcapañcāśannāmāni

Vdho III.125

Adhyāya 37: Sukṛtadvādaśīprabhāvaḥ

BhaviṣyottaraP 82.1-43 [cf. Vdha 24].

Adhyāya 38: Aśvinapurūravasaṃvādaḥ

AgniP 382; Aparārka on Yājñ. III.57, p.961.

Adhyāya 41: Aśūnyaśayanadvitīyā

[cf. Kane, HDh, vol. V,1, p.264, s.v. 'Aśūnyaśayanavrata']

Vdho I.145; BhavP I.20; BhaviṣyottaraP 15.

Adhyāya 42: Saṃsārahetumuktyākhyānakam

Vdho I.146.1-11.

Adhyāya 43: Pulastyadālbhyasaṃvādaḥ

Vdho I.146.12-26.

---

Finally, a selection of additional major parallels with further Adhyāyas of the Viṣṇudharma is listed below in order to yield a representative picture of its relation with some other texts (cf. also p.63, note 3).

Adhyāya 67: Gajendramokṣaṇam

VāmP 58; Pañcaratna, Gaj.; Vdho I.194.

Adhyāya 68: Anusmṛtiḥ

Pañcaratna, Anusm.; MBh 12.App.17B.

Adhyāya 69: Pañjarastavaḥ

VāmP 59.9-21; AgniP 270; Vdho I.195.

Adhyāya 70: Sārasvatastavaḥ

VāmP 59.22-121

Adhyāya 75: Aditistavaḥ

VāmP SaMā 6&7; MatsyaP 244.

Adhyāya 76: Vāmanastavaḥ

VāmP SaMā 8&9; MatsyaP 245.

Adhyāya 77: Balivañcanam

VāmP SaMā 10; MatsyaP 246

APPENDIX C

## SELECTED NAMES AND EPITHETS OF VIṢṆU AND HIS AVATĀRAS


Acintya 2.37; 24.16

Acyuta 2.34; 3.52; 4.10,12, 15,16; 8.14; 13.13; 14.2, 4; 22.15; 25.7,9; 26.6,10 -14; 27.26-28; 28.6,39,50; 35.32,38,42,50; 36.7,21; 37.40; 39.8,17; 40.13,19, 24,32; 41.7; 43.4,6

Aja 1.7,64

Ajara 2.17; 3.11; 28.22

Adhokṣaja 15.2; 40.14,15

Anagha 2.39; 25.10

Ananta 1.24,64; 7.29; 8.1, 3,5,6; 13.13,19; 22.4; 26.14; 28.39; 30.17,18, 21,23,32-34; 35.1,50; 36.21; 39.7; 40.13,32

Aparājita 22.4; 40.25

Aprameya 1.7; 35.1

Amṛta 6.23; 40.24

Avyaya 1.7; 2.38; 6.22,23; 36.6; 39.22; 40.13

Avyayātman 4.46; 35.23,45

Aśvaśiras 40.35 (cf. Hayagrīva)

Ādideva 2.36; 35.50

Īḍya 1.64; 2.17

Īśa 2.15,17; 3.52; 8.26; 35.34,49,50,53; 39.46

Īśāna 1.24; 2.29,52; 3.3; 35.23

Īśeśa 28.14; 31.24

Īśitṛ 1.64

Īśvara 4.46; 5.4; 40.13

Īśvareśa 39.14

Īśvareśvara 39.44

Kapila 35.46; 36.16

Kartṛ 35.23,27

Kāla 35.17,22,26

Kālarūpa 35.23

Kāśyapa 28.27 (cf. Vāmana)

Kṛṣṇa 1.20; 4.37,39,40,41, 43,53; 5.14.23; 6.10,13; 7.2-5,17; 8.14; 11.4; 13.13; 17.5; 18.22; 28.12, 23,44 [bālasya viṣṇoḥ]; 32.38; 34.5,6; 35.50; 36. 19; 37.2,4; [39.40]; 41.4

Keśava 1.13,52,62; 2.31,38, 48,56,57; 3.3,23,27,56; 4.2,7,11,18,19,23,24,45, 46; 5.10,16,20; 6.1,2; 7.16,17; 8.9,11,12,15,16; 12.1; 13.13; 17.2,4-6,15;

Raudra 35.20

Lokaguru 8.23
(cf. Jagadguru)

Lokanātha 35.23

Varāha 2.39; 20.15; 28.17,19,28; 36.13; 39.15,20

-Mahādaṃṣṭra 28.28

-Yajñavarāha 28.25 [39.15]

Vāmana 2.40; 5.24; 28.17, 19,27,30; 36.16; 39.29, 30-32; 40.33

Vāsudeva 1.16; 2.47; 4.34,35,50; 6.16,17; 7.14; 18.2,14,15; 19.5; 24.9,16,17,20,27; 28.14, 23,37,49,58; 35.50; 36.26; 39.46; 40.13,31, 39

Vikrama 40.21
(cf. Trivikrama, Vāmana)

Vibhu 30.15; 39.15,43

Viśvarūpa 14.4; 35.25; 36.20

Viśveśa 1.50

Viśveśvara 36.16

Viṣṇu 1.12,15,36,61; 2.4, 18,47; 3.1,6,14,15,16, 19,20,34,38-42,46,56; 4.17,20,22,25,26,28,29, 32,48,52; 5.24; 6.2,4,6, 8,11,12,14,15; 7.17,19,22,26; 8.8,20,26; 12.3; 13.10,30; 14.2; 17.8,10; 18.7,15,22; 19.15.22; 20.6; 22.5,12,21, 25,32,34,36,37; 24.9,11,16-18, 26; 25.1,8,10; 27.30; 28.4,12, 38,44 (bālasya viṣṇoḥ),54-57, 61,62,65; 29.13,18,34; 30.41, 45; 31.7,11,15,19,22,23,28, 34,35; 32.1,10,15,21,28,29, 34,35,40,63; 34.9; 35.4,5,28, 29,47,50; 36.11; 38.85; 39.45, 47-49; 40.15,19,21,56; 42.10; 43.5,14

Vaikuṇṭha 28.17; 36.23

Vyāpin 2.37; 28.15; 35.1

Śaṅkara 1.24

Śaṅkhacakragadādhara 2.32,47

Śaṅkhin 36.15

Śārṅgadhara 35.20; 36.21; 40.33

Śārṅgin 18.1; 28.23; 40.26

Śiva 36.25

Śuci 40.15

Śucipada 25.11

Śuciśravas 40.15

Śuciṣad 40.15

Śuddha 28.15; 40.45

Śriyaḥ pati 36.22; 40.18

Śrīkānta 41.7

Śrīda 40.18

Śrīdhara 5.8,16,25; 36.14; 40.18,33
Śrīdhāman 41.7
Śrīniketana 40.18
Śrīnivāsa 40.18
Śrīpati 41.7
Śrīparama 40.18
Śrīvatsadhārin 41.6,7
Śrīvatsalāñchana 40.18
Śrīśa 40.18,38; 41.6
Sanātana 6.23
Sarva 40.27
Sarvaga 36.9
Sarvagata 2.37
Sarvajaganmaya 39.31
Sarvaduṣṭahara 28.20
Sarvadevamaya 1.21
Sarvadhātṛ 4.10; 22.15
Sarvanātha 31.25
Sarvapāpahara 3.23; 7.28; 28.15; 35.52; 36.24
Sarvabhāvana 1.59
Sarvabhūta 36.9
Sarvabhūtaprabhava 31.24
Sarvabhūtastha 28.14
Sarvabhūtātman 36.6
Sarvabhūteśa 2.41
Sarvayogeśvara 36.23
Sarvalokapati 2.4
Sarvalokaparāyaṇa 1.23; 3.5
Sarvalokārtihara 39.28
Sarvalokeśa 7.23
Sarvalokeśvara 2.87; 21.8
Sarvasarveśvara 11.3
Sarvātman 1.9; 22.2; 24.20; 28.49,52
Sarvārthaśaktiyukta 40.40
Sarveśa 1.59; 4.12; 28.19,47
Sarveśvara 40.27; 43.10
Surottama 36.14
Hayagrīva 28.19; 36.20 (cf. Aśvaśiras)
Hari 1.11,14,17,18,39,62,64; 2.21,44,87; 3.12,23,27,40, 42,46,48; 4.3,5,33; 5.4; 6.9,23; 7.6,9,27,28; 11.3; 13.25; 16.13,17; 19.2-4,8, 17; 20.13; 21.8,11,18; 22.17,20,27,36; 24.27; 28.38,59,62; 29.15; 30.50; 31.1; 32.32,61; 36.15; 38.84; 39.5-7,9-44,51; 40.20; 41.11; 43.1,7,8,10, 15,18
Hṛṣīkeśa 1.59; 3.44; 4.1; 5.25; 8.7; 13.13; 22.33; 24.15; 28.19,64; 35.21,53; 36.19; 40.23

# B I B L I O G R A P H Y


Āgneya-Purāṇa, mss. no. 3582 & 3583 of the India Office Library

Agni-Purāṇa, ed. H.N. Apate, Poona 1900
(Ānandāśrama Sanskrit Series, 41)

Alberuni's India, English ed. by E.C. Sachau, 2 vols.,
(repr.) New Delhi 1964

Aparārka, s. Yājñavalkya

Ballālasena: Dānasāgara, ed. Bh. Bhattacharya, Calcutta 1953-56
(Bibliotheca Indica, 274)

Bendall, C.: Catalogue of the Buddhist Sanskrit Manuscripts in
the University Library, Cambridge, Cambridge 1883

_____ : The History of Nepal and Surrounding Kingdoms (1000-
1600 A.D.), [first publ.:] Journal of the Asiatic Society
of Bengal, vol. 72 (1903), pp.1-32.
[later publ. in H.P. Shastri's Cat. of Durbar Lib.]

Bhattacharya, Bh.: The Viṣṇudharmottarapurāṇa, Its Dharmaśāstra
Contents and Their Utilisation in Mediaeval Digests,
Journal of the Bombay Branch of the Royal Asiatic Society,
vol. 28 (1953), pp.6-18.

Bhaviṣya-Purāṇa, publ. by Khemaraja Srikrishnadasa, Venkatesvara
Press, ²Bombay 1959.

Bhaviṣyottara-Purāṇa, publ. as pt. IV (Uttara) of the Bhaviṣya-
Purāṇa (s. above).

Bṛhatsūcīpatram (This Nepalese manuscript catalogue has been
inaccessible to me and is cited according to the NGMPP-
index-cards.)

Bühler, G.: Book Notice on 'Alberuni's India, English ed. by E.C. Sachau', Indian Antiquary, vol. 19 (1890), pp.381-410

_____ : Indische Palaeographie, Straßburg 1896 (Grundriß der Indo-Arischen Philologie und Altertumskunde, vol. I,2)

_____ : A Notice of the Çaunaka Smṛti, Journal of the Asiatic Society, vol. 35 (1866), pp.149-165

_____ : Professor J. Kirstes Analyse der Citate in Aparārkas Commentare, Denkschriften der Kaiserl. Akad. der Wissenschaften, Phil.-hist. Classe, vol. 42, Wien 1893, pp.6-11.

_____ , and J. Kirste: Contributions to the History of the Mahābhārata: Indian Studies, II. Sitzungsberichte der Phil.-hist. Classe der Kaiserl. Akad. der Wissenschaften, vol. 127, Wien 1892.

Burnell, A.C.: A Classified Index to the Sanskrit Mss. in the Palace at Tanjore - Prepared for the Madras Government, London1880

Caṇḍeśvara Ṭhakkura: Kṛtyaratnākara, ed. Paṇḍit Kamalakṛṣṇa Smṛtitīrtha, Calcutta 1921-25 (Bibliotheca Indica, 237)

Chatterjee, A.: The Nature and Date of the Dharma-Purāṇa, Annals of the Bhandarkar Oriental Research Institute, vol. 38 (1957), pp.305-308.

De, S.K.: Early History of the Vaiṣṇava Faith and Movement in Bengal - from Sanskrit and Bengali Sources, [1]Calcutta 1942

Eggeling, J.: Catalogue of the Sanskrit Manuscripts in the Library of the India Office, vol. I,6, London 1899.

Esteller, A.: The Mahābhārata Text-Criticism, Journal of the Bombay Branch of the Royal Asiatic Society, (N.S.) 27 (1951), pp.242-258.

Gail, A.: Paraśurāma, Brahmane und Krieger, Wiesbaden 1977

George, C.S.: The Caṇḍamahāroṣaṇa Tantra, Chapters I-VIII, New Haven 1974 (American Oriental Series, 56).

Gopālabhaṭṭa: Haribhaktivilāsa, publ. by Caitanya Research Institute, Calcutta 1911.

Grünendahl, R.: Das Gajendramokṣaṇa-Kapitel in den Viṣṇudharma-Handschriften, Berlin 1980 (unpubl.)

Gupta, A.S.: A Note on Sylvain Levi's Interpretation of 'Tato Jayam Udīrayet', Purāṇa, vol. 12 (1970), pp.153-155.

Hazra, R.C.: Discovery of the Genuine Āgneya Purāṇa, Journal of the Oriental Institue, Baroda, vol. 5 (1955-56), pp.411-416.

_____ : The Smṛti-Chapters of the Purāṇas, Indian Historical Quarterly, vol. 11 (1935), pp.108-130.

_____ : Studies in the Genuine Āgneya-Purāṇa alias Vahni-Purāṇa, 2 pts., Our Heritage, vol. 1 (1953), pp.209-245, vol. 2 (1954), pp.77-110.

_____ : Studies in the Purāṇic Records on Hindu Rites and Customs, ²Delhi 1975

_____ : Studies in the Upapurāṇas, 2 vol., Calcutta 1958-63 (Calcutta Sanskrit College Research Series, 11,22).

_____ : The Viṣṇudharmottara, an Encyclopaedic Work of the Gupta Period, Journal of the University of Gauhati, vol. 3 (1952), pp.39-64.

Hemādri: Caturvargacintāmaṇi, ed. Pandit Bharatacandra Siromani et al., Calcutta 1873-1911. (Bibliotheca Indica, 72)

Jain, R.C.: Jaya : The Original Nucleus of the Mahābhārata, Delhi 1979.

Jīmūtavāhana: Kālaviveka, ed. Pandit Pramathanatha Tarkabhusana, Calcutta [1897-]1905. (Bibliotheca Indica, 136)

Kane, P.V.: History of Dharmaśāstra, 5 vols., Poona $^{2}$1968-77.

Keith, A.B.: Catalogue of the Sanskrit and Prākrit Manuscripts in the Library of the India Office, vol. 2, London 1935.

Kielhorn, F.: The Epoch of the Newar Era, Indian Antiquary, vol. 17 (1880), pp.246-253.

Levi, S.: Tato Jayam Udīrayet, Annals of the Bhandarkar Oriental Research Institute, vol. 1 (1918-19), pp.13-20 (new transl.: Purāṇa, vol. 2 (1960), pp.112-119)

Mahābhārata, ed. V.S. Sukthankar, S.K. Belvalkar, P.L. Vaidya et al., Poona 1927-1966

Matsyapurāṇa, ed. H.N. Apate, Poona 1907 (Ānandāśrama Sanskrit Series, 54)

Mitra, R.L.: Notices of Sanskrit Manuscripts, vol. 7, Calcutta 1884

Narasiṃha Vājapeyin: Nityācārapradīpa, ed. Pandit V.V. Bhattacarya, Calcutta 1903-1928 (Bibliotheca Indica, 160)

New Catalogus Catalogorum, ed. V. Raghavan et al., vols. 1-10, Madras $^{2}$1966-1978

Pal, P.: Nepal. Where the Gods are Young, New York 1975.

_____ : Vaiṣṇava Iconology in Nepal, Calcutta 1972

Pañcaratna, publ. Lakshmivenkateshvara, Bombay 1978 (Saṃvat).

Petech, L.: Mediaeval History of Nepal, Roma 1958.

Pillai, L.D.S.: An Indian Ephemeris, A.D. 700 to A.D. 1799, Madras 1922-23

Purātattvaprakāśanamālā, vol. 18, Saṃkṣiptasūcīpatram, Kathmandu 1963-64.

Rajavamsi, S.: Prācīnalipivarṇamālā, Kathmandu 1959.

Rangacharya, M.: A Descriptive Catalogue of Sanskrit Manuscripts in the Government Oriental Manuscript Library, Madras, vol. IV, pt.1, Madras 1907.

Regmi, D.R.: Medieval Nepal, pt.1, Calcutta 1965.

Sakya, H.: Nepālalipiprakāśa, Kathmandu 2030 (Vikrama S.).

_____ Varṇaparicaya, Bhaktapur 1959.

Sandesara, U.J.: Interpretation of the Word Jaya in the First Verse of the Mahābhārata, Journal of the Oriental Institute, Baroda, vol.7 (1957-58), pp.262-264.

Satyanarayana, D.: Viṣṇudharma and Alberuni, Journal of the Ganganath Jha Kendriya Sanskrit Vidyapeetha, vol. 33 (1977), pp.53-64.

Shastri, H.P.: A Catalogue of Palm-leaf and Selected Paper Manuscripts Belonging to the Durbar Library, Nepal, 2 vols., Calcutta 1905-15.

_____ : A Descriptive Catalogue of Sanskrit Manuscripts in the Government Collection under the Care of the Asiatic Society of Bengal, vol. 5, Calcutta 1928.

_____ : Notes on Palm-leaf Manuscripts in the Library of His Excellency the Mahārāja of Nepal, Journal of the Asiatic Society of Bengal, vol. 66 (1897), pp.310ff.

_____ : Notices of Sanskrit Manuscripts, vol. 11, Calcutta 1895

Sukthankar, V.S.: Epic Studies, VI. The Bhṛgus and the Bhārata. A Text-Historical Study, Annals of the Bhandarkar Oriental Research Institute, vol. 18 (1936-37), pp.1-76.

Vaidya, P.L.: The Pratīka-Index of the Mahābhārata, 6 vols., Poona 1967-72.

Vāmana-Purāṇa, critically edited by A.S. Gupta, Varanasi 1967.

Varāhamihira: Bṛhatsaṃhitā, ed. Acyutananda Jha Sarma, Varanasi 1959 (Vidyābhavan Sanskrit Series, 41).

Viṣṇudharmottara (-Purāṇa), publ. Venkatesvara Press, Bombay 1913.

Weber, A.: Über Kṛṣṇajanmāṣṭamī, Abhandlungen der Königlichen Akademie der Wissenschaften zu Berlin aus dem Jahre 1867, Berlin 1868, pp.217ff.

_____ : Verzeichniss der Sanskṛit- und Prākṛit-Handschriften der Königlichen Bibliothek zu Berlin, vol. II, pt.1, Berlin 1886.

Yājñavalkyasmṛti, ed. with Aparārka's commentary, Poona 1903 (Ānandāśrama Sanskrit Series, 46)